BEITRÄGE ZUR HISTORISCHEN THEOLOGIE

HERAUSGEGEBEN VON GERHARD EBELING

30

Der Theologiebegriff

bei

Johann Gerhard und Georg Calixt

von

Johannes Wallmann

1 9 6 1

J.C.B.MOHR (PAUL SIEBECK) TÜBINGEN

Johannes Wallmann

J. C. B. Mohr (Paul Siebeck) Tübingen 1961

Alle Rechte vorbehalten

Ohne ausdrückliche Genehmigung des Verlages ist es auch nicht gestattet, das Buch oder Teile

daraus auf photomechanischem Wege (Photokopie, Mikrokopie) zu vervielfältigen

Printed in Germany

Satz und Druck: Buchdruckerei H. Laupp jr, Tübingen

Einband: Großbuchbinderei Heinr. Koch, Tübingen

Vorwort

Die vorliegende Arbeit versucht, das Verständnis von Begriff und Wesen der Theologie in der unserem modernen Denken so schwer zugänglichen altlutherischen Orthodoxie aufzuhellen und darzustellen. Sie hat 1960 der Theologischen Fakultät der Universität Zürich als Inauguraldissertation vorgelegen. Über Verständnis des Themas und Methode der Untersuchung unterrichten die Vorbemerkungen, so daß hier auf nähere Erläuterungen verzichtet werden kann.

Manchen Dank habe ich abzustatten. Zunächst der Kirchlichen Hochschule Berlin, die mich nach Beendigung meines Studiums zur Mitarbeit als wissenschaftlicher Assistent aufforderte und mir über längere, durch Krankheit erzwungene Unterbrechung hinweg die äußeren Möglichkeiten zum Fertigstellen dieser Arbeit gewährte. Mein besonderer Dank gilt Herrn Prof. D. Gerhard Ebeling für den Rat und die Förderung, mit denen er die Arbeit des ehemaligen Tübinger Studenten aus der Ferne begleitet hat, sodann für das Verständnis dafür, daß – der Tendenz zur „Vorgeschichte" erlegen – ein von ihm ursprünglich angeregtes Thema nicht mehr erreicht wurde. Zu danken habe ich ferner dem Verleger Herrn Hans Georg Siebeck für seine Bereitwilligkeit und sein Entgegenkommen bei der Aufnahme der Arbeit in die „Beiträge zur historischen Theologie".

Für die Hilfe beim Mitlesen der Korrekturen danke ich Herrn Friedrich Hertel herzlich.

Berlin, Juni 1961   JOHANNES WALLMANN

Inhaltsübersicht

Vorbemerkungen

Die vorliegende Arbeit hat die Darstellung des Theologiebegriffs in der lutherischen Orthodoxie zum Thema. Sie untersucht den Theologiebegriff einmal bei Johann Gerhard, dem bedeutendsten Vertreter der streng lutherischen Orthodoxie, sodann bei Georg Calixt, dem von der nachgerhardschen Orthodoxie befehdeten Führer des Helmstedter Synkretismus. Die gesonderte Behandlung des Theologiebegriffs beider Theologen inkludiert die These, daß wir es bei Gerhard und Calixt jeweils mit solch eigener Auffassung vom Wesen der Theologie zu tun haben, daß die Rede von *dem* altprotestantischen Theologiebegriff nicht möglich ist.

Die Darstellung des altprotestantischen Theologiebegriffs hatte ursprünglich den ersten Teil einer Arbeit bilden sollen, die in großen Zügen eine Begriffsgeschichte des lutherischen Theologiebegriffs versuchen und in ihren weiteren Teilen den Theologiebegriff vor allem bei Ph. J. Spener, bei J. S. Semler und bei Schleiermacher darstellen sollte. Die Notwendigkeit zu einer begriffsgeschichtlichen Untersuchung des protestantischen Theologiebegriffs ergab sich mir, als ich mich mit der Frage nach dem Ursprung der in der gegenwärtigen protestantischen Theologie fast allgemein akzeptierten Formel von der Theologie als einer „Funktion der Kirche" beschäftigte. Eine ursprünglich über dieses Thema geplante, von Schleiermachers Theologiebegriff ausgehende und die Diskussion über die Kirchlichkeit der Theologie im 19. Jahrhundert verfolgende Arbeit wuchs bald über ihre Grenzen hinaus. Zunächst forderte Semler Beachtung. EMANUEL HIRSCHS befremdlich klingende These, daß Schleiermacher der „eigentliche vollmächtige Erbe Semlers" ist (Geschichte der neuern evangelischen Theologie IV, 88), bewahrheitete sich gerade angesichts des Schleiermacherschen Theologiebegriffs und seiner entscheidenden Bestimmung, daß Theologie nicht um des Glaubens, sondern um der Kirchenleitung willen notwendig sei. Der gleiche Semler, der Theologie „liberal" betrieben wissen wollte (der Begriff „liberale Theologie" findet sich aber bei Semler m. W. nicht), hatte doch zugleich behauptet, daß Theologie „kirchliche Theologie" zu sein habe, und er hatte sich mit dieser Auffassung in Gegensatz zu dem Gros der Aufklärungstheologie gesetzt. Man wird Schleiermachers Theologiebegriff, wie er uns in der „Kurzen Darstellung des theologischen Studiums" vorliegt, darum nicht ohne Bezug auf Semler interpretieren dürfen.

Semlers aus dem Zusammenhang seiner Unterscheidung von Theologie und Religion zu verstehende Formel von öffentlicher oder „kirchlicher" Theologie ist nun aber neu nicht nur gegenüber der Aufklärungstheologie, sondern auch gegenüber fast der gesamten altprotestantischen Theologie im lutherischen Bereich. Nimmt man eine altlutherische Dogmatik in die Hand, so findet man eingangs zwar ausführliche Reflexionen über die Theologie und ihr Wesen, man bekommt Bescheid über die Theologie Gottes, die Theologie der Engel, die Theologie Adams und alle möglichen weiteren Arten von Theologie, man hört aber nichts von einem Bezug der Theologie auf die Kirche oder von der Kirche als dem Ort der Theologie. Beim genaueren Studium der Quellen differenziert sich freilich das Bild. Ich meine, in der altprotestantischen Theologie und darüber hinaus in dem ganzen Zeitraum von der Reformation bis hin zu Schleiermacher deutlich zwei Linien des Verständnisses von „Theologie" zu sehen. Die eine Linie beginnt bei Luther selbst und seinem Begriff der „theologia crucis" setzt sich fort bei Johann Gerhard und seinem Begriff des „habitus $\vartheta\varepsilon\acute{o}\sigma\delta\sigma\tau\sigma\varsigma$" und läuft weiter zu Ph. J. Spener und der pietistischen Forderung der „theologia regenitorum". Kennzeichnend für diese Linie ist die Betonung der Gleichartigkeit von Theologie und Glaubenserkenntnis, die immer wiederkehrende Behauptung, daß die Theologie nicht durch menschlichen Fleiß erworben werde, sondern durch oratio, meditatio und tentatio, auffallend das Fehlen des Kirchenbegriffs unter den Konstitutiva des Theologiebegriffs. Die andere Linie sehe ich beim späteren Melanchthon und seinem Begriff der „doctrina Ecclesiae" beginnen, bei Calixt weiterlaufen und schließlich bei Semler wieder neu aufgegriffen. Für diese Linie kennzeichnend ist die bei Melanchthon bereits in Ansätzen vorhandene, bei Calixt deutlich ausgesprochene und schließlich von Semler voll durchgeführte Unterscheidung von Theologie und Glaube, die (bei Melanchthon nicht voll durchgeführte) Säkularisierung des theologischen Erkenntnisbegriffs zum rationalen Wissenschaftsbegriff und die explizite Betonung der Kirchlichkeit der Theologie, wie sie in Melanchthons Begriff der „doctrina Ecclesiae" vorliegt und für Calixt in dieser Arbeit nachgewiesen wird. Beide Linien treten nicht immer so deutlich auseinander wie bei den genannten Theologen. Es gibt Vermittlungslösungen wie etwa den Theologiebegriff des spätorthodoxen Jenenser J. Musäus. Andererseits gibt es Punkte, an denen die auf diesen beiden Linien bezogenen Positionen offen miteinander in Streit geraten. So in dem Streit zwischen Ph. J. Spener und K. Dilfeld um den Theologiebegriff. Beachtlich ist aber, daß bis zu Schleiermacher hin die Kirchlichkeit der Theologie im lutherischen Raum (der reformierte Raum ist hier nicht berücksichtigt) immer nur dort thematisch wurde, wo sich der Theologiebegriff als allgemeiner Wissenschaftsbegriff vom Glaubensbegriff zu unterscheiden suchte.

Dies ist der Horizont, in dem die vorliegende Arbeit gesehen werden möchte. Er ist im Rahmen dieses Vorworts nicht in Einzelheiten nachzuweisen. Daß ich es für wert gehalten habe, mit dem Theologiebegriff Gerhards und Calixts gerade diejenige Entwicklungsstufe der beiden Linien des Theologiebegriffs festzuhalten, die im ersten Viertel des 17. Jahrhunderts erreicht ist, hat zweierlei Grund. Einmal, weil nicht in der Reformationszeit, sondern erst um 1600 in der Begegnung mit der aus dem außerprotestantischen Bereich einfließenden philosophischen Wissenschaftslehre die lutherische Lehrwissenschaft zu wissenschaftstheoretischen Reflexionen über die Theologie und ihr Wesen vorstößt, wie sie ähnlich schon von der Scholastik geübt wurden. Zum anderen, weil diejenige Formung, die der Theologiebegriff bei J. Gerhard erhalten hat und die ich mit dem Begriff „Gottesgelehrsamkeit" charakterisiere, nicht aber der melanchthonische Lehrbegriff das Verständnis der Theologie im lutherischen Bereich bis in die Aufklärung geleitet hat.

Gegenüber dem Gerhardschen Typ der Theologie als „Gottesgelehrsamkeit" charakterisiere ich den Theologiebegriff Calixts mit einem Spenerschen Ausdruck als „Gelehrsamkeit von theologischen Gegenständen" und sehe in ihm eine von Gerhard fundamental verschiedene Auffassung von der Theologie als einer rationalen Wissenschaft ausgedrückt. Beide, von einem habitualen Verständnis des doctrina-Begriffs bestimmten Theologiebegriffe stelle ich wiederum dem melanchthonischen Begriff der „Lehre der Kirche" gegenüber. In der Herausarbeitung dieser verschiedenen Typen besteht das Wesentliche dieser Arbeit. Die mich anfangs leitende Frage nach der Kirchlichkeit der Theologie kommt im letzten Abschnitt des Kapitels über Calixt zur Sprache.

Zum Methodischen der Arbeit ist zu bemerken, daß ich mich im ersten Kapitel über den Theologiebegriff bei Johann Gerhard an eine Darstellung des Begriffs Theologie im Blick auf seine Bedeutungsweite und seinen Sinn halte. Dabei wird nach einem einleitenden Abschnitt über die Geschichte des Theologiebegriffs der Theologiebegriff Gerhards zunächst nach seinem Inhalt (doctrina de Deo), sodann nach seiner Form (habitus θεόσδοτος) betrachtet. Im zweiten Kapitel über den Theologiebegriff Calixts kann zum Verständnis der Begrifflichkeit auf das erste Kapitel aufgebaut und darum methodisch anders verfahren werden, insofern nun bestimmte Problemkreise, wie die nach dem Verhältnis von Theologie und Glaube, Theologie und Vernunft, Theologie und Kirche grundsätzlich in den Blick kommen. Bei der unterschiedlichen methodischen Struktur der beiden Kapitel war es angebracht, keine allgemeine, sondern jeweils eine besondere Einleitung vorauszuschicken.

Die Loci theologici Johann Gerhards zitiere ich, wenn nicht ausdrücklich anders vermerkt, nach der neueren Ausgabe von Ed. Preuß, und zwar nach Band und Seitenzahl, nur bei dem häufig zitierten Prooemium (I, S. 1–8) des schnelleren Auffindens wegen nach Paragraphen (§ 1–31).

KAPITEL I

Der Theologiebegriff bei Johann Gerhard

A. Der geschichtliche Ort des Theologiebegriffs Gerhards

Johann Gerhard, der bedeutendste Repräsentant der älteren lutherischen Orthodoxie[1], hat an den Anfang seines monumentalen Hauptwerks, der „Loci theologici" (1610–1625), ein „Prooemium de natura theologiae" gestellt[2]. Dieses Prooemium gehört nicht in die Reihe der theologischen Loci, die erst von „de Scriptura sacra" ab zählen. Wenn auch der aus Wort- und Sacherklärung bestehende Aufbau des Prooemium dem Aufbau der einzelnen Loci formal gleicht[3], so geht es hier doch nicht, wie bei den Loci, um die Erkenntnis eines articulus fidei, sondern um eine Reflexion über das Wesen (natura) eben dieser Erkenntnis der Glaubens-

---

[1] Johann Gerhard 1582–1637, Studium in Wittenberg (Medizin), Jena und Marburg (Theologie), 1606 Superintendent in Heldburg, 1615 Generalsuperintendent in Coburg, seit 1616 bis zu seinem Tode Professor der Theologie in Jena. Biographie von E. R. Fischer, Vita Gerhardi, Leipzig 1723, vgl. J. F. Cotta, Praefatio de vita, fatis et scriptis Jo. Gerhardi, in Gerhard, Loci theologici ed. Cotta Tom. I, Tübingen 1767, S. Xff.; vgl. weiter RE[3] VI, 554ff. und RGG[3] II, 1412f.

[2] In dem 1610 herausgegebenen ersten Band der Loci (Loci theologici ed. Cotta Tom. I) fehlt noch ein besonderes Prooemium über die Natur der Theologie. Die Darstellung setzt sofort mit dem Locus primus de sacra Scriptura ein. Gerhard hat nach Beendigung des Gesamtwerks noch einmal eine „Exegesis, sive uberior expositio articulorum in tomo I concisius tractatorum" geschrieben, die 1625 herauskam (vgl. Loci ed. Cotta, Tom. II, Praefatio). Erst diese Exegesis enthält das „Prooemium de natura theologiae". Es ist zu beachten, daß die Ausgabe Cotta beide Bearbeitungen der ersten vier Loci bringt, die Ausgabe Preuß nur die spätere Exegesis. KARL BARTH, dem offenbar die Ausgabe Preuß vorlag, zitiert das Prooemium irrtümlicherweise ständig unter der Jahreszahl 1610 (Die kirchliche Dogmatik I,1 S. 1. 6. 16. 18. 81. 117. 199 u.ö.).

[3] Über die das methodische Gerüst eines einzelnen Locus ausmachende sogenannte Partikularmethode handelt HÄGGLUND, Die Heilige Schrift und ihre Deutung in der Theologie Johann Gerhards, 1951, S. 61–63. Vgl. dazu unten S. 30 und 65f.

artikel, mithin um das Sich-selbst-Gegenständlichwerden des Unterfangens der Erkenntnis und Darstellung der christlichen Lehre. Wir haben es in Gerhards Prooemium zunächst also mit einer Art dogmatischer Prolegomena zu tun, wie wir sie aus den Summen der Scholastik und auf reformatorischem Boden aus den Einleitungen zu den Loci Melanchthons kennen[1].

Daß sich in den Prolegomena eine Darstellung der christlichen Lehre als „Theologie" gegenständlich wird und auf dies ihr Sein als „Theologie" befragt, wie das bei Gerhard geschieht, ist nun aber besonderer Beachtung wert. Die wichtigsten lutherischen Lehrdarstellungen vor Gerhard kennen eine solche einleitende Reflexion auf die Theologie und ihr Wesen nicht[2]. Andererseits wird in der Zeit nach Gerhard die Erörterung des Wesens der Theologie zur selbstverständlichen Einleitung nahezu jedes dogmatischen Werkes und nimmt mit der Zeit einen immer umfangreicher werdenden Raum ein. Abraham Calov, das Haupt der Wittenberger Orthodoxie des 17.Jahrhunderts, beginnt sein Systema locorum theologicorum mit einer breit angelegten Einleitung über den Theologiebegriff; in seiner Isagoge ad SS. Theologiam dehnt sich die Erörterung des Theologiebegriffs auf fast 350 Seiten aus[3]. Und der Jenenser Theologe Johann Musäus widmet der Frage nach dem Wesen der Theologie einen Großteil seiner „Introductio in theologiam"[4].

Nimmt das Interesse an einer subtilen Erörterung des Theologiebegriffs auch seit dem Pietismus merklich ab[5], so bleibt doch zu konstatieren,

---

[1] Thomas von Aquin, Summa theologica I q 1 „de sacra doctrina, qualis sit et ad quae se extendat". Melanchthon, Loci praecipui theologici 1559, Epistola ad lectorem und Praefatio (SA II, 1 S.165ff. = CR 21, 601ff.).

[2] Melanchthon reflektiert in den Einleitungen zu den verschiedenen Ausgaben seiner Loci über die Eigenart der „doctrina christiana" oder „doctrina Ecclesiae", spricht aber nicht von „theologia" (s. dazu unten S. 9f.). Martin Chemnitz stellt seinen Loci theologici einen Abschnitt „de usu et utilitate Locorum theologicorum" voran, in dem der doctrina-Begriff beherrschend ist und erst gegen Ende mit dem Theologiebegriff gleichgesetzt wird (Loci theologici, Frankfurt und Wittenberg 1690). Hafenreffer beginnt mit „Prolegomena de feliciter instituendo et continuendo studio theologico" (Loci theologici, Tübingen 1609). Diese erschöpfen sich in der Erörterung der Begriffe oratio, meditatio und tentatio. Hütter beginnt sofort mit dem Locus de sacra Scriptura (Compendium locorum theol., Wittenberg 1612).

[3] Calov, Systema locorum theologicorum, Tom. I, 1655. Isagoge ad SS. Theologiam, Wittenberg 1652.

[4] Musäus, Introductio in theologiam, Jena 1678.

[5] Immerhin hat noch Ph.J. Spener in seiner „Allgemeinen Gottesgelehrtheit aller gläubigen Christen und rechtschaffenen Theologen", Frankfurt a.M. 1680, dem

daß seit ungefähr 1600 sich in der Geschichte der protestantischen Dogmatik eine Tradition bildet, Wesen und Aufgabe einer wissenschaftlichen Darstellung der christlichen Lehre vom Theologiebegriff her zu explizieren. Wurde diese Tradition unterbrochen durch Schleiermacher, der in der Einleitung seiner Glaubenslehre diese auf den Begriff der Dogmatik baute – die Dogmatik freilich im Rahmen seines umfassenderen Theologiebegriffs als theologische Disziplin verstanden[1] –, so ist man in der Theologie der Gegenwart dahin zurückgekehrt, das Wesen der Dogmatik wiederum unmittelbar aus dem Theologiebegriff selbst zu verstehen im Rückgriff auf dessen Wortsinn als Rede von Gott[2]. Auch wo man diesem Rückgriff Karl Barths nicht folgt, stellt man die Dogmatik unter den Begriff der Theologie und beginnt mit einer Erörterung dessen, was „Theologie" ist[3].

Theologiebegriff erhebliche Aufmerksamkeit gewidmet. Sein Interesse ist freilich schon mehr auf den Theologen als auf die Theologie gerichtet. So wird denn im Pietismus der Begriff des Theologen in den Mittelpunkt gerückt und die Bemühung um den Theologiebegriff zurückgedrängt, vgl. August Hermann Francke, Idea studiosi theologiae, Halle 1723.

[1] Schleiermacher, Der christliche Glaube, 2. Aufl., Einleitung, Erstes Kapitel, Zur Erklärung der Dogmatik. Vgl. Kurze Darstellung des theologischen Studiums § 195 ff.

[2] Barth, Die kirchliche Dogmatik I, 1 S. 1 ff. Barth greift (ib. S. 1) auf Augustins Definition der Theologie als „de divinitate ratio sive sermo" zurück (De civ. Dei VIII, 1). Dies auch von der altprotestantischen Theologie gern zitierte Augustinwort (Gerhard, Loci theologici, Prooemium § 2, Calov, Isagoge ad SS. Theologiam, 1652, S. 3) darf nicht darüber hinwegtäuschen, daß ein Theologiebegriff Augustins in einem dem Barthschen oder dem altprotestantischen Theologiebegriff vergleichbaren Sinn gar nicht existiert. Augustin meint mit Theologie nur die Rede von Gott im engeren Sinn der Gotteslehre. Im weiteren, die ganze christliche Lehre umfassenden Sinn wird der Begriff erst seit der Scholastik gebraucht. Siehe unten S. 12 f.

[3] Vgl. P. Althaus, Grundriß der Dogmatik, 1952, S. 11 ff.; P. Tillich, Systematische Theologie, 1955, S. 9 ff.; W. Elert, Der christliche Glaube, 3. Aufl. 1956, S. 30 spricht distanzierter von der „Dogmatik im Rahmen der Theologie" und macht den Vorbehalt: „Die Sache, die von der Theologie zu vertreten ist, läßt sich aus dem Begriff der Theologie allein nicht bestimmen" (ib.); E. Brunner, Die christliche Lehre von Gott, Dogmatik Band 1, 1946, und O. Weber, Grundlagen der Dogmatik, Erster Band, 1955, setzen dagegen mit der Explikation der Dogmatik als christlicher Lehre (Weber) beziehungsweise Wissenschaft von der christlichen Lehre (Brunner) ein. Hinter ihrer Zurückstellung des Theologiebegriffs und der Betonung seines geschichtlichen Gewordenseins (Brunner S. 100 f.; Weber S. 65) steckt wohl Vorbehalt gegenüber dem scholastischen Begriff einer Wissenschaft von Gott (vor allem bei Brunner S. 71), doch wird der Theologiebegriff durchaus weiter zur Selbstbezeichnung gebraucht. Anders F. Buri, Dogmatik als Selbstverständnis des

In dieser Tradition der die Einleitungen oder Prolegomena der Dogmatik bestimmenden Explikation des Selbstverständnisses protestantischer Lehrwissenschaft als „Theologie" kann Gerhards Prooemium de natura theologiae, das in der ersten Bearbeitung der Loci noch fehlt und erst in die zweite nachträglich eingefügt worden ist, gewissermaßen als traditionsbildender Anfangspunkt angesehen werden[1]. Versucht man Standort und Bedeutung dieses Punktes näher zu bestimmen, so muß auf die Geschichte der protestantischen Dogmatik sowie auf die Geschichte des Theologiebegriffs zurückgeblendet werden.

Der Ausgangspunkt für eine Standortbestimmung der Loci theologici Johann Gerhards und speziell des Prooemium in der Geschichte der lutherischen Dogmatik muß immer bei den Loci Melanchthons als der Grundlage der lutherischen Schullehre gesucht werden[2].

Zwar noch nicht die Loci communes von 1521[3], wohl aber die mit der Ausgabe von 1535 gebotene zweite Gestalt der Loci, in der Melanchthon über die Loci salutares hinaus die Grundbegriffe der gesamten christlichen Lehre darstellen will[4], kann als erste lutherische Dogmatik angesehen werden[5]. Melanchthon hat dieser

---

christlichen Glaubens, 1956, der trotz des Anspruchs, eine „Theologie der Existenz" zu geben (S. 3), seinen Begriff der Dogmatik mit dem im Laufe der Darstellung nur historisch gebrauchten Theologiebegriff (in Wendungen wie neuprotestantische Theologie, Theologie des Wortes, natürliche Theologie) in keine Beziehung setzt, faktisch damit den Theologiebegriff aufgibt. F. GOGARTEN wiederum verzichtet auf Begriff und Form der Dogmatik, will seine Arbeit aber als „Theologie" verstanden wissen. Vgl. Die Kirche in der Welt, 1948, S. 115 f.; Die Wirklichkeit des Glaubens, 1957, S. 8; dazu die frühe Definition, Theologie sei „die kritische Besinnung des Theologen darüber, was er tut, wenn er auf Grund der Offenbarung von Gott redet" (Briefwechsel mit HERMANN HERRIGEL, ZZ. 1925, S. 78, zit. nach DIEM, Theologie als kirchliche Wissenschaft, 1951, S. 23).

[1] S. oben S. 5, Anm. 2. Vor Gerhards Prooemium und dieses vielleicht mitanregend hat Georg Calixt seine Epitome theologiae (1619) mit der Erörterung des Theologiebegriffs und der Definition desselben begonnen. Vgl. unten S. 96. Auf reformierter Seite stellte bereits Keckermann, Systema SS. Theologiae (Hannover 1610), der Dogmatik einen kurzen Abschnitt „de natura theologiae" voran.

[2] Vgl. TROELTSCH, Vernunft und Offenbarung bei Johann Gerhard und Melanchthon, 1891, S. 6.

[3] Melanchthons Loci communes von 1521 wollen keine Gesamtdarstellung christlicher Lehre sein, sondern nur eine Einführung in die Leitbegriffe und Grundwahrheiten des christlichen Glaubens, wie sie der Römerbrief vorbildlich für die ganze Bibel und damit für die evangelische Lehre enthält. Vgl. die Introductio SA II, 1 S. 5 ff. = CR 21, 84 ff.

[4] CR 21, 333 ff. Vgl. hierzu TROELTSCH, 1891, S. 62 ff. Schon in die Ausgabe von 1532 hatte Melanchthon die Gottes- und die Trinitätslehre aufgenommen.

[5] Die Rede von Melanchthons Loci als erster lutherischer „Dogmatik" wie über-

Ausgabe bereits eine ausführliche, die Eigenart und Methode der „doctrina christiana" klärende Einleitung vorausgeschickt. Aber erst die Praefatio der Ausgabe von 1543/44, mit der die tertia aetas der melanchthonischen Loci beginnt, enthält die reife Gestalt einer theologischen Prinzipienlehre, in der Melanchthon seine bereits 1540 im Commentarius de anima veröffentlichte Theorie von den in der Philosophie geltenden Gewißheitskriterien und dem analog dazu in der kirchlichen Lehre geltenden Gewißheitskriterium der Offenbarung aufgenommen und damit den Einbau der Theologie in den Raum einer allgemeinen Wissenschaftslehre vollzogen hat [1]. TROELTSCH hat die Vorrede zu den Loci von 1543 mit Recht die ersten Prolegomena lutherischer Dogmatik genannt [2].

Es ist nun bemerkenswert, daß Melanchthon weder in der Einleitung zu den Loci communes rerum theologicarum seu hypotyposes theologicae von 1521 noch in den Vorreden zu den späteren Loci praecipui theologici von *Theologie* redet, trotz der adjektivischen Verwendung des Wortes im Titel [3]. Dafür steht im Mittelpunkt der Einleitungen der Loci ein anderer Begriff: die „doctrina". In der ersten und zweiten aetas der Loci ist der Begriff der „doctrina christiana" beherrschend. In der dritten aetas hat der seit 1539 die Wichtigkeit des Kirchenbegriffs hervorkehrende Melanchthon [4] den Begriff der „doctrina christiana" fast durchweg durch den Begriff der „doctrina Ecclesiae", gelegentlich auch „doctrina Eccle-

haupt von der „Geschichte der protestantischen Dogmatik "(GASS) muß sich freilich bewußt sein, daß sie einen erst im 17. Jahrhundert aus der Abgrenzung der theologischen Disziplinen gebildeten Begriff in das 16. Jahrhundert zurückprojiziert. Durch Rückprojizierung später gebildeter Begriffe können Phänomene leicht verdunkelt statt erhellt werden. Ich gebrauche deshalb in der Anwendung auf Melanchthons und Gerhards Loci den Begriff Dogmatik promiscue mit Lehrdarstellung oder Lehrwissenschaft, um ihn gegenüber dem Phänomen offen zu halten. – Den Begriff der Dogmatik dürfte Melanchthon durch sein Verständnis der Loci als „explicatio dogmatum Ecclesiae" (SA II, 1 S. 165 = CR 21, 602) zumindest vorbereitet haben. Bei dem wesentlich als Fortführer melanchthonischer Tradition anzusehenden Calixt kommt der Begriff „theologia dogmatica" wohl zum ersten Mal vor (in der Gegenüberstellung zur theologia moralis, s. Epitome theologiae moralis, Helmstedt 1634, S. 70. Vgl. OTTO RITSCHL, Das Wort dogmaticus in der Geschichte des Sprachgebrauchs bis zum Aufkommen des Ausdrucks theologia dogmatica, Festgabe für Julius Kaftan [Sonderdruck], Tübingen 1920). Als Titel erscheint der Begriff erstmalig wohl in der Synopsis theologiae dogmaticae des Lukas Reinhart, Altorf 1659 (nach O. WEBER, Grundlagen der Dogmatik I, S. 49).

[1] SA II, 1 S. 167 ff. = CR 21, 603 ff. Vgl. TROELTSCH S. 75 ff.
[2] TROELTSCH S. 75.
[3] Nur einmal findet sich das Wort in der Einleitung zu den Loci von 1521, wo von der theologia als einer der einzelnen artes geredet wird, SA II, 1 S. 5 Z. 26. Daneben „res theologica", SA II, 1 S. 4 Z. 12.
[4] Vgl. Melanchthons Schrift „de ecclesia et de autoritate verbi Dei" von 1539, SA I, S. 324 ff. = CR 3, 722 ff.

siastica" ersetzt[1]. Der Begriff der „doctrina Ecclesiae" steht bei Melanchthon genau an der Stelle, an der bei Gerhard und der lutherischen Dogmatik der Folgezeit einfach von Theologie geredet wird. So wird bei Melanchthon das Verhältnis von Theologie und Philosophie nicht mit diesen Worten, sondern als das Verhältnis von doctrina Ecclesiae und philosophia besprochen[2]. Dieser Sprachgebrauch ist nicht auf die Loci beschränkt, sondern ebenso an Melanchthons übrigen Schriften, auch an den von Melanchthon verfaßten Wittenberger Universitätsstatuten[3] zu beobachten, in denen eine Grundlegung evangelischer Lehrwissenschaft ohne Rückgriff auf den Theologiebegriff vollzogen wird[4]. Es hat den Anschein, daß Melanchthon das Wort Theologie nur als überkommene Disziplinbezeichnung übernimmt, dieser Disziplin aber einen Inhalt zu geben bestrebt ist, der in sich keine Tendenz zu einer Identifizierung mit dem Theologiebegriff hat[5].

Wir stoßen also bei einem ersten Vergleich zwischen Gerhard und Melanchthon auf die terminologische Differenz, daß die beidesmal unter dem Titel „Loci theologici" unternommene Darstellung der christlichen Lehre sich bei Gerhard vom Begriff der Theologie aus versteht, bei Melanchthon dagegen sich als Kirchenlehre (doctrina ecclesiae) bezeichnet. Zum Verständnis dieser Wandlung in der Selbstbezeichnung der lutherischen Lehrwissenschaft muß an dieser Stelle ein kurzer Rückblick auf die Geschichte des Theologiebegriffs eingeschaltet werden[6].

---

[1] In der Epistola ad lectorem und der Praefatio der Loci von 1559 begegnet „doctrina Ecclesiae" achtmal, „doctrina Ecclesiastica" einmal und „doctrina christiana" nur einmal (im ersten Satz der Epistola).

[2] Loci 1559, Praefatio, SA II, 1 S. 168; vgl. Loci 1521, SA II, 1 S. 8.

[3] Statuta collegii facultatis Theologicae (1546), abgedruckt CR 10, 1001 ff.

[4] Das Wort *Theologie* begegnet in den Wittenberger Statuten niemals im absoluten Gebrauch, sondern nur in den zusammengesetzten Wendungen „doctor theologiae" (CR 10, 1004), „studium theologiae" (1006), oder adjektivisch „materiae theologicae" (1004), „ordo Theologicus" (1004 f.), „coetus theologicus" (1008). Im absoluten Gebrauch nur Bildungen von „doctrina": „doctrina Ecclesiastica" (1003. 1005), „pura doctrina" (1007), „doctrina coelestis" (1002), „doctrina Evangelii" (1002), öfter nur „doctrina" (1002. 1003. 1004. 1005).

[5] Aus der Beobachtung des Fehlens des Theologiebegriffs fällt heraus die von Melanchthon 1536 gehaltene „De philosophia oratio" (CR 11, 278 ff.). In ihr wird häufig von dem Verhältnis von „theologia" und „philosophia" geredet. Erklärt sich das daraus, daß Melanchthon hier vor allem die Theologen anredet? Es scheint mir, daß sonst gerade an dem Fehlen des Theologiebegriffs Melanchthon und seine Schüler in den Wittenberger Orationes (CR 11) von den den Theologiebegriff gebrauchenden Lutherschülern gut zu unterscheiden sind.

[6] Das Folgende hat nur die Form einer Skizze, die einige m. E. wesentliche

Auf die verwickelte Wortgeschichte von $\vartheta\varepsilon o\lambda o\gamma\acute{\iota}a$ kann hier im einzelnen nicht eingegangen werden[1]. Das Wort bedeutet ursprünglich „Götterlehre", mythologische Erzählung von den Göttern, die ganz ins Reich der Dichtung gehört. In diesem Sinne kennen es Plato, bei dem das Wort zum ersten Mal nachzuweisen ist (Politeia 379a), und Aristoteles[2]. In der Stoa wird diese mythologische Theologie erstmals Stoff der Wissenschaft. Hier bekommt Theologie den Sinn der Deutung der Götterdichtung, der wissenschaftlichen Rede von Gott. In dieser Bedeutung ist das Wort in den christlichen Sprachgebrauch aufgenommen worden. Es ist aber bemerkenswert, daß die Alte Kirche das Wort Theologie in der heute üblichen Bedeutung für die Wissenschaft von der christlichen Lehre nicht kennt. Tertullian und Augustin wählen das Wort überhaupt nur zur Bezeichnung der heidnischen Götterlehre; nur einmal spricht Augustin von der wahren Theologie[3]. Da, wo es als Terminus christlicher Lehre in Gebrauch kommt, ist es entweder im speziellen Sinn der Lehre von Gott (Eusebius)[4], oder noch enger im Sinne der Trinitätslehre oder der Lehre von der Gottheit des Logos verstanden[5]. Nur vereinzelt scheint es auch schon im weiteren Sinne gebraucht zu werden, Erlösungslehre und Eschatologie mitumfassend[6]. Neben diesem „wissenschaftlichen" Theologiebegriff wirkt aber auch der „dichterische" Sinn des Wortes weiter. So kann Theologie im Sinne von Hymnodie, Psalmpreis der Gottheit, feierliches Reden von Gott verstanden und gebraucht werden[7]. Zusammenfassend ist festzustellen, daß die abendländische Kirche bis zum Mittelalter das Wort Theologie überwiegend nur in der engen Bedeutung von Gotteslehre und Gottespreis kennt[8].

Stadien der Geschichte des Theologiebegriffs kurz beleuchten soll. Eine Darstellung der Geschichte des Theologiebegriffs fehlt leider, die Verweise der Nachschlagewerke sind weithin unzureichend.

[1] FERDINAND KATTENBUSCH hat in einem Aufsatz „Die Entstehung einer christlichen Theologie", ZThK 1930, S. 161–205, reichliches Material hierzu zusammengetragen. Indem ich für die Geschichte des Wortes in der Alten Kirche auf KATTENBUSCH verweise, kann ich auf Quellenbeweise verzichten.

[2] KATTENBUSCH S. 165 ff.

[3] J. BILZ, Artikel „Theologie" in Lexikon für Theologie und Kirche, 10. Band 1938, Sp. 66.

[4] KATTENBUSCH S. 199 f. nennt Eusebius' Schrift $\pi\varepsilon\varrho\grave{\iota}\ \tau\tilde{\eta}\varsigma\ \dot{\varepsilon}\varkappa\varkappa\lambda\eta\sigma\iota\alpha\sigma\tau\iota\varkappa\tilde{\eta}\varsigma$ „$\vartheta\varepsilon o\lambda o\gamma\acute{\iota}a\varsigma$".

[5] BILZ aaO.

[6] BILZ aaO nennt Theodoret von Cyrus, dem sich Pseudo-Dionysius, Maximus Confessor und Johannes von Damaskus anschließen.

[7] KATTENBUSCH S. 204.   [8] Ib. S. 199 f. 204.

Die Ausweitung des Begriffssinnes von Theologie über den Rahmen der Gotteslehre hinaus auf das Ganze der christlichen Lehrwissenschaft ist eine Tat der mittelalterlichen Scholastik. Den ersten und wohl entscheidenden Schritt hierzu hat man bereits in wissenschaftstheoretischen Reflexionen der Frühscholastik um 1100 zu erblicken[1]. Im „Speculum universale" des Radulfus Ardens (gegen 1100) wird versucht, die Erkenntnisarbeit der christlichen Lehre in das Schema einer allgemeinen Wissenschaftslehre einzuordnen. In Anlehnung an die Wissenschaftslehre des Aristoteles konstituiert sich hier die christliche Lehre als dritte theoretische Disziplin neben Mathematik und Physik[2]. Für diese dritte theoretische Disziplin war neben dem gebräuchlichen Namen Metaphysik durch Boethius auch der Name „theologia" überliefert[3]. Dieser die höchste spekulative Disziplin bezeichnende Begriff der Theologie wird nun aus dem Raum der Philosophie herausgelöst und als Wissenschaftsbezeichnung für die christliche Lehrwissenschaft übernommen. Diese zunächst befremdliche Übernahme einer philosophischen Disziplinbezeichnung für die christliche Lehre erklärt sich einmal daraus, daß man sich in der Frühscholastik über die Grenzen zwischen natürlicher und übernatürlicher Erkenntnis noch nicht endgültig klargeworden war[4]. Sodann war die Brücke zur Übernahme des philosophischen Theologiebegriffs dadurch gebaut, daß die Gottes- und Trinitätslehre das zentrale Thema der Frühscholastik ist[5]. Doch ist beachtlich, daß schon bei Radulfus Ardens der Theologiebegriff neben der auch hier in erster Linie gemeinten Gottes- und Trinitätslehre auch die Sakramentenlehre und Eschatologie mitumfaßt[6]. Diese weitere Fassung des Begriffes theologia beweist auch die von Radulfus Ardens vollzogene Zerlegung der theologia in vier Teile: „De ipsa divinitate, De divina operatione, De divino cultu

---

[1] Das Folgende nach GRABMANN, Geschichte der scholastischen Methode I 1957, II 1957. Die Arbeit von M. D. CHENU, La théologie comme science au XIIIe siècle (3. Aufl. Paris 1957), die die Entwicklung zum theologischen Wissenschaftsbegriff der Hochscholastik darstellt, ist mir erst nach Beendigung der Arbeit bekannt geworden. Ich kann hier nur auf sie hinweisen.

[2] GRABMANN I, S. 246ff. Siehe vor allem die von GRABMANN ib. S. 254 schematisch reproduzierte Darstellung der Wissenschaftslehre des Radulfus Ardens nach der Form eines „Wissensbaumes".

[3] GRABMANN I, S. 253; vgl. ENGELBERT KREBS, Theologie und Wissenschaft nach der Lehre der Hochscholastik, 1912, S. 22. Schon bei Aristoteles wird die Metaphysik als θεολογική bezeichnet (Metaphysik E 1026a; K 1064b). Zur umstrittenen Echtheitsfrage dieser Stellen s. KATTENBUSCH aaO S. 166 u. 167 Anm. 1.

[4] KREBS, 1912, S. 22.   [5] GRABMANN II, S. 7.   [6] GRABMANN I, S. 255.

et De divina retributione."[1] GRABMANN weist auf diesen neuen Gebrauch des Wortes theologia „in dem umfassenden Sinn von Glaubenswissenschaft gegenüber dem natürlichen Wissenschaftsgebiet" ausdrücklich hin[2], wie nach ihm überhaupt das Speculum universale „in hervorragendem Maße für den Geschichtsschreiber der scholastischen Methode in Betracht kommt"[3].

Man wird das „Speculum universale" symptomatisch für die in der Frühscholastik sich vollziehende Erweiterung des Theologiebegriffs auf das Ganze der christlichen Lehre ansehen können. Abaelard (1079–1142) schreibt eine uns nur in einem Bruchteil erhaltene „Theologia"[4], deren Gliederung am Beginn des Werkes mit den drei Größen fides, charitas und sacramentum angegeben wird und die nach dem Prolog eine „sacrae eruditionis summa" geben will, somit den Theologiebegriff bereits als Titel über die gesamte christliche Lehre stellt[5]. Seit der Zeit Abaelards kommt das Wort „theologia" für die dem natürlichen Wissen gegenübergestellte christliche Offenbarungswissenschaft immer mehr in Gebrauch[6]. Im 13. Jahrhundert bürgert sich der Name „Summa theologiae" für die großen Lehrdarstellungen ein anstelle des älteren Namens „Summa sententiarum"[7].

Setzte sich die Ausdehnung des Theologiebegriffs auf das Ganze der christlichen Lehre im 13. Jahrhundert allgemein durch, so blieb eine wissenschaftstheoretische Legitimierung dieses weiten Theologiebegriffs hinter seinem faktischen Gebrauch vorläufig noch zurück. Der Mangel zeigt sich an der Bestimmung des Gegenstandes der Theologie[8]. Hier standen zunächst sehr unterschiedliche Bestimmungen nebeneinander. Als Gegenstand der christlichen Lehrwissenschaft nannten die einen

---

[1] GRABMANN I, S. 255. Vgl. das Schema ib. S. 254.

[2] Ib. S. 255. [3] Ib. S. 248.

[4] Herkömmlicher, aber unrichtiger Titel „Introductio in theologiam", GRABMANN II, S. 222. Abaelard hat außerdem noch eine „Theologia christiana" geschrieben, die eine umgearbeitete zweite Fassung seiner Schrift „De unitate et trinitate divina" ist, den Theologiebegriff also noch mehr im engeren Sinn der Gotteslehre gebraucht. GRABMANN ib.

[5] GRABMANN II, S. 222.

[6] Reiches Material bei GRABMANN im zweiten Band, vgl. das Register unter „Theologie".

[7] SEEBERG, Dogmengeschichte III, S. 339.

[8] Zum folgenden vgl. KREBS, 1912, S. 53ff., wo ausführlich die scholastische Diskussion über den Gegenstand der Theologie referiert wird. Ich beschränke mich auch hier auf eine knappe Skizze und verweise für die Einzelheiten auf KREBS aaO.

„Christus", andere im Gefolge Augustins „Dinge und Zeichen", wieder andere „die Werke der Erneuerung des Menschengeschlechts" oder einfach das „Glaubbare"[1]. Bereits Albert der Große nennt Gott das subiectum (Gegenstand) der Theologie. Er begründet dies damit, daß Gott unter den zu betrachtenden Gegenständen der würdigste ist[2]. Die Gegenstandsbestimmung läßt sich hier schon deutlich vom Theologiebegriff leiten. Gleichwohl blieb eine a parte potiori gewählte Gegenstandsbestimmung der Theologie unbefriedigend; die Anwendung des Theologiebegriffs auf das Ganze der sacra doctrina war durch sie nicht hinreichend legitimiert. Erst Alberts Schüler Thomas von Aquin hat es vermocht, durch die strenge Anwendung des Subjektbegriffs der aristotelischen Analytik auf die Bestimmung des subiectum der Theologie den Theologiebegriff auf solide Fundamente zu legen und damit die vor ihm vollzogene Gleichung sacra doctrina = theologia wissenschaftstheoretisch zu legitimieren.

Thomas entwickelt in der ersten Quaestio der „Summa theologiae"[3] unter dem Titel „de sacra doctrina, qualis sit et ad quae se extendat" seine theologische Prinzipienlehre[4]. Er spricht hier statt von Theologie noch fast durchgehend von der „sacra doctrina"[5]. Gleichwohl kann man es als eine der inneren Tendenzen dieser Prinzipienlehre erkennen, daß sie das Verständnis der „sacra doctrina" als „Theologie" durchführen und wissenschaftstheoretisch fundieren will.

Mit Aristoteles geht Thomas davon aus, daß Wissenschaft nicht das Besondere, sondern das Allgemeine zum Gegenstand hat[6]. Die Wissenschaft (scientia) wird dabei analog zu den Vermögen (potentia) und Fertigkeiten (habitus) betrachtet. Die Einheit eines Vermögens oder einer Fertigkeit bestimmt sich jeweils nach dem Gegenstand (obiectum), aber nicht

---

[1] KREBS S. 54.   [2] KREBS S. 55 ff.

[3] Thomas von Aquin, Summa theologiae, Prima pars, Turin/Rom 1952 (Marietti).

[4] Auf die bei Thomas selbst sich vollziehende Entwicklung in der Bestimmung des Subjektbegriffs der Theologie vom Sentenzenkommentar bis zur Summa theologiae wird hier nicht eingegangen. S. dazu KREBS aaO S. 56 f.

[5] Das Wort „theologia" begegnet in S. th. I q 1 nur innerhalb des Artikels 1, wo gegenüber der „theologia, quae pars philosophiae ponitur" die Notwendigkeit einer „theologia, quae ad sacram doctrinam pertinet" festgestellt wird; sodann im Artikel 7, wo für die Bejahung der Frage, ob Gott das subiectum der sacra doctrina sei, auf den Begriff „theologia" und seinen Sinn als „sermo de Deo" zurückgegriffen wird.

[6] Ich referiere im folgenden die für unseren Zusammenhang wichtigen Artikel 3 (utrum sacra doctrina sit una scientia) und 7 (utrum Deus sit subiectum huius scientiae) der ersten Quaestio (I q 1).

nach dem Gegenstand in seinem materialen Sein (non quidem materialiter), sondern nach jener formalen Seite an ihm, die einen bestimmten
Gegenstandscharakter konstituiert (secundum rationem formalem obiecti). So kommen material so verschiedene Dinge wie Mensch, Esel und
Stein in der Form des ,,coloratum'' überein, welches das obiectum des
Gesichtssinnes ist. Analog dazu bestimmt sich auch die Einheit der
sacra doctrina nach ihrem Gegenstand, und zwar so, daß nicht auf das
materiale Sein des Gegenstandes gesehen wird – in der sacra doctrina
wird ja von Gott und der Kreatur gesprochen, die materialiter nicht
unter die Einheit eines Genus begriffen werden können –, sondern
auf eine bestimmte ratio formalis obiecti, die beiden, Gott und Kreatur, gemeinsam ist. Diese die Einheit des Gegenstandsgebiets der
sacra doctrina konstituierende ratio formalis obiecti erblickt Thomas
darin, daß alles in der sacra doctrina Behandelte betrachtet werden kann
,,sub una ratione, inquantum scilicet sunt divinitus revelabilia''[1]. In
dieser ratio formalis obiecti kommen alle in der sacra doctrina behandelten
Gegenstände überein, wodurch die Einheit des Gegenstandsgebietes der
sacra doctrina konstituiert und die Einheit der sacra doctrina als Wissenschaft ermöglicht wird[2].

Von hier aus wird die Frage ,,utrum Deus sit subiectum huius scientiae''
von Thomas bejaht[3]. Als für die Bejahung dieser Frage sprechende
Autorität wird von Thomas einfach der Wortsinn von Theologie an-
geführt: weil dasjenige das Subjekt einer Wissenschaft sei, über das in
einer Wissenschaft die Rede (sermo) ist, die Theologie aber dem Wortsinn
nach Rede über Gott ist (dicitur enim theologia quasi sermo de Deo),
müsse folglich Gott als subiectum dieser Wissenschaft bestimmt werden.
Das Entscheidende bei Thomas ist aber nun, daß für die eigentliche,
nämlich wissenschaftstheoretische Begründung der Subjektbegriff in
strenger Anlehnung an die aristotelische Analytik verstanden und damit
eine gegenüber der herkömmlichen neue Art der Subjektbestimmung der
Theologie in die scholastische Wissenschaftslehre eingeführt wird[4]. Gegenstand (subiectum) einer Wissenschaft kann jetzt nicht mehr ein einzelnes
Seiendes sein, sondern nur ein allgemeiner Formalgrund. Nach Thomas

---

[1] I q 1 a 3 ad 2.
[2] Quia igitur sacra Scriptura considerat aliqua secundum quod sunt divinitus
revelata, secundum quod dictum est, omnia quaecumque sunt divinitus revelabilia
communicant in una ratione formali obiecti huius scientiae. I q 1 a 3.
[3] I q 1 a 7.   [4] Krebs S. 57.

16

verhält sich subiectum zu scientia ebenso wie obiectum zu potentia oder habitus[1]. Die Rede von Gott als dem subiectum der sacra doctrina ist also in dem gleichen Sinne zu verstehen, in dem das coloratum das obiectum des Gesichtssinnes ist. Daß Gott das subiectum der sacra doctrina ist, beweist Thomas, indem er in eigentümlicher Weise von der ratio des Geoffenbartwerdens auf die ratio Dei zurückgeht: Omnia autem pertractantur in sacra doctrina sub ratione Dei vel quia sunt ipse Deus; vel quia habent ordinem ad Deum, ut ad principium et finem. Unde sequitur, quod Deus vere sit subiectum huius scientiae[2]. Ist Gott hier außerhalb der Gotteslehre nur als Ursprung und Ziel des Seienden der beherrschende Begriff (subiectum) der sacra doctrina, so hat Thomas doch – ich referiere KREBS[3] – durch den von ihm eingeführten und später oft wiederholten Vergleich des Verhältnisses vom Subjekt zur Wissenschaft mit dem Verhältnis des spezifischen Gegenstandes zum Sinnesvermögen es ermöglicht, einfach „Gott" als das Subjekt zu bezeichnen, während das „als Ursprung und Ziel" nur als Begründung zur Behauptung hinzutritt.

Vom aristotelischen Subjektbegriff her kritisiert Thomas diejenigen traditionellen Bestimmungen, die das subiectum der Theologie in den „res et signa" (Petrus Lombardus), den „opera reparationis" (Hugo von St. Victor) oder dem mystischen Leib Christi (Robertus Melodunensis) gefunden haben[4]. Diese Bestimmungen haben nur auf das geachtet, was in der Theologie behandelt wird, nicht aber „ad rationem, secundum quam considerantur"[5]. Für Thomas ist Gott aber nicht als behandelter Gegenstand das Subjekt der Theologie, sondern deshalb, weil in der theologischen Wissenschaft alles „sub ratione Dei" behandelt wird. So wird es Thomas von seinem Subjektbegriff her möglich, das Ganze der theologischen Wissenschaft mit dem Wortsinn von „Theologie" zu identifizieren, also als „sermo de Deo" zu verstehen, ohne sich an den engeren Sinn der Gotteslehre zu binden, die ja nur ein Teilgebiet der sacra doctrina ausmacht.

Thomas hat sich mit seinem Subjektbegriff durchgesetzt[6]. Selbst sein

---

[1] Sic enim se habet subiectum ad scientiam, sicut obiectum ad potentiam vel habitum. I q 1 a 7.

[2] I q 1 a 7. [3] KREBS S. 57.

[4] I q 1 a 7. Die in Klammern beigefügten Namen entnehme ich den Anmerkungen der Ausgabe Marietti, aaO S. 6.

[5] I q 1 a 7. [6] KREBS S. 58.

Kritiker Scotus ist in diesem Punkt seiner Ansicht beigetreten[1]. In der Lehre von Gott als dem subiectum der Theologie sind sich um 1300 alle großen Schulhäupter einig[2]. Die Identifizierung des alten Begriffs der sacra doctrina mit dem Theologiebegriff gilt damit wissenschaftstheoretisch als endgültig gesichert und konnte nun auf der ganzen Linie durchgeführt werden[3]. Im Spätmittelalter wird, ohne daß dieser Frage hier weiter nachzugehen ist, das Wort Theologie schon durch seine Aufnahme als Fakultätsbezeichnung (Facultas theologica) in den neuentstehenden Universitäten zum selbstverständlichen Begriff für die christliche Lehrdisziplin. Als solcher ist der Theologiebegriff von Humanismus und Reformation übernommen worden zu einer Zeit, als man die wissenschaftstheoretische Reflexion des Thomas gar nicht mehr nachvollzog[4].

Luther hat den Theologiebegriff als Erbe der Scholastik empfangen und ihn zeit seines Lebens offenbar ganz selbstverständlich gebraucht. Der von ihm ohne Titel vorgefundenen Schrift des Frankfurters hat er den Titel einer „Deutsch Theologia" erst gegeben (das Wort Theologie begegnet in dieser Schrift m. W. nicht)[5]. Der Scholastik als einer „theologia gloriae" hat Luther seine „theologia crucis" entgegengestellt[6]. Bei aller Gegnerschaft zur Scholastik hält Luther also an dem in der Scholastik zur Herrschaft gekommenen Theologiebegriff fest, auch wenn er ihn nun mit einem anderen Inhalt zu füllen bestrebt ist. Auch das Verhältnis von Philosophie und christlicher Lehrwissenschaft wird bei Luther mit der herkömmlichen scholastischen Gegenüberstellung von „philo-

---

[1] KREBS S. 57. Zu bemerken ist, daß im Unterschied zu dem sparsamen Gebrauch von theologia bei Thomas dieser Begriff bei Duns Scotus durchgängig gebraucht wird. Siehe GILSON, Johannes Duns Scotus, 1959, S. 14.

[2] KREBS S. 58 nennt Ägidius Colonna als einzige Ausnahme.

[3] An der ganz auf Thomas aufbauenden Wissenschaftslehre des Dominikanergenerals Hervaeus Natalis (gest. 1323), die KREBS ediert hat (Theologie und Wissenschaft nach der Lehre der Hochscholastik, Zweiter Teil, Magistri Hervaei Natalis Defensa doctrinae D. Thomae), ist es interessant zu beobachten, wie der von Thomas S. th. I q 1 noch bevorzugte Begriff „sacra doctrina" durchweg durch „theologia" ersetzt ist.

[4] Vgl. Erasmus, Ratio seu methodus compendio perveniendi ad veram theologiam, 1518. Für Luther s. im folgenden.

[5] S. Theologia deutsch, herausg. HERMANN MANDEL, Quellenschriften zur Geschichte des Protestantismus, 7. Heft, 1908, Einleitung S. I und II.

[6] Heidelberger Disputation, These 21 und 24, Cl 5, 379 = WA 1, 354; Cl 5, 388 und 390 = WA 1, 362f. vgl. auch die zusammenfassende Gegenüberstellung der Theologie des Kreuzes und der Theologie der Herrlichkeit in den Resolutiones disput. de indulgent. virt. 1518, Cl 1, 128 ff. = WA 1, 613.

18

sophia" und „theologia" beschrieben[1] – im Gegensatz zu Melanchthons
Rede von „philosophia" und „doctrina ecclesiae". Ebenso schließt sich
Luther mit dem Satz „vera theologia est practica"[2] terminologisch an
eine scholastische, von Duns Scotus herrührende Tradition an. Mit
Betonung hat Luther sich selbst als „Theologe" verstanden[3].

Dieser terminologische Anschluß Luthers an den scholastischen Theologiebegriff bedeutet jedoch keineswegs, daß Luther den Theologiebegriff
im Sinne der Scholastik als allgemeinen Wissenschaftsbegriff übernimmt.
In Luthers Formel von der „theologia crucis" ist Theologie kein Genus
proximum, zu dem sich der Genitiv „crucis" in der logischen Beziehung
der Differentia specifica verhält und damit noch anderen Möglichkeiten
der Theologie Raum gibt. In der Formel „theologia crucis" ist Theologie
nicht Genus, sondern eine Größe, die durch ihren Genitiv erst konstituiert wird. In der Gegenüberstellung einer „theologia gloriae" und einer
„theologia crucis" wird das Wort „theologia" also nicht univok, sondern
äquivok gebraucht. So wird von Luther der scholastischen Theologie
bestritten, daß sie überhaupt Theologie ist, den scholastischen Theologen
abgesprochen, daß sie Theologen sind[4]. Die im Mittelalter als Streit der
Schulen verfochtene Frage, ob die Theologie spekulative oder praktische
Wissenschaft sei, wird bei Luther zu einer Frage des Seins oder Nicht-
seins der Theologie: vera theologia est practica... speculativa igitur
theologia, die gehort in die hell zum Teuffel[5].

Luther weicht aber auch in der Bestimmung des Gegenstandes der
Theologie entscheidend von der durch Thomas bestimmten scholastischen Tradition ab. Nicht Gott ist der Gegenstand der Theologie, sondern
die in Gottes Wort offenbar werdende Beziehung Gottes zum Menschen.
Indem sich Luther an die scholastische Rede vom „subiectum theologiae" anschließt, formuliert er: theologiae proprium subiectum est
homo peccati reus ac perditus, et Deus iustificans ac salvator hominis

---

[1] Vgl. Hägglund, Theologie und Philosophie bei Luther und in der occamistischen Tradition, Lund 1955.

[2] WATR 1, Nr. 153.

[3] Vgl. Brief an Spalatin, Januar 1518, Cl 6, 8 = WA 1, 133: Ut Theologus, non
ut Grammaticus loqui debeo.

[4] Vgl. Heidelberger Disputation, These 19 und 20: Non ille digne Theologus
dicitur, qui ,invisibilia' Dei ,per ea, quae facta sunt, intellecta conspicit', Sed qui
visibilia et posteriora Dei per passiones et crucem conspecta intelligit (Cl 5, 379 =
WA 1, 354).

[5] WATR 1, Nr. 153.

3

peccatoris[1]. Luther gibt sich also gar keine Mühe, Gegenstand und Aufgabe der Theologie formal aus dem Rückgriff auf den Wortsinn von Theologie als sermo de Deo, Rede von Gott, zu bestimmen, wie Thomas das tat[2]. Er macht nicht Gott in jenem allgemeinen Sinne zum Thema, in dem Thomas alle Dinge in der Theologie „sub ratione Dei" behandelt sein ließ, sondern erhebt zum Gegenstand der Theologie ein Handeln Gottes (Deus iustificans!), genauer: das Heilshandeln Gottes, ein Geschehen also, das sich in der Beziehung zwischen Gott und dem Menschen ereignet[3]. Damit wird die Theologie aus dem Raum einer allgemeinen Seinsbetrachtung in den Raum der Geschichte verwiesen, ja dieser Raum der Geschichte für die Theologie allererst eröffnet[4].

Luther hat den Theologiebegriff also von der Scholastik nicht einfach nur übernommen, sondern ihn ihr geradezu entrissen und für die evangelische Lehre allein beansprucht. Anders Melanchthon. Es wurde bereits darauf hingewiesen, daß Melanchthon weder die von ihm unternommene Darstellung der evangelischen Lehre in den Loci, noch die von ihm organisierte evangelische Lehrwissenschaft der lutherischen Universitäten Theologie genannt, sie vielmehr allein mit dem Begriff der Lehre als „doctrina christiana" beziehungsweise „doctrina Ecclesiae" bezeichnet hat[5]. Streng genommen kann man von einem Theologiebegriff Melanchthons gar nicht reden[6].

Den Grund dieser merkwürdigen terminologischen Differenz zu Luther wird man in der verschiedenen geistigen Herkunft beider vermuten, also im Humanismus Melanchthons. Allein dieser Verweis genügt noch nicht.

---

[1] WA 40, 2; 328, 17 (Enarratio Psalmi LI). Ebenfalls WATR 5, Nr. 5757.

[2] Vgl. oben S. 15.

[3] Vgl. auch das von Gerhard bei der Subjektbestimmung der Theologie (Loci, Prooemium § 28) zitierte Wort Luthers zu Genesis c. 26: Deum quaerendum esse non in praedicamento substantiae, sed relationis. Ich kann dies Wort in der WA freilich nicht verifizieren.

[4] Calvin folgt Luther, wenn er bei der Erörterung des Glaubensbegriffs die scholastische Bestimmung Gottes als dessen Objekt bekämpft. Institutio III 2, 1: ... imo quum in scholis de fide disputant, Deum eius obiectum simpliciter vocando, evanida speculatione... miseras animas rapiunt transversum magis quam ad scopum dirigant. (Opera selecta, ed. BARTH/NIESEL IV, S. 7.)

[5] S. oben S. 9f.

[6] Wohl hat Melanchthon gelegentlich auch von Theologie gesprochen, aber eben dort nicht, wo er grundsätzlich über die evangelische Lehre reflektiert. So zum Beispiel in den Briefen, vgl. etwa die Stelle „Ego mihi ita conscius sum, non aliam ob causam unquam τεθεολογηκέναι nisi ut vitam emendarem" (Brief an Camerarius, CR 1, 722). Vgl. oben S. 10, Anm. 5.

2*

Einmal hat doch auch Erasmus im Kampf gegen die Scholastik den Weg „ad veram theologiam" zeigen wollen, also den Theologiebegriff beibehalten[1]. Zum anderen wäre, selbst wenn der Theologiebegriff ihm von seiner humanistischen Herkunft fremd oder unpassend war, immer noch nicht erklärt, warum Melanchthon auf die Dauer bei einem von Luther abweichenden Sprachgebrauch blieb und sich der von Luther unternommenen Restituierung des Theologiebegriffs verschloß[2].

Eine befriedigende Antwort auf diese Frage kann hier nicht gegeben werden. Die zwischen Luther und Melanchthon, reformatorischer Theologie und reformatorischem Humanismus liegenden Spannungen und Differenzen nicht nur in der Höhe des theologischen Gedankens, sondern auch auf dem Boden ihrer unterschiedlichen Begrifflichkeit und Sprache aufzusuchen, ist eine noch kaum angepackte Aufgabe. Das Folgende kann deshalb nur in die Richtung einer möglichen Antwort auf das Fehlen des Theologiebegriffs bei Melanchthon weisen.

Achtet man auf den Sprachgebrauch der frühen Wittenberger Schriften, in denen Melanchthon seit 1519 der Sache Luthers im Kampf gegen die Scholastik an die Seite trat, so zeigt sich folgendes. Mit Luther kämpft hier Melanchthon gegen die mit der aristotelischen Philosophie verquickte „theologia scholastica", aber er stellt ihr nicht wie Luther eine andere Theologie, eine „theologia crucis" entgegen, sondern allein die wahre „doctrina christiana", wie sie in der „doctrina Pauli" gegeben ist[3]. Dabei wird der Begriff der Theologie in diesen frühen Schriften Melanchthons nicht selten gefunden. Doch wird, abgesehen von einigen Stellen, in denen in aus dem Zusammenhang erkennbarer deutlicher Antithetik zur scholastischen Theologie auch einmal von der „theologia Christi"[4], der „theologia Pauli"[5] und der „theologia Lutheri"[6] geredet wird, der Theologie-

---

[1] Siehe schon den Titel von Erasmus, Ratio seu methodus compendio perveniendi ad veram theologiam, 1518. Melanchthon zitiert diese Schrift in seiner Declamatiuncula in Divi Pauli doctrinam (1520), SA I, S. 39.

[2] Daß Melanchthon, der es nur bis zum Grad des theologischen Baccalaureus gebracht und sich zeit seines Lebens in der philosophischen Fakultät zu Hause gefühlt hat, nur aus Bescheidenheit sich nicht Theologe nannte, während Luther sich gern auf seinen theologischen Doktorgrad berief, erklärt noch nicht das Fehlen des Theologiebegriffs bei der Konstituierung und Organisierung der reformatorischen Lehrwissenschaft als Universitätsdisziplin, für welche doch vom Mittelalter her der Name „Facultas theologica" feststand und auch in Wittenberg beibehalten wurde.

[3] Durchgängig zu beobachten an den in SA I, Nr. I–VII wiedergegebenen Schriften aus den Jahren 1519–1522.

[4] SA I, S. 5 Z. 6.   [5] SA I, S. 27 Z. 24.

[6] SA I, S. 150 Z. 14. Daneben kann Melanchthon auch einmal von der „sincera

begriff nur beim Nennen der scholastischen Theologie gebraucht[1]. Ebenso findet sich der Begriff des Theologen zwar gelegentlich auch einmal auf Luther angewandt – antithetisch zu den scholastischen Theologen wird Luther ein wahrhafter Theologe genannt[2] –, doch wird er sonst immer nur in der Anrede an die scholastischen Theologen gebraucht in Wendungen wie „isti theologi"[3], „istud theologorum genus"[4] und den Spottbildungen „Theologastri" oder „Theologistae"[5].

Genau wie bei Luther wird auch bei Melanchthon der Theologiebegriff nicht als ein neutrales Genus angesehen, in das die reformatorische Lehre wie in ein fertiges Gefäß aufgenommen werden könnte. Aber über den gelegentlichen antithetischen Gebrauch des Theologiebegriffs hinaus ist bei Melanchthon keine Tendenz zu einer Usurpation desselben spürbar, wie sie für Luther so charakteristisch ist. Hat etwa Melanchthon, der ja eher als Luther die Transsubstantiationslehre als ein aus der Verbindung von aristotelischer Philosophie und kirchlicher Lehre entstandenes Produkt der Scholastik fallen ließ[6], auch den Theologiebegriff als aus der spekulativen Metaphysik stammend erkannt und als solchen aufgegeben? Die Frage ist immerhin zu erwägen. Gegen Ende des Reformationsjahrhunderts führt der deutschreformierte Heidelberger Theologe Bartholomäus Keckermann in seiner Wissenschaftslehre auch die „Theologie" auf, empfindet aber diesen Namen als nicht recht passend für die Heilslehre, was er unter anderem damit begründet, daß dieser nicht in der Schrift vorkommende Terminus von der heidnischen Metaphysik auf die

---

theologia et christiana doctrina" reden (SA I, S. 57 Z. 16f.), wiederum in direkter Antithetik zur „Sophistica theologia" (ib. Z. 14).

[1] Vgl. die umfangreiche Schutzschrift für Luther „Didymi Faventini adversus Thomam Placentinum pro Martino Luthero theologo oratio" von 1521 (SA I, S. 56 bis 140 = CR 1, 287–358). In ihr kommt der Wortstamm Theologie ca. fünfzigmal vor. Außer im Titel und in der Vorrede (S. 57 vgl. vorige Anm.) und drei Stellen, wo Theologie neutral als Disziplinbegriff gebraucht wird (S. 95 Z. 26; S. 96 Z. 7f.; S. 125 Z. 1), wird der Wortstamm Theologie nur für die scholastische Theologie verwandt in den Wendungen „theologia scholastica", „theologia scholarum", „theologia Academiarum" oder einfach nur „theologia", die Gegner werden als „Theologi scholastici", „Theologi aristotelici", „Theologistae", „Theologastri", häufig auch einfach nur als „Theologi" angeredet.

[2] SA I, S. 28 Z. 3.

[3] SA I, S. 98 Z. 26.   [4] SA I, S. 77 Z. 9f. vgl. S. 76 Z. 5.

[5] „Theologastri" SA I, S. 65 Z. 21; S. 85 Z. 25 u. ö., „Theologistae" SA I, S. 64 Z. 27.

[6] S. Melanchthons Baccalaureatsthesen von 1519 SA I, S. 25 (These Nr. 18).

christliche prudentia übergegangen ist[1]. Keckermann steht seiner ganzen Bildung nach deutlich in melanchthonischer Tradition und weist auf Melanchthon als auf sein großes Vorbild immer wieder hin[2]. Die Vermutung liegt nahe, daß Melanchthon über den Theologiebegriff ähnlich gedacht hat. Zeugnisse dafür sind allerdings schwer zu finden. Melanchthon sagt 1521, die Pariser theologische Fakultät sündige durch ihren jetzigen Angriff auf Luther nicht zum ersten Mal, sondern habe schon einst gefaselt, als hier in Paris die Ecclesiastica doctrina zu philosophieren begann und jene profane Scholastik entstand „quam Theologiam vocari volunt"[3]. Ob hinter dieser Wendung ein Wissen um das geschichtliche Gewordensein nicht nur des Begriffs der theologia scholastica, sondern des Begriffs der Theologie überhaupt als einer Bildung der Scholastik steckt, läßt sich aus der Stelle nicht eindeutig entscheiden. Stände dem scholastischen Selbstanspruch, „Theologie" zu sein, ein ebensolcher Selbstanspruch bei Melanchthon gegenüber, so wäre es nicht einmal sehr wahrscheinlich. Allein dies ist nicht der Fall. Es wäre also immerhin möglich, daß der mit Luther das Unheil der Kirche in der Überfremdung der christlichen Lehre durch die aristotelische Philosophie erblickende Melanchthon den Theologiebegriff selbst, und nicht nur den Begriff der „scholastischen" Theologie, als eine aus der aristotelischen Metaphysik übernommene Bildung der Scholastik erkannt und, da er weder so tief in die sprachliche Tradition der Scholastik gebannt war wie Luther, noch wie dieser die Kraft der Usurpation und Neubestimmung des Theologiebegriffs besaß, diesen Begriff fallengelassen hat zugunsten des älteren und nun mit neuem Inhalt gefüllten Begriffs der „doctrina"[4].

Ob man diese schon in der Zeit bis 1521 sichtbare, später sich aber nur noch verfestigende terminologische Differenz zwischen Luther und

---

[1] Keckermann, Opera I, 475. (Dieses Werk war mir nicht zugänglich; ich beziehe mich auf ALTHAUS, Die Prinzipien der deutschen reformierten Dogmatik im Zeitalter der aristotelischen Scholastik, 1914. S. ib. S. 29.)

[2] Siehe ALTHAUS, 1914, S. 18 ff., v. a. S. 18 Anm. 4.

[3] SA I, S. 143 = CR 1, 399 f. Die Stelle lautet: Quamquam, ubi rem propius considero, videtur Lutecia non peccare nunc primum, sed iam olim ineptire, cum Ecclesiastica doctrina, humanis disputationibus viciata, philosophari coepit. Constat enim natam esse Luteciae prophanam illam scholasticen, quam Theologiam vocari volunt, qua admissa, nihil salvi reliquum est Ecclesiae.

[4] Zum melanchthonischen doctrina-Begriff siehe ENGELLAND, Melanchthon, Glaube und Handeln, München 1931, S. 197: „Für Melanchthon ist das Wort doctrina noch nicht verblaßt zu unserem Begriff der Lehre, sondern trägt die gleiche Fülle oder Kraft in sich wie das Wort Evangelium."

Melanchthon, die bezeichnet ist durch das Beibehalten und die Usurpation des scholastischen Theologiebegriffs bei dem einen, das Abstoßen desselben bei dem anderen, noch weitergehend dahin interpretieren darf, daß sich in ihr zeigt, wie auch die anthropologische Engführung der Theologie des jungen Luther wohl darum wußte, daß es in der Heiligen Schrift und in der Erkenntnis des christlichen Glaubens um Gottes Gottsein und somit um „Theologie" und nicht nur um eine Lehre des menschlichen Seelenheils geht, während die anthropozentrische Grundtendenz des Humanismus bei Melanchthon selbst in der Zeit seiner größten Luthernähe noch durchdringt und spröde macht gegenüber dem Selbstanspruch lutherischer Lehre als Theologie – eine Frage, die angesichts Luthers begeisterten Urteils über Melanchthons Loci[1] nicht so leicht zu entscheiden ist –, dies zu entscheiden geht über Rahmen und Möglichkeiten dieser einleitungshaften Skizze der Geschichte des Theologiebegriffs hinaus und kann an dieser Stelle nur als Vermutung ausgesprochen werden[2].

Kommt man von Melanchthon zu Johann Gerhard, so fällt der häufige und unbefangene Gebrauch des Theologiebegriffs auf. Die Loci theologici wollen ausdrücklich als „theologia" verstanden werden[3]. Wo Melanchthon das Verhältnis von doctrina Ecclesiae und philosophia besprach, redet Gerhard von theologia und philosophia[4]. Dieser Unterschied in der Terminologie weist zunächst auf den sprachlichen Einfluß Luthers, dessen Usurpation des Theologiebegriffs faktisch zu einer Rezeption des Theologiebegriffs als Kategorie lutherischer Lehrwissenschaft führte. Daß Melanchthon mit dem Verzicht auf den Theologiebegriff keine Schule machte, erkennt man schon an den Loci theologici des Martin Chemnitz, wo am Ende der Vorrede der doctrina-Begriff zur genaueren Bestimmung seines Inhalts plötzlich gegen den Theologiebegriff ausgewechselt wird[5].

---

[1] Vgl. die berühmte Stelle am Anfang von De servo arbitrio („Philippi Melanchthonis de Locis Theologicis invictum libellum") Cl 3, S. 95 = WA 18, 601.

[2] Daß die Frage nicht schon vom Sprachgebrauch allein zu entscheiden ist, also vom Fehlen des Theologiebegriffs her, zeigt das Beispiel Calvins, bei dem trotz der beherrschenden Fragestellung nach der gloria Dei der Theologiebegriff m. W. auch keine wesentliche Rolle spielt. Calvin (Institutio 1559, Vorrede, Op. sel. III, S. 6) will zwar „sacrae theologiae candidatos" instruieren, redet aber in der Institutio m. W. nicht von seiner oder einer christlichen Theologie.

[3] Vgl. Loci theologici, Prooemium de natura theologiae.

[4] Methodus studii theologici, S. 89 ff.

[5] Chemnitz, Loci theologici, 1690, De usu et utilitate loc. theol. S. 12. Gleichwohl ist bei Chemnitz der doctrina-Begriff noch beherrschend. So spricht er wie Melan-

Diese Gleichsetzung des doctrina-Begriffs mit dem Theologiebegriff bei
dem Melanchthonschüler Chemnitz scheint Angleichung an den von
Luther stammenden und über seine Schüler weiterwirkenden Sprach-
einfluß zu sein, wenngleich die formale Bestimmung der Theologie als
„notitia Dei" keinen Hauch von der inhaltlichen Gefülltheit des lutherischen Theologiebegriffs verspüren läßt und damit bereits wieder zur
Scholastik zurücklenkt[1].

Das Vordringen des Theologiebegriffs in die Prolegomena lutherischer
Lehrdarstellungen und der Abbau des melanchthonischen Begriffs der
„doctrina christiana", vor allem aber des die späteren Loci-Ausgaben
Melanchthons bestimmenden Begriffs der „doctrina Ecclesiae"[2], läßt
sich nun aber nicht allein aus dem Rückgang des melanchthonischen
Einflusses in dem unter dem Banner der Konkordienformel stehenden
Luthertum der Jahrhundertwende und aus dem in diesem Zusammenhang wieder stärker werdenden Einfluß Luthers erklären. Zwar mußte
in der Auseinandersetzung mit dem nachtridentinischen Katholizismus
und seinem Traditionsprinzip der lutherischen Lehrwissenschaft Melanchthons Kategorie der „doctrina Ecclesiae" nicht nur ungeschützt, sondern auch sachlich gefährlich erscheinen. Schon Chemnitz zieht es vor,
nur von der „doctrina" zu sprechen[3]. Nach dem Ausscheiden des melanchthonischen Traditionalismus durch die Konkordienformel verschwindet
dann dieser Lieblingsbegriff Melanchthons so gut wie völlig im Luthertum. Der Lehrbegriff wird in der antirömischen Frontstellung wieder
zurückgeschraubt auf den jeden Verdacht vermittelnder kirchlicher Autorität ausschließenden Begriff der aus der Schrift geschöpften „doctrina
evangelii" und ähnlicher vom Kirchenbegriff absehender Bildungen wie
der bei Gerhard häufig begegnenden „doctrina coelestis"[4]. Aber neben
diesem Begriff der doctrina schiebt sich um die Jahrhundertwende der
Begriff der Theologie immer mehr in den Vordergrund. Nicht nur der
melanchthonische Begriff der Kirchenlehre, sondern der Lehrbegriff über-

---

chthon von dem Verhältnis zwischen philosophia und doctrina Ecclesiae (ib. Pars
prima S.108).

[1] Chemnitz aaO S.12.: Theologia est notitia Dei.

[2] Siehe oben S. 9.

[3] Vgl. Chemnitz' Vorrede zu den Loci, wo bis auf Seite 11 (doctrina ecclesiastica)
im Unterschied zu Melanchthons doctrina Ecclesiae-Begriff nur einfach von „doctrina" geredet wird. Daneben redet Chemnitz aber gelegentlich auch noch von
„doctrina Ecclesiae", z.B. Loci I, S.108 (vgl. oben S. 23 Anm. 5); II, S.106f.

[4] Methodus studii theologici, S. 44; 159; 200 u.ö. Der Begriff „doctrina coelestis"
ist auch Melanchthon geläufig, s. oben S. 10 Anm. 4.

haupt tritt hinter den Theologiebegriff zurück[1]. Das läßt sich aus anti-
römischer Frontstellung nicht mehr erklären. Daß der Theologiebegriff
sich dem doctrina-Begriff vorordnet und sich die von Melanchthon organisierte lutherische Lehrwissenschaft ausdrücklich und mit neuem Interesse
über ihren Charakter als „Theologie" Rechenschaft abzulegen beginnt,
hat seinen Grund in der sich gegen 1600 allgemein und nicht nur im
lutherischen Raum abzeichnenden Hinwendung des theologischen Interesses zur Wissenschaftslehre und zu einer Neufundierung der christlichen
Lehrwissenschaft im Raum der übrigen Universitätswissenschaften.

In den aus Feder oder Geist Melanchthons entworfenen Statuten
lutherisch reformierter Universitäten besaß die junge evangelische Lehrwissenschaft zunächst den aus der Verbindung von Reformation und
Humanismus erwachsenen Entwurf eines im Raum der Universität
geeinten Wissenschaftsgefüges, in dem der Lehre des Evangeliums formal
der Rang einer Wissenschaft, darüber hinaus aber der ihr von der Sache
her zustehende Vorrang und Führungsanspruch über die aus Vernunft und
Erfahrung gebildeten Disziplinen der Philosophie gesichert war[2]. Allein
gegen Ende des Jahrhunderts zeigt sich hier wie an anderen Stellen das
Ungenügen eines bloßen Tradierens melanchthonischer Formeln und
Begriffe. Das liegt ebenso an der Verschiebung des wissenschaftlichen
Interesses von den Grundfragen des Glaubens zu den Fragen der Logik,
der Ontologie und der Wissenschaftslehre, wie am Eindringen fremder,
neu zu verarbeitender Einflüsse aus dem außerprotestantischen Raum.
Die von der Reformation so perhorreszierte aristotelische Metaphysik
wird gegen Jahrhundertende erneut zum philosophischen Thema gemacht
und geradezu mit Begeisterung betrieben – noch ehe die metaphysischen
Lehrbücher eines Fonseca und Suarez bekannt werden[3] und die protestantische Metaphysik befruchten[4]. Es scheint, daß, nachdem der Inhalt
der lutherischen Lehre seit der Konkordienformel wenigstens in den
Grundzügen als fertig und gesichert anzusehen war, sich nun das Haupt-
interesse der Form der Lehre zuwendet, mithin modern gesprochen die
„Wissenschaftlichkeit" der Theologie in besonderer Weise thematisch

---

[1] Vgl. oben S. 6.
[2] Muster protestantischer Universitätsstatuten waren die von Melanchthon reformierten Wittenberger Universitätsstatuten, vgl. oben S. 10 Anm. 3. Zum Ganzen
der melanchthonischen Organisation der Wissenschaften siehe TROELTSCH, 1891,
S. 173–190.
[3] MAX WUNDT, Die deutsche Schulmetaphysik des 17. Jahrhunderts, 1939, S. 40 ff.
[4] WUNDT aaO S. 59 ff.

26

wird[1]. Hier reichte aber die von Melanchthon geschaffene Basis nicht aus, was z. B. in der Frage einer wissenschaftlichen Methodik auch erkannt und ausgesprochen wird[2].

Entscheidend wird nun aber die Begegnung der lutherischen Lehrwissenschaft mit der von der außerprotestantischen Philosophie entwickelten neuen Wissenschaftslehre. Der Heidelberger reformierte Theologe Keckermann ist der Hauptvermittler, über den die Lutheraner die von dem Renaissancephilosophen und Neuaristoteliker Jacopo Zabarella[3] entworfene Wissenschaftslehre kennenlernen, die fortan auf Wissenschaftsbegriff und Methodenlehre der lutherischen Orthodoxie bestimmenden Einfluß ausübt[4]. Die Eigenart der Wissenschaftslehre Zabarellas besteht in der extrem habitualen Fassung des Wissenschaftsbegriffs[5], in der Einteilung aller Wissenschaften in die zwei Stämme der theoretischen und der praktischen Disziplinen[6] sowie im Aufstellen der diesen beiden Arten wissenschaftlicher Disziplinen zukommenden Methoden[7]. Zabarella hatte in seiner rein philosophisch begründeten, an den geistigen Fertigkeiten der menschlichen Seele (habitus animae) orientierten Wissenschaftslehre die Theologie jedoch nicht genannt[8]. Der protestantischen Lehrwissenschaft in dem Gefüge dieser habitualen Wissenschaftslehre einen Platz anzuweisen, hat erst Keckermann unternommen. Keckermann hat die Theologie als *praktische* Disziplin (disciplina operatrix) im Sinne Zabarellas bestimmt und sie der den praktischen Disziplinen zukommenden analytischen Methode unterworfen[9]. Daß die Theologie praktische Disziplin ist, bedeutet, daß die in ihr erworbene Erkenntnis nicht im Erkennen selbst schon ans Ziel kommt, wie in den theoretischen Disziplinen

---

[1] „Auf die ‚Wissenschaftlichkeit' der Theologie reflektierte man erst, als auf der einen Seite die Selbständigkeit einer Art von Dogmatik neben der Exegese deutlich erkannt war, und andererseits die Philosophie eine maßgebende Wissenschaftslehre ausgebildet hatte. Beides war um 1600 vollzogen." ALTHAUS, 1914, S. 20.

[2] Keckermann hat gemeint, die Ausarbeitung einer Methodenlehre sei dem mit Geschäften überhäuften Praeceptor Germaniae nicht mehr möglich gewesen. Nach ALTHAUS aaO S. 19.

[3] Jacopo Zabarella (1533–1589), Professor in Padua. Vgl. VORLÄNDER-KNITTERMEYER, Geschichte der Philosophie, 2. Band, 9. Aufl. 1955, S. 24. Auf Zabarellas Bedeutung für die Methodenlehre der altprotestantischen Theologie hat nach TROELTSCH 1891, S. 49 ff. neuerdings HÄGGLUND 1951, S. 45 ff. hingewiesen.

[4] Einen Abriß der Methodenlehre Zabarellas gibt HÄGGLUND aaO S. 45–54.

[5] Zum Habitusbegriff siehe unten S. 62 ff.

[6] HÄGGLUND S. 50.   [7] Ib. S. 50 ff.   [8] Ib. S. 52.

[9] Ib. S. 52; vgl. ALTHAUS, 1914, S. 26 f.; 40 ff.

Mathematik, Physik, Metaphysik, in denen reine Erkenntnis Ziel ist, sondern daß die theologische Erkenntnis über sich hinaus strebt auf einen mittels dieser Erkenntnis erst zu erreichenden Zweck hin[1]. Von der Ausrichtung auf diesen Zweck hin organisiert sich eine praktische Wissenschaft in der *analytischen Methode*. Diese analytische Methode geht vom finis, d. h. dem in der jeweiligen praktischen Wissenschaft durch das Wissen zu erreichenden Zweck aus und ordnet den wissenschaftlichen Stoff auf diesen Zweck hin; sie behandelt nach dem finis erst in zweiter Linie den zu diesem Zweck zu führenden Gegenstand (subiectum), um dann zuletzt die Mittel, die den Gegenstand zu seinem finis führen, zu erfragen und darzustellen[2]. Von Gerhard noch nicht angewandt, ist die analytische Methode seit Calixts Epitome theologiae von 1619 in der Dreiteilung finis – subiectum – media zur maßgeblichen Methode der lutherisch-orthodoxen Dogmatik geworden[3]. Durch sie wurde Melanchthons nur für die Behandlung eines einzelnen Begriffs geltende Methodenlehre[4] um ein wesentliches, nämlich den dogmatischen Gesamtaufbau strukturierendes Element ergänzt und die alte, von Gerhard noch beibehaltene Loci-Methode zugunsten eines systematischen Entwurfs der Heilslehre aufgegeben.

Keckermann hat die protestantische Lehrwissenschaft unter dem Titel „Theologie" in die Reihe der Wissenschaften eingeführt. Seiner dogmatischen Lehrdarstellung hat er den Titel eines „Systema SS. Theologiae" gegeben und ihr ein erstes Kapitel „de natura theologiae" an die Spitze gestellt, in dem er auf viereinhalb Seiten gedrängt über Wesen und Methode der Theologie Auskunft gibt[5]. Die Überschrift „de natura theologiae" kehrt bei Gerhard als Titel des Prooemium der Loci wörtlich wieder, von wo sie dann gängig wird als Überschrift der Einleitungen lutherischer Dogmatik[6]. Es ist nun aber besonderer Beachtung wert,

---

[1] Vgl. HÄGGLUND S. 50.

[2] Die analytische Methode (bei Zabarella „ordo resolutivus" genannt, siehe HÄGGLUND S. 50; vgl. S. 52 bei Anm. 32) ist in ihrer Geschichte dargestellt von EMIL WEBER, Der Einfluß der protestantischen Schulphilosophie auf die orthodox-lutherische Dogmatik, 1908, S. 20 ff. Ihren Ursprung hat die analytische Methode bei Aristoteles, vgl. etwa Eth. Nic. 1112 b, 12 ff.

[3] WEBER, 1908 S. 26 ff. Die Form, in der Mentzer in seiner Synopsis, 1610, als erster Lutheraner die analytische Methode anwandte, machte keine Schule, siehe WEBER aaO S. 29.

[4] CR 13, 573 ff. „De Methode" (Schluß des ersten Buchs der Dialektik).

[5] Keckermann, Systema SS. Theologiae, Hannover 1610.

[6] Vgl. die Werke von Calov, Baier und die Introductio in theologiam des Musäus.

28

daß Keckermann die protestantische Lehrwissenschaft nur mit starkem Vorbehalt gerade unter dem Titel „Theologie" in die Wissenschaftsordnung eingegliedert hat. Keckermann hat, wie oben bereits erwähnt[1], den Namen „Theologie" als nicht recht passend für die christliche Lehre empfunden, zumal er kein Schriftausdruck sei und von der heidnischen Metaphysik auf die christliche prudentia übergegangen sei[2]. Von sich aus würde Keckermann den Namen Sotirologia, disciplina salutis et boni spiritualis vorziehen[3], da er dem praktischen Charakter der christlichen Lehre als Heilslehre besser entspricht. Keckermann übernimmt den Namen Theologie also nur wegen seiner Gebräuchlichkeit und Traditionsschwere, keineswegs weil er der in dieser Wissenschaft behandelten Sache entspricht. Prinzipiell soll nach Keckermann sogar die Gotteslehre gar nicht in die Theologie hineingehören[4]. Nur die Unzulänglichkeit der philosophischen Gotteslehre zwingt die Theologen dazu, ihrer eigentlichen soteriologischen Aufgabe eine Gotteslehre voranzustellen und so eine doppelte Last zu tragen[5].

Für den Zusammenhang unserer Darstellung ist Keckermanns Vorbehalt gegenüber der Anwendung des Theologiebegriffs auf die christliche Lehre insofern interessant, als er zeigt, wie problematisch noch um 1600 in dem von Melanchthon beeinflußten Wissenschaftsraum der Theologiebegriff empfunden werden konnte. Wir haben in Keckermanns Erwägungen offenbar einen Punkt in der Geschichte protestantischer Dogmatik vor uns, wo anstelle des melanchthonischen Lehrbegriffs ein sachhaltiger Wissenschaftsbegriff gesetzt werden soll. Daß an diesem Punkt zugleich mit der Rezeption des traditionellen Theologiebegriffs Bedenken gegen ihn auftauchen, macht eine innere Spannung offenbar, die in der sich als „Theologie" verstehenden protestantischen Dogmatik überall dort spürbar sein mußte, wo man unter der christlichen Lehre primär eine am Menschen orientierte Heilslehre verstand, die die zum Heil der menschlichen Seele nötigen Mittel und den Heilsweg selbst aufzuzeigen hatte. Gerade auf lutherischer Seite wird diese Spannung noch das ganze 17. Jahrhundert durch deutlich, wenn mit dem Theologiebegriff Neben-

---

[1] Oben S. 21 f.   [2] ALTHAUS S. 29.   [3] Ib. S. 30.

[4] Keckermann unterscheidet von der Theologie genannten Heilslehre noch eine besondere „Theosophie", aus der als einer übergeordneten (theoretischen) Wissenschaft, die (praktische) Theologie ihre Gotteslehre entlehnt. „Prinzipiell gehört also die Gotteslehre als rein deskriptive gar nicht in die Theologie." ALTHAUS S. 29.

[5] Nach ALTHAUS S. 29.

bildungen wie „spiritualis medicina", „medicina animae"[1] oder „Hodosophia"[2] konkurrieren, oder wenn Definitionen des Theologiebegriffs
gegeben werden, in denen der Wortsinn von „Theologie" völlig unter-
gegangen ist[3]. Wo man die Tiefe der lutherischen „theologia crucis" nicht
mehr erreichte, konnte der Theologiebegriff in der Anwendung auf die
von Melanchthons Loci vorgezeichnete, um das Heil der menschlichen
Seele kreisende Schullehre wirklich nur als ein von der Scholastik ge-
erbtes, schlecht sitzendes Kleid getragen werden.

Die Übernahme des Theologiebegriffs durch Keckermann zeigt aber
zugleich, wie mächtig die Tradition des Theologiebegriffs auch im Raum
des Melanchthonismus war. Auf lutherischer Seite finden wir m. W.
solche Bedenken gegen den Theologiebegriff nicht mehr. Johann Gerhard
und auch Georg Calixt, mit denen sich die vorliegende Arbeit zu be-
schäftigen hat, setzen ihn als selbstverständlich geltend voraus und
diskutieren über mögliche andere Benennungen nicht mehr.

B. Theologie als doctrina de Deo

Was versteht Johann Gerhard unter Theologie? Schon die terminologischen Schwierigkeiten, in die die Frage nach dem altprotestantischen
Theologiebegriff durch das Fehlen eines Theologiebegriffs bei der Grundlegung lutherischer Lehrwissenschaft durch Melanchthon gerät, legen es
nahe, den Begriff der Theologie nicht als etwas Festes und allezeit in
gleicher Weise Gültiges vorauszusetzen und nun nur noch nach der Art
der bei den verschiedenen altprotestantischen Theologen jeweils besonderen Bestimmung des Verhältnisses von Theologie und Glaube, Theologie
und Kirche, Theologie und Philosophie zu fragen, als handle es sich um
bloße unterschiedliche Verhältnisbestimmungen zwischen an sich festen
Größen. Die mit dem Abbruch der scholastischen Tradition in der protestantischen Lehrwissenschaft des 16. Jahrhunderts zu Tage tretende
Unsicherheit in der Übernahme des aus der Scholastik stammenden
Theologiebegriffs zwingt dazu, bei der Untersuchung des Gerhardschen

---

[1] Spiritualis medicina bei Gerhard, Loci, Prooemium § 28. Medicina animae ebenfalls bei Gerhard, Meditationes sacrae, S. XVII.

[2] Dannhauer, Conrad, Hodosophia christiana seu theologia positiva, Straßburg
1649.

[3] Vgl. etwa die Definition der Theologie in Calixts Epitome theologiae, Braunschweig 1653, S. 60: Theologia est Habitus intellectus practicus, docens, qua via ad
aeternam beatitudinem perveniatur, et dirigens, quaecunque ad eam consequendam
quoquo modo pertinent.

Theologiebegriffs allererst das hier mit „theologia" bezeichnete Phänomen anzuvisieren und nach der Legitimierung seiner Benennung als Theologie zu fragen. Wir fragen also zunächst: 1. Was versteht Gerhard unter dem Wort Theologie (Wortsinn)? 2. Wo kann nach Gerhard von Theologie geredet werden (Phänomenbereich)? 3. Mit welchem Recht kann das so bezeichnete Phänomen Theologie genannt werden (Legitimation)?

1. Der Wortsinn von Theologie

Wir lassen uns von Gerhards „Prooemium de natura theologiae" leiten.

Das Prooemium gliedert sich in zwei Teile: die Onomatologie (§ 2–6) und die Pragmatologie (§ 7–30). Gerhard folgt somit bei der Erörterung des Wesens der Theologie der gleichen methodischen Ordnung, die er seit 1611 (vgl. HÄGGLUND S. 61) in den einzelnen Loci befolgt und die zurückgeht auf Melanchthons methodische Anweisungen, der beim Behandeln einer Sache den Anfang bei dem „quid vocabulum significet" zu nehmen vorschrieb (CR 13, 573). Gerhard verweist für diese Methode auf Scaliger[1]. Zum Verständnis dieser sogenannten Partikularmethode der altprotestantischen Theologie: Von der zu behandelnden Sache wird zunächst eine Nominaldefinition gesucht. Diese liefert die Onomatologie (Namenkunde), die am Leitfaden des Wortsinnes (Etymologie) den zu behandelnden Gegenstand allererst aufspürt und ihn gegenüber Synonyma und Homonyma abgrenzt. Hierauf folgt in der Pragmatologie (Sachkunde) die Sachdefinition. Hier wird mit Hilfe der metaphysischen Begrifflichkeit die eigentlich wissenschaftliche, nämlich die Sache selbst erfassende Erkenntnis betrieben, indem der Gegenstand auf seine Seinsbestimmungen, vor allem jenem aristotelischen Wissensbegriff „scire sit rem per causas cognoscere"[2] entsprechend auf die vier causae – causa efficiens, forma, materia, finis – befragt wird[3]. Dieses Schema wird von Gerhard auch im Prooemium zur Erkenntnis des Wesens (natura) der Theologie angewandt.

Liegt die eigentlich wissenschaftliche, mit den metaphysischen Begriffen die Sache selbst erfassende Erkenntnis in der Pragmatologie, so fällt doch die Entscheidung darüber, als was der jeweilige Erkenntnisgegenstand in das Blickfeld der Pragmatologie rückt, zuvor in der Onomatologie, die den Gegenstand in der Klärung der Wortbedeutung erst sichtbar macht. In unserer Darstellung fällt somit der Onomatologie entscheidende Bedeutung zu.

Ausgangspunkt des Prooemium de natura theologiae ist die etymolo-

---

[1] Prooemium § 1. Scaliger wiederum verweist auf Plato und Aristoteles. Scaliger, Jul. Caesar, Exotericarum exercitationum Liber XV. de Subtilitate, 1582, I sect. 1: „Oportet igitur prius vocis ipsius usum cognoscere: a quo saepenumero provehimur in rei perceptionem: quemadmodum Plato in Cratylo, multis in locis Arist. ostendit." Zit. nach HÄGGLUND, 1951, S. 62, Anm. 63.

[2] Gerhard, Loci I, S. 16.

[3] Im einzelnen siehe HÄGGLUND S. 61–63. Vgl. unten S. 65 f.

gische Klärung des Wortsinnes von Theologie. Die von Gerhard in Abgrenzung gegen falsche Ableitungen gegebene richtige Etymologie des Wortes Theologie[1] ist λόγος περὶ τοῦ θεοῦ ἢ περὶ τῶν θείων. Gerhard übersetzt das mit „doctrina de Deo ac rebus divinis".
An dieser Etymologie des Wortes Theologie ist zunächst die Übersetzung von λόγος mit „doctrina" zu beachten. Augustin übersetzt an der von Gerhard kurz zuvor zitierten Stelle mit „ratio sive sermo de divinitate"[2]. Thomas von Aquin erklärt Theologie sprachlich als „sermo de Deo"[3]. Auch Duns Scotus sagt: „Theologia est sermo vel ratio de Deo."[4] Die gleiche Etymologie findet man ebenfalls bei späteren lutherischen Theologen, z.B. bei Calov und Baier[5].
Sodann fällt die Hinzufügung des ἢ περὶ τῶν θείων (ac rebus divinis) zu λόγος περὶ τοῦ θεοῦ auf. In den Aphorismi succincti von 1611 fehlt sie noch. Gerhard versteht dort den Wortsinn von Theologie einfach als λόγος περὶ τοῦ θεοῦ (doctrina de Deo)[6]. Die Erweiterung des etymologischen Sinnes von Theologie in den Loci zeigt, daß es Gerhard in der Etymologie gar nicht um ein bloßes Erforschen des Wortsinnes geht, sondern von vornherein um eine Interpretation des Theologiebegriffs, die diesen über eine im engeren Sinn verstandene Lehre von Gott hinaus auf das Ganze der christlichen Lehre beziehen und diese Beziehung schon vom Wortsinn her sichern will. Gerhard schließt sich mit dieser eigentümlichen Etymologie von Theologie als doctrina de Deo ac rebus divinis faktisch an die

---

[1] Im Unterschied zu moderner Etymologie, die die Geschichte des Wortes zurückverfolgt auf seine Urbedeutung hin, ist Gerhards Etymologie nur an der richtigen und maßgebenden Bedeutung des Wortes interessiert. Der geschichtliche Ursprung des Wortes bei den Griechen wird überhaupt nicht in der Etymologie, sondern nur unter den Homonyma als von der hier gebrauchten weit entfernte Bedeutung erwähnt. Die richtige Etymologie wird von Gerhard unter Berufung auf Augustin, Albert und Thomas gegen die falsche Etymologie der Reformierten Junius und Sohnius, die Theologie als sermo Dei de seipso verstehen, verfochten. Die Etymologie ist hier also nicht Forschung im Sinne moderner Sprachforschung, sondern mit Autoritäten argumentierende Lehre.
[2] De civitate Dei VIII, 1: ...quae ad theologiam pertinent, quo verbo graeco significari intelligimus de divinitate rationem sive sermonem.
[3] S. th. I q 1 a 7: in hac scientia fit sermo de Deo: dicitur enim theologia, quasi sermo de Deo.
[4] Opus Oxoniense, Prol., q. 3, a. 1, n. 2; I, 46 (nach GILSON, Johannes Duns Scotus, 1959, S. 48).
[5] Calov, Isagoge in SS. Theologiam, S. 2; Baier, Compendium theologiae positivae I § 1: sermo aut ratio de Deo.
[6] Aphorismi succincti (o. O. 1663), I, 7.

vorthomistische Scholastik an, in der man auch schon aus einer Dehnung der Etymologie die Geltung des Theologiebegriffs für das Ganze einer mit unterschiedlichen „res" beschäftigten Lehre herleitete[1]. Anders als Keckermann, der Theologie verbaliter als Gotteslehre verstand und nur als traditionelle Bezeichnung der christlichen Lehrwissenschaft übernahm[2], will Gerhard das Wort Theologie schon etymologisch von dem engen Sinn der Gotteslehre entschränken und damit das Ganze der christlichen Lehre gerade vom Theologiebegriff her zu erfassen suchen.

Es ist zu bedenken, daß in Gerhards Loci der Theologiebegriff an die gleiche Stelle tritt, an der bei der Grundlegung der lutherischen Lehrwissenschaft in den Loci Melanchthons der doctrina-Begriff stand. Berücksichtigt man dies, so wird man Gerhards „Etymologie" von Theologie als doctrina de Deo ac rebus divinis von daher verstehen können, daß Gerhard beide Begriffe, den von Melanchthon geformten doctrina-Begriff und den von Luther überkommenen Theologiebegriff, zur Deckung bringen und in ihrem Begriffssinn identifizieren muß. Das bedeutet aber, daß der Theologiebegriff, indem er nun als Vorzeichen vor die von Melanchthon geformte lutherische Schullehre der Loci theologici tritt, sich auf eben dieser Ebene der dogmatischen Schullehre in seinem Sinn explizieren muß. Der Theologiebegriff wird also bei Gerhard von vornherein in den Rahmen einer aus einer Reihe von Glaubensartikeln sich zusammensetzenden Dogmatik gestellt und kann diesen Rahmen nicht mehr nur einfach als „sermo de Deo "ausfüllen, sondern muß sich dem melanchthonischen doctrina-Begriff angleichen und sich auf die Bedeutungsweite einer „doctrina de Deo ac rebus divinis" strecken. Umgekehrt wird bei Gerhard nun aber auch der melanchthonische doctrina-Begriff durch seine Gleichsetzung mit dem Theologiebegriff inhaltlich neu gefüllt. Die bei Melanchthon einfach als doctrina christiana oder doctrina Ecclesiae gefaßte Lehrwissenschaft wird nun näher bestimmt als doctrina de Deo (so zunächst in den Aphorismi), beziehungsweise doctrina de Deo ac rebus divinis (Loci). Mit dieser inhaltlichen Füllung des melanchthonischen doctrina-Begriffs bekommt die lutherische Schullehre jetzt ein ihrer

---

[1] Schon Simon von Tourney (um 1200) gibt eine Etymologie von Theologie, wonach sie sermo de Deo vel de divinis ist (GRABMANN II, S. 538). Dabei ist unter der Lehre de Deo die allgemeine Gotteslehre verstanden, unter der Lehre de divinis zuerst das Göttliche, das Gott selbst ist = Trinitätslehre, sodann das Göttliche, das von Gott ist = die unterschiedlichen geschaffenen Substanzen (GRABMANN II, S. 539 f.).

[2] Siehe oben S. 21 f. 28.

ursprünglichen melanchthonischen Intention entgegenlaufendes Gefälle, wie später noch zu zeigen sein wird[1].

2. Die Weite des mit dem Wort „theologia" abgesteckten Phänomenbereichs

Die Antwort auf die Frage nach dem Phänomen der Theologie stellt uns vor einen für modernes Empfinden sehr weiten Phänomenbereich der Wortbedeutung. Bei Gerhard fallen nämlich unter das gleiche Wort Theologie sowohl die Glaubenserkenntnis als auch die Wortverkündigung und schließlich die nach modernem Sprachgebrauch allein oder doch vorzüglich[2] Theologie zu nennende wissenschaftliche Erforschung und Darstellung der christlichen Lehre. Gerhard weiß, daß das nomen theologiae „tripliciter" aufgefaßt werden kann[3].

a) Glaubenserkenntnis als Theologie

Das nomen theologiae kann zunächst gebraucht werden „pro fide et religione christiana, quae omnibus fidelibus, doctis aeque ac indoctis communis est, ut sic theologi dicantur, quicunque norunt fidei articulos, iisque assentiuntur"[4]. Daß Theologie hier unmittelbar den christlichen Glauben selbst, nicht seinen Gegenstand oder seinen Inhalt bezeichnet, wird bei der Erörterung des doctrina-Begriffs zur Sprache zu bringen sein[5]. Hier ist zunächst auf das Befremdliche zu achten, daß vom einzelnen Christen, gerade auch vom „indoctus", ausgesagt wird, er sei Theologe zu nennen. Gerhard greift hier kaum auf den gängigen Sprachgebrauch zurück. Calixt, der in seiner Epitome diese Bedeutung des Wortes Theologie auch erwähnt, vermerkt ausdrücklich, es wäre noch niemandem eingefallen, alle Christen Theologen zu nennen[6]. Während aber Calixt, an der Unterscheidung von Theologie und Glaube interessiert, sofort davon Abstand nimmt, die einfache Glaubenserkenntnis Theologie zu nennen „etsi Theologia dici quidem posset"[7], merkt man bei Gerhard von einem solchen Interesse der Unterscheidung von Theologie und Glaubenserkenntnis nichts. Im Gegenteil. Die gegen den allgemeinen Sprachgebrauch gehende Benennung auch des einfachen, un-

---

[1] Siehe unten S. 47f.
[2] Ich mache diese Einschränkung, weil in der gegenwärtigen Theologie teilweise eine Rückwendung zu einer auch das „einfache Glaubens- und Lebenszeugnis" mitumfassenden Bedeutung von Theologie zu konstatieren ist (BARTH, KD I, 1 S.2).
[3] Loci, Prooemium § 4.   [4] Ib.   [5] Siehe unten S. 62f.
[6] Siehe unten S. 101.   [7] Calixt, Epitome theologiae, Einleitung S. IV.

gelehrten Christen als Theologen weist gerade auf ein besonderes Interesse an der Gleichartigkeit von Glaubenserkenntnis und Theologie.
Man wird hier nicht zu schnell von einer Theologisierung des einfachen Christenglaubens reden dürfen. Zunächst wird man zu erinnern
haben, daß, was Gerhard auf Grund seiner profunden Kenntnis der
Scholastik sicher gewußt hat, auch der mittelalterlichen Theologie eine
Bedeutung von ,,Theologie'' bekannt war, nach der diese als einfaches
Zustimmen zur biblischen Überlieferung verstanden und mit der fides
gleichgesetzt werden konnte[1]. Allein der Scholastik lag doch nichts an
der Bezeichnung der ungelehrten Christen als Theologen, sondern nur
daran, daß mit dem Begriff der Theologie zunächst auch einfach das vom
Glauben ununterschiedene Zustimmen zur göttlichen Überlieferung auf
Autorität hin bezeichnet werden konnte. Es wird deshalb zu fragen sein,
ob in der Rede von der Theologie des einfachen Christen, die sich bei
Gerhard nicht nur im Prooemium bei der begrifflichen Klärung von
Theologie findet, sondern ebenso auch in seinen erbaulichen Schriften,
wie zum Beispiel in den Meditationes sacrae[2], sich zunächst nicht einfach
der Einfluß Luthers niederschlägt, der durch seine Aufhebung der scholastischen Unterscheidung von fides implicita und fides explicita in der
Tat die mittelalterlichen Unterscheidungen von Autoritätsglauben und
theologischem Erkenntnisglauben niedergerissen hatte[3]. Auch Luther
hatte von der Theologie so reden können, daß sie nichts anderes als den
einfachen, jedermann zumutbaren christlichen Glauben zu bezeichnen
schien[4]. Bei Johann Arnd, von dem Gerhard in Quedlinburg stark beein-

---

[1] Durandus de S. Porciano unterscheidet ebenfalls eine dreifache Bedeutung von
Theologie und nennt als erste ,,theologia videtur posse accipi... uno modo pro
habitu quo solum vel principaliter assentimus his, quae in sacra scriptura traduntur
et pro ut in ea traduntur, et hoc rationaliter... theologia sic accepta non differt
a fide (Sent. Prol. q. 1 n. 6 und 9; zit. nach MELLER, Studien zur Erkenntnislehre
des Peter von Ailly, 1954, S. 254 Anm. 50 und 51).

[2] Die ausführliche Dedicatio zu den Meditationes sacrae ad veram pietatem
excitandam et interiorem hominis profectum promovendum (eine reine Erbauungs-
schrift also!) setzt vom ersten Satz an beim Theologiebegriff ein und ist ihrem
Inhalt nach nichts als eine gegen den scholastischen Theologiebegriff kämpfende
Bestimmung der Theologie als eine der leiblichen Medizin analoge praktische Seelenmedizin für alle Menschen (wenn auch zugleich gesagt wird, wie wenige die Theologie
wirklich besitzen). Die Nähe zu Johann Arnd ist aus jeder Zeile der Dedicatio
spürbar.   [3] SEEBERG, Dogmengeschichte IV, 1 S. 289 Anm. 1.

[4] Vgl. das Wort ,,Das ist aber die rechte speculativa, ja vielmehr practica Theologia, als: gläube an Christum und tue, was du schüldig bist zu tun in deinem Be-
rufe'', WATR 1, Nr. 153.

flußt wurde, lebte dieser weite Begriff der Theologie in der Abwehr einer Rationalisierung und Verwissenschaftlichung der Theologie, wie sie Arnd als Gefahr der lutherischen Universitätswissenschaft erblickte, noch fort. Arnd wendet sich gerade an die „Einfältigen", um ihnen zu zeigen, daß die „Theologie" die zur Erfahrung und Übung drängende Erkenntnis eines lebendigen Glaubens und keine „bloße Wissenschaft und Wortkunst" sei[1]. Zunächst von Luther und Arnd her, und nicht aus einer aus der Entwicklung zur orthodoxen Scholastik hin erfolgenden Theologisierung des Glaubens wird man es zu verstehen haben, wenn Gerhard die Theologie auch dem ungebildeten Christen zuschreibt.

Doch nun finden wir bei Gerhard das Erbe Luthers in melanchthonischen Gefäßen, die Rede vom christlichen Glauben als Theologie in den Formen der melanchthonischen Psychologisierung des Glaubensbegriffs. Gerhard, der die melanchthonische Zergliederung des Glaubensbegriffs in notitia, assensus und fiducia als Schema übernimmt[2], spricht die Theologie dem Glauben des einfachen Christen nur zu qua notitia (quicunque *norunt* articulos fidei) und qua assensus (iisque *assentiuntur*)[3]. Da nun notitia und assensus dem Intellekt zugeteilt werden[4], spricht Gerhard dem Christen die Theologie zu nur im Blick auf die intellektuellen Funktionen des Glaubens, nicht aber im Blick auf die dem Willen zugeordnete fiducia oder fides quae iustificat[5]. Damit scheint aber Luthers die Einengung auf eine rein intellektuelle Funktion sprengender Begriff der theologia crucis aufgegeben. Der Theologiebegriff droht neuerdings auf einen intellektuellen Erkenntnisbegriff eingeschränkt zu werden. Theologie als die allen Christen zuzusprechende Glaubenserkenntnis wird damit gleichgesetzt jener auch nur als notitia und assensus zu ver-

---

[1] Johann Arnd, Sechs Bücher vom Wahren Christentum, Nürnberg 1762, Vorrede über das 1. Buch, o. S.: „Viele meynen, die Theologie sey nur eine bloße Wissenschaft und Wortkunst; da sie doch eine lebendige Erfahrung und Übung ist." S. 765: „Auch ist die wahre Theologia nicht ein zänkisch Maulgeschwätz, sondern eine wirkliche, lebendige, kräftige Gabe und Erleuchtung Gottes, Bewegung des Herzens durch den Heil. Geist, welche *ein jeder wahrer Christ* selbst empfindet und prüfet, daß es sey die Kraft Gottes in ihm." (Auszeichnung von mir.)
[2] Siehe Loci III, S. 350. Vgl. WEBER, Reformation, Orthodoxie und Rationalismus, 2. Teil, 1951, S. 28.
[3] Siehe oben S. 33 bei Anm. 4.
[4] Loci III, 350: Respectu notitiae et assensus refertur (sc. fides) ad intellectum. In den Meditationes sacrae wird dagegen der assensus ein actus ex parte voluntatis genannt (S. XIX).
[5] Vgl. die Erörterung des Glaubensbegriffs, Loci III, 350.

3*

stehenden fides generalis, die sich auf alle in der Schrift geoffenbarten Glaubensartikel erstreckt und unterschieden ist von der fides specialis, die sich allein auf die promissio evangelica de Christo mediatore bezieht[1].

Daß gleichwohl auch für Gerhard die Theologie des einfachen Christen als intellektuelle Funktion noch nicht abgeschnürt ist von dem in Willen und Herz sitzenden Rechtfertigungsglauben, wird deutlich, wenn man darauf achtet, wie sich bei Gerhard die auf die ganze Heilige Schrift gerichtete fides generalis und die auf die Verheißung des Evangeliums bezogene fides specialis noch gegenseitig bedingen und untrennbar verbunden sind. Notitia, assensus und fiducia versteht Gerhard – im Gegensatz zu der späteren Verselbständigung dieser Glieder – als einen unauflöslichen, vom Heiligen Geist gewirkten Zusammenhang[2]. Die Möglichkeit eines vom Rechtfertigungsglauben nicht nur unterschiedenen, sondern geschiedenen allgemeinen Wahrheitsglaubens kennt Gerhard zwar, räumt einer solchen fides historica aber keinen Erkenntniswert gegenüber der übernatürlichen Sache der Heiligen Schrift ein[3]. Die Abhebung der Theologie vom Zentrum des Rechtfertigungsglaubens (fiducia) erfolgt also in bloßer Unterscheidung der dem Intellekt zugeschriebenen Erkenntnisfunktion des Glaubens von der dem Willen zugeschriebenen Vertrauensfunktion. Beide bedingen sich gegenseitig; und wenn auch nur die fiducia rechtfertigt, nicht die notitia und der assensus, so gehören doch notitia und assensus für Gerhard notwendig in den Begriff der fides iustificans mit hinein[4]. Die Möglichkeit einer außerhalb des Rechtfertigungsglaubens ohne illuminatio des Heiligen Geistes erworbenen „Theologie" – ein Problem, das später bei Spener diskutiert wird[5] – kennt Gerhard nicht. Daß in diesem Punkt im lutherischen Bereich auch ganz anders gedacht werden konnte, wird im zweiten Kapitel bei der Untersuchung des Theologiebegriffs Calixts zur Sprache kommen.

---

[1] Vgl. dazu Gerhards Rede vom Objectum fidei duplex, Loci III, 412.

[2] Vgl. auch Gerhards Vorbehalt gegenüber der Kennzeichnung von notitia, assensus und fiducia als „partes" des Glaubens; Gerhard nennt sie „diversos actus se invicem consequentes et in fide iustificante concurrentes", Loci III, 350.

[3] Vgl. HÄGGLUNDS Ausführungen zur Frage des Verstehens der Schrift (aaO S. 164 ff.). Der ganz andere Standpunkt Calixts in dieser Frage wird im zweiten Teil dieser Arbeit zu erörtern sein.

[4] Loci III, 350.

[5] Spener, Die allgemeine Gottesgelehrtheit aller gläubigen Christen, Frankfurt 1680.

b) Verkündigung als Theologie

In einem zweiten Sinn wird das Wort Theologie nach Gerhard gebraucht „pro functione ministerii Ecclesiastici, quo sensu omnes ministri verbi dicuntur theologi"[1]. Diese einfache Ineinssetzung von Verkündigung und Theologie ist modernem Empfinden zunächst ebenso fremd wie jene erste von Theologie und Glaube. Erblicken wir hinter dieser Gleichsetzung von Theologie und Funktion des kirchlichen Amtes nicht bereits das Schreckbild einer Theologisierung der Verkündigung, die Ausbreitung eines orthodoxen Lehrsystems von der Kanzel herab?

Eine Entsprechung in der scholastischen Tradition hat diese Gleichsetzung im Unterschied zu jener ersten mit der fides m. W. nicht[2]. Es ist zu vermuten, daß das zu dieser Bedeutung von Theologie führende Mittelglied der doctrina-Begriff ist.

Im älteren kirchlichen Sprachgebrauch heißt doctrina vorwiegend „Predigt"[3]. Dieser ältere Sprachgebrauch ist gerade im 16. Jahrhundert, einer Zeit lebendiger Verkündigung, noch durchaus kräftig. Die christliche Lehre, aus der Höhe scholastischer Spekulation auf den Boden existierenden Glaubens zurückgeholt, ist unmittelbar auch Verkündigung, Predigt; umgekehrt wird mit der Aufhebung der fides implicita die Predigt notwendig auch Belehrung, Lehre. So ist im Sprachgebrauch der Reformation doctrina weithin synonym mit „praedicatio". Luther kann „doctrina de Deo" verbaliter gleichsetzen mit „praedicatio", „von unserem Herrgott predigen"[4]. Melanchthon spricht von dem „ministerium docendi evangelii, quod *praedicat* poenitentiam et remissionem peccatorum"[5]. Auch in CA VII ist das „consentire de doctrina evangelii" durch seinen Rückbezug auf das „in qua evangelium pure docetur" sowie durch den deutschen Text, der in beiden Fällen von Predigen spricht, deutlich als ein Übereinstimmen in der Predigt, nicht in einer von der Predigt

---

[1] Prooemium § 4.

[2] Durandus von S. Porciano kennt an den von MELLER (Studien zur Erkenntnislehre des Peter von Ailly, 1954, S. 254 Anm. 50) zitierten Stellen zwar auch eine „tripliciter" aufzufassende Bedeutungsweite des Wortes „theologia", nennt aber neben dem Habitus des einfachen „assentire" als zweite Bedeutung den Habitus des defendere und declarare der Glaubensartikel, als dritte den Habitus des deducere conclusiones, also nicht die Verkündigung.

[3] O. WEBER, Grundlagen der Dogmatik I, S. 12 Anm. 2.

[4] WA 43; 484, 6ff. (Genesisvorlesung).

[5] CA Var. V, Lutherische Bekenntnisschriften, 1952, S. 59 Z. 30f.

losgelösten Doktrin ausgewiesen[1]. Der doctrina-Begriff umgreift also bei Luther und Melanchthon gerade auch die Aufgabe der Verkündigung[2].

Ansätze zu einer Unterscheidung zwischen Lehre und Verkündigung, wie sie in der calvinischen Ämterlehre mit ihrer Verteilung der Aufgaben der Lehre und Predigt auf die doctores und pastores gegeben waren[3], lagen auf lutherischer Seite kaum vor. Die Intention der Reformation lief ja gerade gegen eine Unterscheidung von einfacher Predigt und theologischer Doktrin. So konnte Luther zwar einen Unterschied machen zwischen einem schlichten Prediger des Glaubens und einem durch Studium der Sprachen gebildeten Ausleger der Schrift. Und er konnte einräumen, daß nicht jeder Christ oder Prediger solch ein gebildeter Ausleger sein muß[4]. Dabei lief aber sein Interesse dieser Unterscheidung gerade entgegen, wenn er im selben Zusammenhang einschärfte, daß ohne Kenntnis der Sprachen die Predigt faul und schwach wird[5]. Luther sah sich vor der Notwendigkeit, gegen die Scheidung der Predigt von der theologisch-wissenschaftlichen Auslegung anzukämpfen. Deshalb rückt er Predigt und lehrhafte Auslegung so eng wie möglich zusammen und hat für eine Unterscheidung von Predigt und Lehre noch gar keinen Blick[6].

---

[1] WEBER, Grundlagen der Dogmatik I, S. 12 Anm. 2.

[2] Entsprechendes gilt vom doctrina-Begriff Calvins. So hat P. BRUNNER, Vom Glauben bei Calvin, 1925, S. 107, darauf aufmerksam gemacht, daß doctrina bei Calvin „praedicatio verbi divini, gepredigtes Evangelium, Kerygma" ist (nach W. KRUSCHE, Das Wirken des Heiligen Geistes nach Calvin, 1957, S. 218 Anm. 488).

[3] Calvin, Institutio 1559, IV, 1, 1; 4, 4. Dazu NIESEL, Die Theologie Calvins, 1957, S. 200f.

[4] An die Ratsherrn aller Städte deutsches Lands, dass sie christliche Schulen aufrichten und halten sollen (1524), Cl 2, 453 = WA 12, 40: Darumb ists gar viel eyn ander ding umb eynen schlechten prediger des glaubens und umb eynen ausleger der schrifft odder wie es S. Paulus nennet eynen propheten. Eyn schlechter prediger (ist war) hat so viel heller sprüch und text durchs dolmetschen das er Christum verstehen leren und heyliglich leben und andern predigen kan. Aber die schrifft auszulegen und zu handeln fur sich hyn und zu streytten widder die yrrigen eynfürer der schrifft ist er zu geringe das lesset sich on sprachen nicht thun... Darumb sind die sprachen stracks und aller dinge von nötten ynn der Christenheyt gleich wie die Propheten odder ausleger obs gleich nicht not ist noch seyn mus das eyn iglicher Christ odder prediger sey eyn solich Prophet...

[5] Cl 2, 455 = WA 12, 42: Darumb ob wol der glaube und das Euangelion durch schlechte prediger mag on sprachen predigt werden so gehet es doch faul und schwach und man wyrds zu letzt müde und uberdrüssig und fellet zu poden. Aber wo die sprachen sind da gehet es frisch und starck...

[6] Vgl. G. EBELING, Evangelische Evangelienauslegung, 1942, S. 11: Es ist die

Nicht viel anders Melanchthon. Zwar hat Melanchthon in seinen „Elementa Rhetorices" die Eigenart der doctrina als Belehrung gegenüber einer auf unmittelbare Aneignung des Vorgetragenen zielenden imperativischen Rede herauszuarbeiten gesucht[1]. Aber diese Unterscheidung wurde von Melanchthon auf der Ebene der von der Rhetorik verhandelten Genera dicendi vollzogen durch die Statuierung eines den drei klassischen Genera dicendi hinzugefügten „genus διδασκαλικόν"[2]. Mit einer Unterscheidung von Lehre und Predigt im Sinne der modernen Unterscheidung von Theologie und Verkündigung hat sie nichts zu tun. Sie gibt nur mögliche Redeweisen an, die ihren Ort ebenso in der Gemeindepredigt wie in der akademischen Form der doctrina Ecclesiae haben können.

Umfaßte der doctrina-Begriff im 16. Jahrhundert in gleicher Weise die Predigt und die wissenschaftliche Lehre, so bleibt doch zu fragen, wie denn der Theologiebegriff nun auch für die Predigt, ja für die gesamte „functio ministerii Ecclesiastici" Anwendung finden kann. Wirkt hier auch der die mittelalterlichen Bedeutungsgrenzen sprengende Sprachgebrauch Luthers weiter? Nun hat Luthers „theologia crucis" in der Tat nicht nur die Grenzen zwischen Theologie und Glaube, sondern auch die Grenzen zwischen Theologie und Predigt, die die Scholastik mit dem Begriff der „theologia scholastica" aufgerichtet hatte, weithin niedergerissen. Luther schreibt an Spalatin: „Wenn du gerne eine reine, solide und der alten möglichst ähnliche Theologie in deutscher Sprache lesen willst, so nimm die Predigten Taulers zur Hand."[3] Auch die Benennung der predigtartigen Schrift des Frankfurters mit dem Namen „Deutsch Theologia" zeigt, daß Luther keine Grenze zwischen Theologie und Verkündigung gelten läßt[4]. Gleichwohl wird man aber sagen können, daß

Eigentümlichkeit von Luthers Schriftauslegung, daß er keinen grundsätzlichen Unterschied kennt zwischen Verkündigung und wissenschaftlicher Exegese.

[1] CR 13, 421 ff.

[2] Melanchthon nennt zunächst die drei klassischen Genera dicendi 1. das genus „demonstrativum, quo continetur laus et vituperatio" 2. „deliberativum, quod versatur in suadendo et dissuadendo" 3. „iudiciale, quod tractat controversias forenses"; er fährt dann fort „Ego addendum censeo διδασκαλικὸν genus, quod... non est praetermittendum, praesertim, cum hoc tempore vel maximum usum in Ecclesiis habeat, ubi non tantum suasoriae conciones habendae sunt, sed multo saepius homines dialecticorum more, de dogmatibus religionis docendi sunt, ut ea perfecte cognoscere possint (CR 13, 421). Vgl. CR 13, 423: Diversum tamen orationis genus est, quod docet, ab illo, quod deinde doctrinam ad usum transferri iubet.

[3] Zit. nach H. MANDEL, Theologia Deutsch aaO S. IV.

[4] Vgl. oben S. 17 bei Anm. 5.

Luther, wenn er auch den Theologiebegriff weithin promiscue mit dem Lehrbegriff gebraucht, gerade zur Bezeichnung der Verkündigungsaufgabe doch den Lehrbegriff und nicht den Theologiebegriff gewählt hat. Die christliche Gemeinde hat Recht und Macht, alle Lehre zu urteilen – kaum würde Luther hier von Theologie reden[1]. So ist auch der Pfarrer für Luther zwar eo ipso Lehrer, nicht unbedingt deshalb aber auch Theologe.

Woher kommt dann aber Gerhards Rede von der „functio ministerii Ecclesiastici" als Theologie? Die Annahme liegt nahe, daß die Bezeichnung der kirchlichen Amtsfunktion als Theologie nur aus dem Versuch einer verbalen Angleichung des Theologiebegriffs an den doctrina-Begriff herrührt. In die Situation gestellt, den von Luther und Melanchthon überkommenen, sprachlich verschieden ausgeprägten Überlieferungsstoff in die Form eines Begriffssystems zu gießen, steht Gerhard vor der Aufgabe, den von Luther überlieferten Theologiebegriff mit dem bei Melanchthon zum Fundament der Kirche und des kirchlichen Amtes gemachten doctrina-Begriff in Einklang zu bringen. Das führt dazu, daß der Theologiebegriff auf die Weite des melanchthonischen (natürlich auch bei Luther neben dem Theologiebegriff gebrauchten) doctrina-Begriffs gestreckt werden muß. Mag der Sprachgebrauch Luthers wie immer vorgearbeitet haben, so führt doch erst die verbale Identifikation von Theologie und doctrina dazu, daß die in CA V und VII mit docere und doctrina bezeichnete Funktion des kirchlichen Amtes nun einfach Theologie genannt wird. Der im ministerium Ecclesiasticum mit der doctrina pura betraute minister verbi ist jetzt eo ipso „Theologe", mag er nun einfacher Pfarrer oder Doktor der Theologie und Universitätslehrer sein.

Merkwürdigerweise läßt sich nun bei Gerhard über die im Prooemium vorgenommene Gleichsetzung von Theologie und functio ministerii hinaus ein die kirchliche Amtsfunktion mit Theologie bezeichnender Sprachgebrauch nicht feststellen. Darin unterscheidet sich diese zweite Bedeutung von Theologie von jener ersten, die man in den Meditationes sacrae als Gerhards eigenen Sprachgebrauch verifizieren kann[2]. Die umfangreiche Lehre de ministerio ecclesiastico (Loci theologici, Locus XXIII) wird entwickelt mit den Kategorien der doctrina und der doctores, aber

---

[1] Daß eine christliche Versammlung oder Gemeine Recht oder Macht habe, alle Lehre zu urteilen und Lehrer zu berufen, ein- und abzusetzen, Grund und Ursach aus der Schrift, 1523. Cl 2, 395 ff. = WA 11, 408 ff. Vgl. die Vorrede zum Großen Katechismus von 1530, wo Luther von den Pfarrern spricht, die „officium suum et doctrinam ipsam" verachten, Bekenntnisschriften S. 545, 8 f.

[2] Vgl. oben S. 34.

nicht der theologia und der theologi. Gleichwohl bewahrheitet sich die anfangs (oben S. 8) ausgesprochene Vermutung, daß Gerhards Prooemium de natura theologiae für die Geschichte des lutherischen Theologiebegriffs eine gewisse Schlüsselstellung innehält, wenn man auf die lutherische Orthodoxie nach Gerhard blickt. Bei Calov ist es auch begrifflich durchgedrungen, daß die Theologie wesentlich als Funktion des kirchlichen Amtes zu bestimmen und darum wiederum die kirchliche Amtsfunktion als Theologie zu begreifen ist. Calov kann in Fortführung der bei Gerhard noch nicht ausgezogenen Linie der Ineinssetzung von Theologie und functio ministerii sämtliche Pflichten des kirchlichen Amtes aus dem Begriff des „Theologen" geradezu ableiten: das docere, adhortari, dehortari, consolare, poenitentes absolvere, sacramenta dispensare, examina instituere, disciplinam ecclesiae coercere gehört zur „functio theologorum"[1]. Die gesamte Wirksamkeit des kirchlichen Amtes fällt, da sie Handeln mit dem geoffenbarten Wort ist, unter den Begriff der Theologie. Wenn Gerhard den Abraham noch einen „doctor" nannte, der im Besitz der „coelestis doctrina" war[2], so spricht Calov bereits von den Erzvätern als „Theologen", ja er nennt sogar Adam schon einen Theologen und entwickelt seine doctrina ausführlich als eine „theologia paradisiaca"[3]. Dieser ganze bei Gerhard in der Lehre vom ministerium ecclesiasticum behandelte Gedankenkreis wird bei Calov in der Überformung mit dem Theologiebegriff folgerichtig dann auch in die Erörterungen über das Wesen der Theologie vorgezogen[4].

c) Die theologische Wissenschaft

Das Wort Theologie wird nach Gerhard schließlich in einem dritten Sinn gebraucht „pro accuratiore divinorum mysteriorum cognitione, qua ratione theologi dicuntur, qui possunt veritatem divinam solide stabilire,

---

[1] Systema I, S. 29. Calov beweist dort den praktischen Charakter der Theologie unter anderen Gründen auch „A functione theologorum propria. Cum enim theologorum functiones, qua Theologi sunt, natura sua practicae sunt, Theologiam, a qua illi denominantur, practicam esse oportet. Illud autem liquet ex omnibus functionibus Theologorum qua talium, sive doceant, sive adhortentur, sive dehortentur, sive consolentur, sive poenitentes absolvant, sive sacramenta dispensent, seu examina instituant, sive disciplinam Ecclesiasticam exerceant, omnes hae functiones natura sua practicae sunt." Vgl. Apodixis articulorum fidei, S.1.

[2] Loci VI, 138.   [3] Systema I, S. 22 ff.

[4] Calov gibt Isagoge ad SS theologiam S. 50 ff. sogar eine Darstellung der Loci communes der paradiesischen Theologie, die 17 verschiedene Loci enthält, aber eine reine doctrina legalis ist (ib. S. 57).

eique oppositam falsitatem potenter destruere"[1]. Hier wird unter Theologie verstanden die aus der Situation kirchlicher Verkündigung herausgelöste wissenschaftliche Erkenntnis der Glaubensartikel, wie sie zu einer methodischen Unterweisung im Unterricht und zur Verteidigung der göttlichen Wahrheit gegenüber der Irrlehre erfordert wird. Wies die Gleichsetzung von Theologie und Verkündigung zurück auf den Gebrauch von doctrina in CA VII, so weist diese dritte Bedeutung von Theologie zurück auf jenes die einzelnen Artikel der CA einleitende „ecclesiae apud nos docent", das in der deutschen Fassung der CA mit „lehren" und nicht mit predigen übersetzt ist und doch wohl schon das Phänomen einer von der Verkündigung selbst unterschiedenen zusammenfassenden Rechenschaft über diese Verkündigung im Blick hat[2]. Dem docere und damnare des Augsburgischen Bekenntnisses entspricht hier auf einer mehr akademischen, nicht mehr in der Situation des Bekenntnisses unmittelbar stehenden Ebene das „veritatem divinam stabilire" und „oppositam falsitatem destruere". Mit dieser dritten Bedeutung von Theologie trifft Gerhard also dasjenige Phänomen, das schon in der Scholastik mit Vorrang Theologie genannt wurde.

Blickt man auf die Weite des mit diesen drei Bedeutungen des Wortes Theologie erhellten Phänomenbereichs, so wird man von drei Formen oder drei Gestalten der Theologie reden können, die Gerhard kennt. In der Glaubenserkenntnis, in der Verkündigung des kirchlichen Amtes und in der theologischen Wissenschaft gewinnt jeweils etwas seine Form, was in dieser Form Theologie genannt werden kann. Der Theologiebegriff Gerhards erhält durch die Weite dieser drei Bedeutungen von vornherein nicht jene festen Konturen, die ihm Calixt, in gewissem Sinn aber auch die lutherische Spätorthodoxie zumessen. Calixt versteht unter Theologie nur die gelehrte Kenntnis der göttlichen Wahrheiten in ausdrücklicher Unterscheidung von Glaubenserkenntnis und Verkündigung[3]. Calov definiert die Theologie als einen „habitus Doctorum et ministerialiter salvantium" und klammert die einfache Glaubenserkenntnis aus dem Theologiebegriff aus[4]. Bei der weiten Bedeutung von Theologie, wie sie Gerhard beibehalten will, kann dagegen je nach Umstand und Absicht *eine* bestimmte Form der Theologie thematisch werden, ohne daß damit schon der gesamte Phänomenbereich der Theologie erfaßt wäre. So redet

---

[1] Prooemium § 4.   [2] Lutherische Bekenntnisschriften, S. 50 ff.
[3] Siehe unten Kap. II.
[4] Isagoge ad SS. Theologiam S. 202.

Gerhard in der Dedicatio zu den Meditationes sacrae von der „theologia" als der allen Menschen nötigen „medicina animae", durch die man von Sünden befreit und in der Gnade bewahrt wird[1]. Theologie wird hier geradezu synonym gebraucht mit „religio christiana"[2]. Im Methodus dagegen soll das Wort Theologie, wie ausdrücklich gesagt werden muß, nicht im Sinne der allen Gläubigen gemeinsamen Glaubenserkenntnis, sondern allein von der „accuratior et perfectior mysteriorum divinorum cognitio" verstanden werden[3].

Im Prooemium der Loci befindet sich Gerhard nun aber insofern in einer Schwierigkeit, als es sich in der ausgeführten Behandlung der Loci unstreitig um die bestimmte Form wissenschaftlicher Theologie handelt, andererseits aber die Frage nach dem Wesen (natura) der Theologie gestellt ist und somit die Theologie als Ganzes in den Blick treten muß. Gerhard versichert ja ausdrücklich, es handle sich bei den drei Wortbedeutungen von Theologie nicht um verschiedene Spezies eines Genus[4]. Besteht aber keine Artunterschiedenheit zwischen den Formen der in Glaubenserkenntnis, Verkündigung und Wissenschaft erscheinenden Theologie, dann muß eine Definition der Theologie, wie sie Gerhard am Schluß seines Prooemium anstrebt, alle drei Formen der Theologie treffen. Damit droht aber die Definition der Theologie zu weit und damit unbrauchbar zu werden. Aus dieser Schwierigkeit hat sich Gerhard zu helfen gesucht, indem er die Theologie auf eine doppelte Art definiert hat.

Zunächst definiert Gerhard die Theologie folgendermaßen: sie ist die „doctrina, ex verbo Dei exstructa, qua homines in fide vera et vita pia erudiuntur ad vitam aeternam"[5]. Gerhard fügt hinzu, hier sei die Theologie „systematice et abstractive considerata" definiert[6]. Betrachtet man diese vom konkreten Phänomen abstrahierende Definition der Theologie genauer, so findet man in ihr alle drei Bedeutungen oder, wie wir vorläufig sagten, Formen der Theologie umgriffen: diese weite Definition der Theologie als einer aus dem Worte Gottes gebildeten, den Menschen zum ewigen Leben führenden doctrina ist ebenso auf die allgemeine christliche

---

[1] Meditationes sacrae, S. XVII.
[2] Vgl. ib. S. XIX.: „Quodsi theologia est doctrina practica, utique etiam finis eius non erit nuda γνῶσις et subtilis θεωρία sed potius praxis" mit dem kurz darauf folgenden Satz „Quodsi christianae religionis finis ac perfectio non est nuda γνῶσις, sed πρᾶξις, quam paucos hodie invenies vere christianos", S. XX.
[3] Methodus, S. 5f.
[4] Prooemium § 4: „non sunt diversae theologiae species".
[5] Prooemium § 31.   [6] Ib.

44

Glaubenserkenntnis zu beziehen[1] als auch auf die Verkündigung und die Form theologischer Wissenschaft[2].

Gerhard gibt dann eine zweite Definition der Theologie; im Unterschied zu der ersten wird in ihr die Theologie „habitualiter et concretive" betrachtet. Hier wird über die allgemeine Glaubenserkenntnis und die Verkündigung hinaus nun das bestimmte Phänomen der theologischen Wissenschaft in den Blick genommen, wie es einer ausgeführten Darstellung der Loci theologici zugrunde liegt. Auch diese auf das Konkretum der Theologie als Wissenschaft zielende Definition kommt von der Verflochtenheit der theologischen Wissenschaft mit Glaubenserkenntnis und Verkündigung nicht los, weshalb sie verglichen mit den Definitionen Calixts oder der späteren Orthodoxie[3] eine gewisse Umständlichkeit und Breite besitzt. Die die Theologie als Wissenschaft beschreibende Definition lautet: „Theologia (habitualiter et concretive considerata) est habitus ϑεόσδοτος per verbum a Spiritu sancto homini collatus, quo non solum in divinorum mysteriorum cognitione per mentis illuminationem instruitur, ut quae intelligit in affectum cordis et exsecutionem operis salutariter traducat, sed etiam aptus et expeditus redditur de divinis illis mysteriis, ac via salutis alios informandi, ac coelestem veritatem a corruptelis contradicentium vindicandi, ut homines fide vera et bonis operibus rutilantes ad regnum coelorum perducantur."[4] Sucht man nach einer inneren Gliederung dieser Definition, so sieht man, daß die Beschreibung der spezifischen Eigenarten sich gleichsam in drei konzentrischen Kreisen vollzieht, von denen der innerste (non solum... traducat) einfach das Wesen der wahren Glaubenserkenntnis beschreibt, während im folgenden (sed etiam aptus...) nacheinander die Aufgabe der Verkündigung (ac via salutis alios informandi) und die der wissenschaftlichen Theologie eignende Aufgabe des Bewahrens der Glaubenswahrheit vor Irrlehre genannt werden (ac coelestem... vindicandi). Die hier in ihrer spezifischen Form als Wissenschaft definierte Theologie[5] wird also von Gerhard nicht als etwas von Glaube und Verkündigung geschiedenes Drittes angesehen, sie ist vielmehr in ihrem Wesen mit diesen beiden identisch und geht nur in

---

[1] Vgl. unten S. 62f.
[2] Zur weiteren Interpretation der Definition siehe unten S. 79ff.
[3] Vgl. die Zusammenstellung von Definitionen der Theologie bei GASS, Geschichte der protestantischen Dogmatik I, S. 232 Anm. 1.
[4] Prooemium § 31.
[5] Zu der in der Definition enthaltenen Bestimmung der Theologie als eines „habitus ϑεόσδοτος" siehe unten S. 65ff. und 71ff.

der zur Bewahrung der reinen Glaubenswahrheit notwendigen Form einer cognitio accuratior noch über diese beiden hinaus.

3. Theologie als Lehre von Wesen und Willen Gottes

Die Frage nach dem bei Gerhard mit dem Wort Theologie zur Sprache gebrachten Phänomen führt in einen zunächst erstaunlich weiten Phänomenbereich. Mit den drei Formen der Glaubenserkenntnis, der Verkündigung und der wissenschaftlichen Theologie wird die Vielfalt möglicher Vergegenwärtigung der in der Heiligen Schrift geoffenbarten Heilswahrheit zusammenbegriffen unter dem einen Wort Theologie und somit zwar nicht phänomenal (concretive considerata), so doch begrifflich (abstractive et systematice considerata) als eine sachliche Einheit verstanden. Theologie ist also für Gerhard nicht eine bestimmte Form der Erkenntnis der geoffenbarten Wahrheit, neben der es auch andere, etwa den Glauben, gäbe. Sondern Theologie ist schlechthin Begriff für das phänomenal zwar differenzierte, sachlich aber als Einheit zu begreifende Geschehen der Vergegenwärtigung des göttlichen Wortes in menschlicher Erkenntnis und Lehre.

Nachdem der Blick zuerst auf die Weite des Phänomenbereichs der Theologie gelenkt wurde, soll nun gefragt werden, mit welchem Recht Gerhard diesen Gesamtkomplex menschlicher Erkenntnis göttlicher Wahrheit unter den Begriff der Theologie stellt. Daß dies nicht einfach traditionell selbstverständlich ist, hatte das Fehlen eines Theologiebegriffs bei Melanchthon gezeigt.

Die Frage nach der Legitimierung der Anwendung des Theologiebegriffs auf die christliche Lehre ist bei Gerhard explizit nur im Zusammenhang seiner Reflexionen über die Darstellungsweise der Loci theologici, also im Raume der Theologie als „cognitio accuratior" thematisch geworden. Da Gerhard aber keinen Artunterschied zwischen wissenschaftlicher und einfacher Form theologischer Erkenntnis kennt, wird mit der Reflexion über den Sinn der Benennung der lutherischen Lehrwissenschaft als Theologie implizit auch die Benennung der Glaubenserkenntnis als Theologie legitimiert.

Schon in den Aphorismi succincti von 1611, einem ursprünglich für seine Wirksamkeit am Coburger Gymnasium bestimmten, in Form von Thesen zusammengestellten Abriß der christlichen Lehre[1], hat Gerhard

---

[1] Aphorismi succincti et selecti in XXIII capitibus totius Theologiae nucleum continentes, Jena 1663.

versucht, die traditionelle Reihe der Loci theologici unter dem systematischen Gesichtspunkt des Theologiebegriffs zu betrachten. Gerhard geht aus von der Definition der Theologie als doctrina de Deo. Als Inhalt dieser doctrina bestimmt er die Unterrichtung der Menschen über essentia und voluntas Gottes[1]. Er nimmt damit eine schon bei Chemnitz sich findende Unterscheidung auf[2]. Gerhard teilt das Ganze der Theologie in zwei Teile, von denen der eine de essentia Dei, der andere de voluntate Dei handelt. Diese Zweiteilung der Theologie führt angewandt auf den dogmatischen Stoff zu einer die Aufgliederung in die einzelnen Loci übergreifenden Ordnung der Dogmatik. Die gesamte Gotteslehre mit Einschluß der Trinitätslehre, Christologie und Inkarnationslehre wird als der eine, de essentia Dei handelnde Teil der Theologie begriffen[3]. Die ganze Reihe der übrigen Loci von der Schöpfung und den Engeln über Sündenfall, Gesetz und Evangelium, Buße und Glaube usw. bis zur Eschatologie wird zurückgeführt auf die ewigen Dekrete Gottes, das decretum creationis und das decretum reparationis, und von daher insgesamt begriffen als Lehre de voluntate Dei[4]. Durch diese Zweiteilung in Lehre von Wesen und Willen Gottes weist sich der ganze, in der Reihe der Loci theologici enthaltene Stoff christlicher Lehre als Lehre von Gott, „Theologie" aus.

Gerhard hat diese in den Aphorismi vorgenommene Zweiteilung des theologischen Stoffs in Lehre von Wesen und Willen Gottes beibehalten. Sie gilt bei ihm für den ganzen Bereich dessen, was Theologie genannt werden kann. Zunächst für die einfache Glaubenserkenntnis. In der „Schola pietatis" wird die christliche Glaubenserkenntnis definiert als „Erkenntnis des wahren Gottes nach seinem Wesen und Willen"[5]. Auch der Inhalt der Heiligen Schrift wird von dieser Zweiteilung her begriffen: Gott hat uns die Heilige Schrift zu dem Zweck gegeben, daß sie uns zu unserem Heil über sein Wesen und seinen Willen unterrichte[6]. Ebenso

---

[1] Aphorismi I, 7: Est ergo (sc. theologia) ex vi nominis λόγος περὶ τοῦ θεοῦ, doctrina de Deo. I, 8: De cuius essentia et voluntate homines erudit ad ipsorum salutem.

[2] Chemnitz, Loci S. 13 (I. Schema): Subiectum theologiae est notitia Dei, considerat ergo Dei vel essentiam vel voluntatem.

[3] Aphorismi I, 10–15.   [4] Ib. I, 16 ff.

[5] Schola pietatis, Nürnberg 1663, S. 3.

[6] Confessio catholica, Frankfurt und Leipzig 1679, S. 14: causa scripturae est Deus, quippe qui eo fine Scripturas exarari et extare voluit, ut de sua essentia et voluntate ad salutem plene nos instruerent. Vgl. die Definitio Scripturae sacrae, Loci I, S. 240: Sacra Scriptura est verbum Dei eiusdem voluntate a prophetis,

von der cognitio accuratior der theologischen Wissenschaft sagt Gerhard im Methodus studii theologici: „Theologia... tradit doctrinam de essentia et voluntate Dei, in cuius salutari cognitione vita aeterna consistit."[1] So ist schließlich ebenfalls das große Werk der Loci theologici von Gerhard unter dem Gesichtspunkt dieser Zweiteilung als Lehre von Gottes Wesen und Willen entworfen worden[2]. Nach den auf den Locus primus de scriptura sacra folgenden drei Loci von der Natur Gottes, der Trinität und der Person und dem Amt Christi sagt Gerhard am Beginn des Locus quintus de creatione et angelis: egimus hactenus de una ac indivisa Dei essentia et distinctis in ea tribus personis, Patre, Filio et Spiritu s.; videndum nunc de Dei voluntate[3]. Damit wird der Übergang von der Gotteslehre zur Schöpfungs- und Erlösungslehre geschaffen. Deutlich ist Gerhards Interesse, daß auch dieser zweite, die Schöpfung und Erlösung behandelnde Teil der Loci es mit Gott selbst zu tun hat. Ausdrücklich wird bei diesem Übergang betont, daß auch der Wille Gottes nichts anderes ist als Gott selbst, nämlich der Deus volens[4]. Hinter der Betonung, daß es auch die Lehre von der Schöpfung und Erlösung mit Gott selbst und nicht mit etwas von ihm Unterschiedenen zu tun hat, steht deutlich die Tendenz, den Theologiebegriff auch in seiner Anwendung auf die über die Gotteslehre hinausgehende Lehre von Schöpfung und Erlösung zu legitimieren.

Man erkennt, wie bei Gerhard der Theologiebegriff gleichsam als hermeneutisches Prinzip für die Sichtung des in der Schrift enthaltenen und in der überlieferten Lociordnung dogmatisch fixierten Stoffs der christlichen Lehre gebraucht wird. Der ganze Umfang der christlichen Lehre wird von Gerhard mit Hilfe der Formel von der doctrina de essentia et voluntate Dei auf den Theologiebegriff hin interpretiert. Das ist zunächst eine Gegenbewegung gegen Melanchthon. Melanchthon hatte den Theologiebegriff zurückgestellt und als Inhalt christlicher Lehre nicht eine Lehre von Gott, sondern die Lehre vom Heil des menschlichen Gewissens durch die Erkenntnis der Wohltaten Christi erblickt[5]. In den Loci salu-

---

evangelistis et apostolis in literas redactum, doctrinam de essentia et voluntate Dei perfecte ac perspicue exponens.

[1] Methodus studii theologici, S. 2.

[2] Im Prooemium (§ 25) verweist Gerhard für seine Ordnung des dogmatischen Stoffs ausdrücklich auf die Aphorismi.

[3] Loci II, 1.

[4] Voluntas Dei est ipsa Dei essentia seu ipse Deus volens. Loci II, 1.

[5] Vgl. die berühmte Vorrede zu den Loci communes von 1521.

tares von Gesetz, Sünde und Gnade besteht für den Melanchthon von 1521 die doctrina christiana[1]. Wenn Melanchthon in die späteren Auflagen seiner Loci auch die anfangs beiseite gelassenen Loci supremi de Deo aufnahm, so dehnte er den zunächst für die Loci salutares allein gebrauchten Begriff der doctrina christiana auch auf diese aus. Die Klammer des doctrina-Begriffs wird bei Melanchthon von den Loci salutares zurückgeschlagen auf die eigentliche Gotteslehre. Bei Gerhard wird umgekehrt der zunächst aus der Gotteslehre stammende Theologiebegriff nun auch als Klammer vor die Loci salutares gesetzt, auch diese sollen nun als Theologie verstanden werden[2].

Wird durch diese begrifflich nicht vom Zentrum der Rechtfertigungslehre, sondern vom Rückgang auf den Verbalsinn von Theologie entworfene Thematisierung der evangelischen Lehre als Lehre von Gottes Wesen und Willen nicht der Weg zurück zur Scholastik eingeschlagen? Die Frage ist nicht so leicht zu beantworten. Zunächst wird man sehen müssen, daß es doch vor allem Luthers Theologiebegriff ist, den Gerhard zum Zuge bringen möchte. Man braucht nur einmal die Dichte der Lutherzitate in den Loci Gerhards zu vergleichen mit den gelegentlichen Zitierungen Luthers bei Calixt, um zu sehen, in welchem Maße Gerhard Luthers Theologie für die dogmatische Arbeit fruchtbar zu machen sucht. Aber nun muß der Begriff der Theologie, in Luthers theologia crucis als lebendige und tätige Glaubenserkenntnis verstanden, von Gerhard auf der Ebene einer aus einer Summe von Glaubensartikeln sich zusammensetzenden Dogmatik expliziert werden. Im Bereich der theologischen

---

[1] Man muß von der Vorrede von 1521 her geradezu sagen, daß die Gotteslehre und Trinitätslehre gar nicht zum Kernbestand der doctrina christiana gehören: Paulus in epistola, quam Romanis dicavit, cum doctrinae christianae compendium conscriberet, num de mysteriis trinitatis, de modo incarnationis, de creatione activa et creatione passiva philosophabatur? At quid agit? Certe de lege, peccato, gratia, e quibus locis solis Christi cognitio pendet (SA II, 1 S. 7 Z. 24ff. = CR 21, 85). Melanchthon sagt nicht, daß er nur einen, wenn auch vielleicht den wichtigsten Teil der doctrina christiana darstellen will. Der Begriff Loci praecipui bezieht sich – wenigstens 1521 – auf die theologische Disziplin, nicht auf die doctrina christiana (vgl. SA II, 1 S. 4 Z. 9f.: indicantur hic christianae disciplinae praecipui loci). Die doctrina christiana soll wie die christiana cognitio auch schon 1521 als Ganzes in den Blick kommen.

[2] Die Parallelisierung der Gerhardschen Teilung der Theologie in die Lehre von Gottes Wesen und Willen mit der des frühen Melanchthon in die Loci supremi und Loci salutares geht nicht ganz auf, da die Lehre de voluntate Dei bei Gerhard auch die Schöpfungslehre einbegreift, die beim frühen Melanchthon mit unter die Loci supremi gehört.

Wissenschaft wie auch schon im Bereich der einfachen Glaubenserkenntnis gelingt Gerhard das Umgreifen der Schullehre mit dem Begriff der
Theologie nur mit Hilfe der an den dogmatischen Stoff herangetragenen
Unterscheidung von Gottes Wesen und Willen. Damit muß Gerhard, so
sehr er in der Definition der Theologie als eines Konkretum gerade die
im tätigen Glauben bestehende Praxis der Theologie beschreibt[1] und
damit ein wesentliches Anliegen des lutherischen Theologiebegriffs fest-
hält, doch andererseits Luthers inhaltlich bestimmten Theologiebegriff
formalisieren, um den ganzen Stoff der von Melanchthon eingerichteten,
inzwischen noch angewachsenen lutherischen Dogmatik[2] darin unter-
zubringen. Damit gerät Gerhard nun doch auf die Ebene der Scholastik.
Im Vergleich mit Luther ist es erstaunlich, wieweit Gerhard im Prooemium der Loci in die scholastische Diskussion über das Wesen der
Theologie einsteigt und innerhalb der dort vorhandenen Fronten Position
bezieht[3]. Dies zeigt, daß der gerade beim Theologiebegriff vollzogene
radikale Bruch Luthers mit der Scholastik nicht mehr voll realisiert
werden kann. Im Gegensatz zur theologia crucis ist der Begriff der
Theologie als der doctrina de Deo ac rebus divinis beziehungsweise der
doctrina de essentia et voluntate Dei zunächst ein Formalbegriff, von
dem aus bei aller Gegensätzlichkeit im theologischen Lehrinhalt doch
eine Kontinuität zur Scholastik in den Blick zu treten beginnt, nämlich
eine Kontinuität in der grundsätzlichen Thematik einer christlichen Lehrwissenschaft als Lehre von Gott.

Erinnert die Identifikation der christlichen Lehre (doctrina) mit der
Theologie im formalen Sinne einer Lehre von Gott an die mittelalterliche
Identifikation der Begriffe sacra doctrina und theologia, so muß doch
sofort auch die Weite des Gegensatzes in den Blick treten. Thomas hat
das Verständnis der sacra doctrina als theologia wissenschaftstheoretisch
fundiert dadurch, daß er Gott als das subiectum dieser Wissenschaft
angesehen hatte[4]. Die als vorwiegend spekulativ verstandene sacra doctrina betrachtet nach Thomas alles Seiende sub ratione Dei[5]. Demgegen-

---

[1] Vgl. oben S. 44.
[2] Zu der zwischen Melanchthon und Gerhard sich vollziehenden Veränderung in
Zahl und Ordnung der Loci siehe HÄGGLUND S. 58f.
[3] Prooemium § 8ff.   [4] Siehe oben S. 14ff.
[5] Siehe oben S. 16. Den vorwiegend spekulativen Charakter der Theologie beweist Thomas S. th. I q 1 a 4 („non ergo est scientia practica, sed magis speculativa"). Zu dem innerhalb der Scholastik vereinzelten Versuch des Duns Scotus,
Theologie als praktische Wissenschaft zu verstehen, siehe WEBER, 1908, S. 38.
Ockam lenkte wieder zu Thomas zurück, ib.

über hatte Luthers von der Spekulation sich abkehrender, von der Rechtfertigungslehre her entworfener Theologiebegriff Gott in seiner Beziehung
zum Menschen, den Deus iustificans und den homo peccator, zum subiectum der Theologie erklärt[1]. An der Subjektbestimmung der Theologie
wird nun auch bei Gerhard der Abstand zu der durch Thomas bestimmten
scholastischen Tradition des Theologiebegriffs offenbar.

Zunächst hätte von einem Verständnis der Theologie als Lehre von
Gottes Wesen und Willen die Bestimmung Gottes als des theologischen
Subjektes nahegelegen. So findet sich etwa bei Martin Chemnitz zwar
nicht Gott selbst, aber die „notitia Dei" als subiectum theologiae[2]. Hier
ist der Subjektbegriff im Einklang mit dem Theologiebegriff und ganz
offenbar aus diesem selbst gewonnen. Gerhard nennt merkwürdigerweise
diese von Chemnitz vertretene Subjektbestimmung der Theologie unter
den von ihm erwähnten zahlreichen möglichen Bestimmungen gar nicht[3].
Er erwähnt Luthers Subjektbestimmung der Theologie vom homo peccati
reus ac perditus et Deus iustificans et Salvator hominis peccatoris[4],
schließt sich ihr aber nicht einfach an. Als subiectum der Theologie
bestimmt Gerhard allein den Menschen, sofern er zur ewigen Seligkeit
zu führen ist, den „homo, quatenus ad aeternam beatitudinem est perducendus"[5]. Damit ist eine gegenüber Thomas, aber auch gegenüber
Luther neue Gegenstandsbezeichnung der Theologie formuliert, die in
ihrem Sinn näher betrachtet werden muß.

Um den Unterschied zu Thomas' und Luthers Gegenstandsbestimmung
in den Blick zu bekommen, darf man nicht zu früh den Vorwurf einer
anthropozentrisch orientierten Theologie erheben, sondern muß zunächst
darauf achten, daß Gerhard den Subjektbegriff streng im Sinne der
Wissenschaftslehre des Aristotelismus versteht.

Zunächst ist auf eine Differenz zwischen Luther und Gerhard im
Verständnis des praktischen Charakters der Theologie zu achten. Luther
hatte mit dem Satz „vera theologia est practica" die Theologie keineswegs in das Schema einer aus theoretischen und praktischen Disziplinen

---

[1] Vgl. oben S. 18f.

[2] Chemnitz, Loci S. 12: subiectum theologiae est notitia Dei. Considerat ergo Dei
vel essentiam vel voluntatem.

[3] Vgl. Prooemium § 28.   [4] Ib.

[5] Ib.: Diximus superius, theologiam esse doctrinam practicam, iam vero in
practicis disciplinis obiectum sive subiectum circa quod est illud, in quo tota disciplina occupatur. Illud in theologia est homo, quatenus ad aeternam beatitudinem
est perducendus.

bestehenden Wissenschaftslehre einordnen wollen, sondern hatte gegenüber einer in der theologia scholastica auftretenden bloß gedanklichen
Theologie den existentiellen Charakter theologischer Erkenntnis betont:
Vivendo, immo moriendo et damnando fit theologus, non intelligendo,
legendo aut speculando[1]. Die Praxis des lutherischen Theologiebegriffs
ist also die Praxis der Existenz, die Praxis von „Brauch und Übung"[2],
nicht das Bewirken eines vorgesetzten Zweckes[3]. Entsprechendes gilt
auch von Luthers Subjektbestimmung der Theologie. Der sündige Mensch
und der rechtfertigende Gott als das theologische Subjektum bezeichnen
das in der theologischen Erkenntnis zur Erfahrung und zur Sprache
kommende Rechtfertigungsgeschehen, nicht aber den Gegenstand eines
mit der theologischen Erkenntnis bezweckten Wirkens.

Anders Gerhard. Zwar behält er die Betonung des existentiellen Charakters der Theologie bei und läßt wie Luther die Theologie nicht durch
menschlichen Fleiß, sondern durch oratio, meditatio, tentatio erworben
sein[4]. Aber die Behauptung des praktischen Charakters der Theologie
orientiert sich bei Gerhard an der von der aristotelischen Wissenschaftslehre vorgenommenen Einteilung aller Disziplinen in theoretische und
praktische. Die Praxis der praktischen Disziplinen besteht nach der Auffassung Zabarellas, des für Gerhard maßgeblichen Wissenschaftstheore-
tikers[5], darin, daß ein bestimmter Zweck durch das in diesen Disziplinen
organisierte Wissen erreicht werden soll. Während die theoretischen Disziplinen Mathematik, Physik und Metaphysik Wissen um des Wissens willen
suchen, über das Wissen hinaus keinen anderen Zweck verfolgen, ist in
den praktischen Disziplinen das Wissen „nur Mittel einer zielbestimmten
Wirksamkeit"[6]. So beschäftigt sich die von Gerhard mit der Theologie
gern parallelisierte Medizin[7], die eine doctrina practica ist, mit den Heil-

---

[1] WA 5; 163, 28 (Op. in Psalm.).

[2] WATR 1, Nr. 153: Die wahre rechtschaffene Theologia stehet in der Praktiken,
Brauch und Übung, und ihr Fundament und Grundfest ist Christus, daß man sein
Leiden, Sterben und Auferstehung mit dem Glauben ergreife.

[3] WATR 5, Nr. 6408 wird die doctrina christiana mit der Medizin in nahe Ver-
wandtschaft gestellt und beiden Wissenschaften die gleiche Methode zugesprochen.
Hier ist die doctrina christiana also wissenschaftstheoretisch als praktische Disziplin
verstanden. Dieser Abschnitt wird vom Herausgeber (siehe Anm.) mit Recht Luther
abgesprochen.

[4] Prooemium § 17. Vgl. unten S. 74f.   [5] Vgl. HÄGGLUND aaO S. 46.

[6] HÄGGLUND S. 50.

[7] Vgl. Aphorismi, Vorrede o. S.; Meditationes sacrae, S. XVII; Loci, Prooemium
§ 28.

4*

mitteln nicht aus reinem Wissensinteresse, sondern im Blick auf den durch sie zu bewirkenden Zweck der Heilung des kranken Menschen. Ebenso handelt die Theologie vom verbum Dei nicht als von einem bloßen Erkenntnisgegenstand, sondern im Blick darauf, daß das Wort Mittel ist, um den Menschen zum ewigen Leben zu führen. Die Praxis der Theologie besteht darin, daß ihre Erkenntnis auf das Seelenheil als den durch die Theologie zu erreichenden und deshalb von vornherein als Ziel dieser Wissenschaft aufgestellten Zweck tendiert: „Theologia animae salutem immediate sibi habet propositum, ad quem scopum omnia sua axiomata ac praecepta dirigit."[1]

Der verschiedenen Struktur der theoretischen und praktischen Disziplinen entspricht eine unterschiedliche Bestimmung dessen, was in diesen beiden Arten von Wissenschaft jeweils als der wissenschaftliche Gegenstand angesehen wird. In den theoretischen Disziplinen ist Subjekt beziehungsweise – wie Gerhard promiscue mit dem Subjektbegriff[2], Calov statt des Subjektbegriffs[3] sagt – das „Objekt" der Wissenschaft dasjenige Seiende, das Gegenstand und Inhalt der Betrachtung ist. So ist in der Metaphysik Gegenstand das Seiende als solches, das „ens qua ens". In den praktischen Disziplinen dagegen ist Gegenstand dasjenige Seiende, an dem durch das in diesen Disziplinen erworbene Wissen eine bestimmte Zweckerfüllung bewirkt werden soll. So ist in der Medizin der Mensch das Subjekt, und zwar der Mensch als einer, der zu leiblicher Gesundheit zu führen oder in leiblicher Gesundheit zu bewahren ist. Subjekt einer praktischen Disziplin ist also nicht – wie in den theoretischen Disziplinen – der in dieser Disziplin behandelte Inhalt, sondern das „Woraufhin" dieses wissenschaftlichen Inhalts, der Beziehungspunkt, auf den hin alles Wissen einer praktischen Disziplin tendiert und von dem her eine praktische Wissenschaft ihre Notwendigkeit empfängt. Subjekt einer praktischen Disziplin ist dasjenige Seiende, an dem der Zweck, der vorausgesetzt wird, durch das Mittel des Wissens zur Er-

---

[1] Methodus studii theologici, S. 3.

[2] Gerhard spricht (Prooemium § 28) vom „obiectum sive subiectum circa quod" der Theologie. Vgl. oben S. 50 Anm. 5.

[3] Calov, Systema I, S. 91 ff. „De obiecto Theologiae generali, Religione." Isagoge, S. 283 ff. „De obiecto theologiae." Calov bestimmt als subiectum der Theologie den „animus hominis" (Theologia positiva, 1690, S. 4) oder den „intellectus theologi" (Isagoge, S. 283). In der Unterscheidung vom Objektbegriff als Gegenstandskategorie kommt der Subjektbegriff als „subiectum inhaesionis quo" (Isagoge, S. 283) schon der neuzeitlichen Verwendung des Subjektbegriffs nahe.

füllung kommen soll[1]. Als „obiectum operationis" wird der Gegenstand
einer praktischen Disziplin begrifflich unterschieden vom Gegenstand
einer theoretischen Wissenschaft, welcher immer ein „obiectum considerationis" ist[2].
Wenn Gerhard sagt, Subjekt der Theologie sei der zur ewigen Seligkeit
zu führende Mensch, so wird man nicht sagen können, daß hier statt
Gottes der Mensch zum „Gegenstand" der Theologie erhoben wird, die
Theologie in Anthropologie umschlägt[3]. Zunächst soll damit einfach
gesagt werden, daß in der Theologie nicht ein Wissen um des Wissens
willen gesucht wird, sondern alles in der Theologie erworbene und gelehrte Wissen abzielt auf die Seligkeit des Menschen. Die Theologie ist
doctrina practica[4]. Der zur Seligkeit zu führende Mensch ist subiectum
operationis nicht subiectum considerationis. Von der menschlichen Heilsfrage her ergibt sich die Notwendigkeit der Theologie[5]. Aber nicht als
eine isoliert vom Worte Gottes in den Blick tretende Größe, gar als eine
selbständige Erkenntnisquelle wird der Mensch bei Gerhard als theologisches Subjekt thematisch, sondern allein als der im geoffenbarten Wort
Gottes selbst intendierte Gegenstand. Gerhards Rede vom Menschen als
Subjekt der Theologie ist noch nicht vom Boden einer natürlichen Theologie her entworfen und auf diesen Boden auch nicht einfach überführbar[6],

---

[1] Objekt einer praktischen Wissenschaft ist dasjenige Seiende „in quod finis
introducitur per certa media" (Calov, Isagoge S. 284).
[2] Zur Unterscheidung von obiectum considerationis und subiectum operationis
vgl. Calov, Systema I, S. 59.
[3] KARL BARTH, KD I, 1 S. 199 spielt gegen Gerhards Bestimmung des Menschen
als Gegenstand der Theologie die ältere von Chemnitz aus, nach der Gegenstand
der Theologie Wesen und Wille Gottes ist („... daß man als den Gegenstand der
Theologie nicht mehr wie noch Chemnitz das Wesen und den Willen Gottes... angab,
sondern wie schon J. Gerhard den homo quatenus ad aeternam beatitudinem est
perducendus"). BARTH sieht richtig, daß dieser Wechsel mit der Betonung des praktischen Charakters zusammenhängt, übergeht aber, daß mit dem Verständnis der
Theologie als praktischer Wissenschaft sich zunächst einmal der Gegenstandsbegriff
verändert und von daher eine inhaltlich andere Gegenstandsbestimmung gefordert
ist (siehe hierzu oben im Text). In der Grundthese, daß es die Theologie mit der
Erkenntnis von Gottes Wesen und Willen zu tun habe, sind sich gerade Chemnitz
und Gerhard gegenüber der späteren lutherischen Theologie einig. Man verbaut
sich die Sicht hierfür, wenn man von einem Vergleich der Subjektbestimmung
ausgeht.
[4] Prooemium § 28; Meditationes sacrae S. XIX.
[5] „Necessitas a salute nostra aestimanda" sagt Gerhard vom theologischen Studium (Methodus studii theologici S. 2).
[6] Vgl. WEBER, Reformation, Orthodoxie, Rationalismus II, S. 17f.

sondern will einfach die in den Denkschemata der aristotelischen Wissenschaftslehre durchgeführte methodische Konsequenz der reformatorischen Einsicht sein, daß alles in der Heiligen Schrift Gesagte als zu dem Menschen gesagtes und auf seine Seligkeit abzielendes Wort und nicht als eine theoretische Belehrung über Gott verstanden werden soll. Gerhards These, daß der „homo quatenus ad aeternam beatitudinem est perducendus" das Subjekt der Theologie sei, will auf wissenschaftstheoretischer Ebene das gleiche aussagen, was Martin Chemnitz am Beginn seiner Loci als Mahnung formulierte: Semper cogitandum est, Filium Dei non ob eam causam prodidisse ex arcana sede aeterni Patris, et revelasse doctrinam coelestem, ut seminaria spargeret disputationum, quibus ostendendi ingenii causa luderetur, sed potius ut homines de vera Dei agnitione et omnibus iis quae ad aeternam salutem consequendam necessaria sunt, erudirentur[1].

Wie verhält sich nun aber der Gedanke, daß die Theologie eine praktische Wissenschaft ist und der zum Heil zu führende Mensch ihr Subjekt, zu dem anderen Gedanken, die Theologie sei Lehre von Wesen und Willen Gottes? Wie verhält sich der Begriff der „doctrina ex verbo Dei exstructa, qua homines in fide vera et vita pia erudiunter ad vitam aeternam"[2] zum Begriff der doctrina de Deo? Hatten wir sagen können, daß mit dem Begriff doctrina de Deo gleichsam ein hermeneutisches Prinzip an die Heilige Schrift und den überlieferten Stoff christlicher Lehre herangetragen wird, das allen Inhalt christlicher Lehre unter das Dach einer Lehre von Gottes Wesen und Willen zwingt, so gilt ähnliches nun auch von dem Begriff der Theologie als einer doctrina, durch die der Mensch zur ewigen Seligkeit geführt wird. Können beide Bestimmungen, daß die Theologie Gotteslehre und daß sie Heilslehre ist, einfach nebeneinander bestehen?

Gerhard hat versucht, beide Bestimmungen miteinander zu verbinden. Im Methodus studii theologici heißt es „Theologia... tradit doctrinam de essentia et voluntate Dei, in cuius salutari cognitione vita aeterna consistit"[3]. Hier ist Theologie zunächst als Lehre von Gottes Wesen und Willen verstanden, die Heilserkenntnis als nähere Bestimmung dieser Lehre. Die Rede vom Menschen als dem Subjekt der Theologie meint aber mehr als eine nachgefügte Bestimmung einer doctrina de Deo. Als Subjektbegriff praktischer Wissenschaft ist der zum Heil zu führende

---

[1] Chemnitz, Loci, S. 17. [2] Prooemium § 31. Vgl. oben S. 43.
[3] Methodus studii theologici S. 2.

Mensch nicht nur der schließliche Adressat, sondern das organisierende Prinzip der doctrina.

Daß der zum Heil zu führende Mensch das organisierende Prinzip der Theologie als praktischer Wissenschaft ist, kommt im Rahmen der Einzelbestimmungen des Theologiebegriffs neben der Subjektbestimmung bei der Frage nach dem Endzweck (finis)[1] der Theologie am deutlichsten zur Sprache. Während die Frage nach der Wirkursache (causa efficiens) auf die in der Heiligen Schrift gegebene göttliche Offenbarung als auf das Erkenntnisprinzip (principium cognoscendi) der Theologie führt[2], muß, wenn die Theologie als eine einen Zweck erstrebende praktische Wissenschaft verstanden wird, der Endzweck der Theologie als Bestimmung am theologischen Subjektbegriff haften. So sieht Gerhard neben der Verherrlichung Gottes, worin für die Theologie wie für alles Seiende der höchste Endzweck liegt[3], den nächsten (proximus) und allein formgebenden Endzweck der Theologie in der „informatio hominum ad salutem aeternam"[4]. Ist Gottes Offenbarung das inhaltgebende Erkenntnisprinzip, so kann die Abzweckung auf das Heil des Menschen als das formgebende organisierende Prinzip der Theologie aufgefaßt werden[5].

Wenn der zum Heil zu führende Mensch das organisierende Prinzip der Theologie wird, so kann das nach zwei Seiten hin entfaltet werden. Einmal so, daß die Abzweckung auf das Heil des Menschen die Grenzen der Theologie absteckt und in dieser Weise den Gegenstandsbereich der theologischen Wissenschaft bestimmt. In dieser Funktion wird der Zweck der Hinführung des Menschen zur Seligkeit ein negatives Kriterium für das Ausscheiden aller nicht zur Theologie gehörigen Fragen. Gerhard hat die Heilsfrage als ein solches Prinzip handhaben wollen: „Quaecunque ergo ad hunc finem (nämlich die ‚informatio hominum ad salutem aeternam') non ducunt nec conducunt, sive directe, sive saltem indirecte, sive immediate sive mediate, ea non pertinent ad theologicam γνῶσιν."[6] Wichtig ist dieses Prinzip als Kriterium für den untheologischen Charak-

---

[1] Mit „finis" ist die vierte der aristotelischen causae (bei Aristoteles τὸ οὖ ἕνεκα) bezeichnet. Ich gebrauche zur Verdeutschung die über die aristotelische Phase der altprotestantischen Theologie hinaus bis zu Semler gebräuchliche Rede vom „Endzweck" einer Sache, hier also der Theologie.

[2] Prooemium § 18f.

[3] Prooemium § 26. Vgl. Calov, Isagoge S. 199: omnium rerum finis ultimus Dei est gloria.

[4] Prooemium § 26: Finis theologiae... principalis ac summus est Dei glorificatio... Intermedius ac proximus finis est vel internus, informatio hominum ad salutem aeternam, vel externus, ipsa beatitudinis seu vitae aeternae consecutio...

[5] Gerhard spricht nur vom Erkenntnisprinzip (principium cognoscendi) der Theologie, der Begriff des organisierenden Prinzips wird hier nur zum interpretierenden Verständnis eingeführt. Er ist nicht im romantischen Sinne mißzuverstehen.

[6] Prooemium § 26.

ter nichtiger Fragen und müßiger Spekulationen, wie sie in der Scholastik verhandelt wurden[1]. In der Beziehbarkeit theologischer Aussagen
auf die Heilsfrage liegt für Gerhard das Maß der Unterscheidung recht
betriebener Theologie von einer abzulehnenden „scholastischen Theologie".

Sodann liegt in der Konsequenz der Statuierung des zum Heil zu
führenden Menschen als Subjekt der Theologie, daß die Heilsfrage als
ein positives Kriterium die innere Struktur der Theologie als Wissenschaft
organisiert, die „Methode" der Theologie bestimmt. Genau hier ist aber
nun der Punkt gegeben, an dem die als Heilslehre verstandene Theologie
mit einer als Lehre von Wesen und Willen Gottes verstandenen Theologie
in Spannung geraten muß. Zabarella hatte in seiner Wissenschaftslehre
den praktischen Disziplinen die vom zu erreichenden Zweck ausgehende
„analytische Methode" vorgeschrieben[2]. In der Einzelausführung va-
riierend ist die analytische Methode von der lutherischen Orthodoxie seit
Calixt in der allgemeinen Grundanschauung übernommen worden, „daß
es sich in der Theologie darum handele, wie das (ewige) Lebensziel (I)
vom homo peccator, sed salvandus et beandus (II) durch die media
salutis (III) erreicht werde"[3]. Gerhard hat die analytische Methode
jedoch nicht angewandt. Er hält an der Loci-Ordnung fest. Nicht aus
Pietät gegenüber der melanchthonischen Tradition oder aus Vorbehalten
gegenüber der analytischen Methode[4]. Auch nicht wegen des methodischen Vorrangs einer Lehre von der Heiligen Schrift als Prinzip der
Theologie – Calixt hat die Lehre von der Schrift als theologische Prinzipienlehre in die Prolegomena seiner Epitome vorgezogen und dann sehr
wohl die analytische Methode gehandhabt[5]. Den eigentlichen Grund für
Gerhards Verzicht auf die in der protestantischen Theologie weithin
schon im Siegeszug befindliche analytische Methode wird man darin zu
erblicken haben, daß Gerhard von Anfang an den Begriff der Theologie

---

[1] Prooemium § 26.   [2] Siehe oben S. 27.   [3] WEBER 1908, S. 28.
[4] TROELTSCH 1891, S. 50, meint, Gerhard habe die analytische Methode sich
nicht angeeignet „aus sehr begreiflichen Gründen, denn diese Methode stellt die
Theologie formell auf eine Linie mit allen methodischen Anweisungen zur Erreichung irgend eines Zweckes, wie z.B. Maschinenbaulehre oder Kochkunst". Nun
hat Gerhard an Maschinenbaulehre und Kochkunst gewiß nicht gedacht, wohl aber
die Theologie ständig mit der Medizin verglichen (vgl. oben S. 51 Anm. 7), aus
welchem Vergleich die Rezeption der analytischen Methode durchaus nahe lag. Ja
zuweilen scheint Gerhard die analytische Methode geradezu zu empfehlen (vgl.
unten S. 57f.). TROELTSCH ist an diesem Punkt kaum Recht zu geben.
[5] Calixt, Epitome theologiae, S. 10ff.

ernst genommen hat in seinem Wortsinn als Lehre von Gott und diesen
Sinn des Theologiebegriffs nach der Weise der Aphorismi succincti[1] nur
an der überlieferten Loci-Ordnung in der Form der Lehre von Wesen und
Willen Gottes zur Geltung bringen konnte, nicht aber an einer nach der
analytischen Methode entworfenen Heilslehre. Der Begriff der Theologie
als der Lehre von Gottes Wesen und Willen hatte in sich selbst schon eine
organisierende Funktion des theologischen Stoffs und war nicht einfach
als inhaltgebendes Prinzip von der Heilsfrage als formgebendem Prinzip
zu unterscheiden. So kommt es, daß die Begriffe der Gotteslehre und
der Heilslehre, in der Unterscheidung von Gott als dem Gegenstand der
Betrachtung und dem Menschen als dem Gegenstand des Wirkens zunächst
sauber verbunden und ineinander verzahnt, auf der Ebene der theologischen Methode miteinander in Streit treten. Auf die Bestimmung des
Menschen als des Subjektes der Theologie mußte, wenn man konsequent
auf der betretenen Ebene der Wissenschaftslehre blieb, die Rezeption der
analytischen Methode folgen. Die lutherische Theologie nach Gerhard
war nur konsequent, wenn sie die analytische Methode so gut wie einhellig übernahm. Sie tat das nicht gegen Gerhard. Schon bei Gerhard
finden sich im Anschluß an die Subjektbestimmung im Prooemium der
Loci ganz deutliche Anklänge an die analytische Methode. Wenn Gerhard
sagt: ,,in theologia, quae spiritualis est medicina, de natura hominis
instituta ac destituta prius agitur, postea media ad finem theologiae,
videlicet hominis reparationem ac salutem ducentia proponuntur‘‘[2], so
empfiehlt er doch geradezu die analytische Methode, obwohl er sie selbst
nicht anwendet.

Daß Gerhard sich die analytische Methode nicht angeeignet hat, erklärt sich aus seiner Fassung des theologischen Themas als Lehre von
Gottes Wesen und Willen. Wenn die lutherische Theologie des 17. Jahrhunderts die analytische Methode in die Theologie einführte, so tat sie
das in Weiterführung des Gedankens vom praktischen Charakter der
Theologie, zugleich aber in Abkehr von der Gerhardschen Thematisierung
der Theologie. Bei Abraham Calov, dem weithin auf Gerhard aufbauenden
Wittenberger Systematiker, ist von der Gerhardschen Auffassung der
Theologie als Lehre von Gottes Wesen und Willen schon keine Rede mehr.
Für Calov faßt sich alles, was in der Theologie verhandelt wird, am besten
zusammen unter dem Namen ,,Religion‘‘[3]. ,,Adaequate vox religionis...

---

[1] Vgl. oben S. 45f. [2] Prooemium § 26.
[3] Isagoge S. 299 ff.

comprehendit omnia, quae in Theologia traduntur."[1] Damit tritt der
Religionsbegriff an die gleiche Stelle, an der bei Gerhard von Wesen und
Willen Gottes als zusammenfassendem Inhalt der Theologie geredet
wurde. In der Unterscheidung zwischen der „Religion" als dem Gegenstand der theologischen Betrachtung und dem zum Heil zu führenden
Menschen als Gegenstand des theologischen Wirkens sind die Spannungen,
die das unausgeglichene Nebeneinander von Gotteslehre und Heilslehre
im Gerhardschen Theologiebegriff auslöste, zugunsten des Begriffs der
Heilslehre neutralisiert[2]. Die Theologie schickt sich an, statt einer Wissenschaft von Gott zu einer Religionswissenschaft, wenn auch zunächst
freilich im Sinn einer streng offenbarungsgläubigen Wissenschaft von der
christlichen Religion, zu werden. Die Vorläufigkeit, mit der Calov den
Begriff der Religion als Themabezeichnung (generale obiectum) der
Theologie aufnimmt – Calov will den Religionsbegriff nur aufnehmen,
bis ein sachgemäßerer Begriff gefunden wird, mit dem die Sache der
Theologie bezeichnet werden kann[3] –, mutet wie eine Ironie der Geschichte an, wenn man auf die Herrschaft des Religionsbegriffs in der
neuprotestantischen Theologie bis hin zur letzten Konsequenz einer
religionswissenschaftlichen Theologie blickt. So bleibt Gerhards Versuch,
die protestantische Schullehre als Lehre von Gott zu entfalten, ein letzter
Versuch, den alten Sinn der Gotteswissenschaft für die von Melanchthon
inaugurierte evangelische Dogmatik zu retten, ein Versuch, der keine
Schule machen konnte und nun umschlägt in die die protestantische
Dogmatik fortan leitende Thematisierung der Theologie als Wissenschaft
von der christlichen Religion.

Muß man in Gerhards Bestimmung des Menschen als des „subiectum"
der Theologie *das* Verhängnis in der Entwicklung des lutherischen Theologiebegriffs sehen? Ist „Anthropologisierung der Theologie" das Stich-

---

[1] Ib. S. 310. Im Systema locorum theologicorum ist zwischen das einleitende
Kapitel „De natura theologiae" und die Lehre von der Offenbarung und der Heiligen
Schrift (Kap. 2 und 3) eingeschoben ein Kapitel „De Obiecto Theologiae generali,
Religione" (Systema I, S. 91–267).

[2] Vgl. die Bestimmung aus Calovs Theologia positiva, 1690, S. 4: Materia, vel
obiectum theologiae, aliud tractationis est, vera scilicet Religio; aliud operationis,
homo nempe peccator, qua perduci debet ad aeternam salutem. Vgl. ib. S. 5, wo
das obiectum tractationis näher bestimmt wird als obiectum generale oder considerationis „una religionis voce comprehensum; quae complectitur res divinitus
revelatus, quatenus percipiendae sunt ad salutem".

[3] Isagoge S. 300.

wort für die Gefahr (KARL BARTH)[1]? Auch die nähere Bestimmung dessen, was bei Gerhard „subiectum" der Theologie heißt, wird den Vorwurf nicht entkräften können, daß durch die Durchführung der These vom praktischen Charakter der Theologie eine verhängnisvolle Verengung der theologischen Thematik sich anbahnt: die christliche Lehre, als welche die Theologie sich versteht, soll begriffen werden als „Seelenmedizin", als eine von Gott als Mittel zum ewigen Leben dem Menschen gegebene Heilslehre. Das bleibt auf jeden Fall eine verhängnisvolle Verkürzung der biblischen und reformatorischen Lehre. Es bleibt aber zu fragen, ob mit dem Stichwort „Anthropologisierung" der Gefahrenpunkt am rechten Ort markiert ist.

In der Anthropologisierung des theologischen Themas wird man gewiß ein wesentliches Unterscheidungsmerkmal der altprotestantischen Orthodoxie von der mittelalterlichen Scholastik zu erblicken haben. Die Orthodoxie kann nicht nur als ein Rückfall in die mittelalterliche Scholastik gewertet werden. Auch der Rückgriff auf die aristotelische Metaphysik und die damit gegebene „kosmologische Grundrichtung" des Denkens[2] hat die anthropologische Grundrichtung, die im 16.Jahrhundert im Humanismus am stärksten aufbrach, nicht einfach verschüttet. Die anthropologische Grundrichtung des Humanismus lebt vielmehr im Aristotelismus des orthodoxen Zeitalters weiter und wirkt als Ferment an dessen innerer Auflösung mit. Zu Pietismus und Aufklärung führt eine wesentliche Linie durch die Orthodoxie hindurch[3]. Das zeigt gerade die Herrschaft der analytischen Methode im Luthertum.

Aber das Stichwort „Anthropologisierung" greift gleichwohl zu kurz. Mag damit zunächst mit Recht eine Eigentümlichkeit protestantischer Lehre gegenüber dem kosmologisch orientierten Ordo-Denken der Scholastik bezeichnet sein, so ist damit doch keineswegs diejenige Entwicklung in den Blick zu bekommen, die sich zwischen der Quelle reformatorischer Theologie, der Theologie Luthers, und der altprotestantischen Orthodoxie vollzogen hat. Gegenüber der theologischen Thematik, die sich im Subjektbegriff des Thomas aussprach[4], muß man doch schon bei Luther von einer Anthropologisierung der Theologie sprechen, wenn er zum Thema

---

[1] KD I, 1 S.19.

[2] HÄGGLUND S. 38 ff. Vgl. WUNDT 1939, S. 276.

[3] Es ist doch gerade das humanistische Helmstedt, über das das Luthertum die aristotelische Metaphysik (Cornelius Martini) und die analytische Methode (Calixt) kennengelernt hat.

[4] Vgl. oben S. 14 ff.

der Theologie den sündigen Menschen und den rechtfertigenden Gott erklärt[1]. Der Unterschied zwischen Gerhard und Luther in der Bestimmung der theologischen Thematik ist also nicht schon vom Stichwort „Anthropologisierung" her zu erfassen, weil Gerhard in der anthropologischen Fassung des theologischen Themas durchaus bei Luther steht. Wo aber liegt dann der Unterschied zwischen Gerhards und Luthers Theologiebegriff?

Wir vergleichen Luthers und Gerhards Subjektbestimmung der Theologie. Für Luther ist Gegenstand der Theologie der „homo peccati reus ac perditus et Deus iustificans ac salvator hominis peccatoris"[2]. Für Gerhard ist es der „homo, quatenus ad aeternam beatitudinem est perducendus". Von einer einseitig anthropologischen Verkürzung der theologischen Themastellung Luthers kann man nun aber deshalb nicht sprechen, weil Gerhards Statuierung des zum Heil zu führenden Menschen als theologisches Subjekt ihr Gegengewicht hat in der inhaltlichen Thematisierung der Theologie als Lehre von Gottes Wesen und Willen. Was unterscheidet Gerhard von Luther? Bei Gerhard bricht die von Luther im theologischen Subjektbegriff als Einheit begriffene Beziehung Gottes zum Menschen auseinander in die Zweiheit von subiectum considerationis und subiectum operationis. Es scheint zunächst aus der lutherischen Subjektbestimmung der Theologie nichts Wesentliches verlorengegangen zu sein: Es geht in der Theologie nach Gerhard um Gott (Lehre von Gottes Wesen und Willen) und in einem damit um das Heil des Menschen (Lehre, durch die der Mensch zur Seligkeit geführt wird). Aber in dieser Verteilung dessen, was in Luthers Subjektbegriff zusammengenommen ist, in der Verteilung von Gott und Mensch auf zwei unterschiedliche Subjektbegriffe geht gerade das verloren, was die Eigenart der lutherischen Subjektbestimmung ausmacht: daß Gott und Mensch in die Einheit eines Geschehens verbunden sind. Es fehlt bei Gerhard das Wörtchen „und" aus der lutherischen Formel vom sündigen Menschen *und* rechtfertigenden Gott. Das Wörtchen „et" in der Formel „homo peccati reus ac perditus *et* Deus iustificans" hat ja keineswegs die Funktion einer Aufzählung oder Kopulation von zwei gegenständlichen Größen, wie man etwa von einem Tisch und einem Schrank reden könnte, sondern dieses „et" nimmt Gott und Mensch zusammen in die Einheit des in der Theologie thematisch werdenden Rechtfertigungsgeschehens. Durch dieses „und" ist der Bereich metaphysisch substantiellen Gegen-

---

[1] Vgl. oben S. 18f.   [2] Vgl. oben S. 18f.

standsdenkens verlassen und der Theologie die Geschichte, deren Wirklichkeit nicht die Dinge (res), sondern das sich zwischen Personen ereignende Geschehen ist, als Gegenstandsbereich eröffnet. Das „und" in der lutherischen Formel vom homo peccator et Deus iustificans kann man darum geradezu als eine das Wesen der Geschichte zur Erscheinung bringende Kategorie begreifen. Wenn bei Gerhard dieses „und" verlorengegangen ist, so ist das nicht etwa belanglos, sondern ein Symptom dafür, wieweit der von Luther eröffnete Raum der Geschichte wieder verlassen und die Theologie in gegenständliches Denken zurückgefallen ist. Die für Luthers Theologiebegriff konstitutive Beziehung zwischen rechtfertigendem Gott und sündigem Menschen ist bei Gerhard in die am metaphysischen Gegenstandsbegriff orientierte Zweiheit von Gott und Mensch auseinandergebrochen, so daß Gott und Mensch zunächst isoliert ins Blickfeld der Theologie treten und ihre in der Theologie dann speziell thematisch werdende Beziehung gedacht wird erst aus der vorausgesetzten gegenständlichen Zweiheit beider. Der Unterschied zwischen Gerhards und Luthers Gegenstandsbestimmung der Theologie und damit die Verschiedenheit des Theologiebegriffs beider wird darum so zu kennzeichnen sein, daß in der Orientierung an der aristotelischen Wissenschaftslehre und dem mit dieser unlöslich verbundenen metaphysischen Gegenstandsbegriff die Theologie bei Gerhard aus dem durch die lutherische Subjektbezeichnung eröffneten Raum der Geschichte zurückweicht in den Bezirk metaphysischer Gegenständlichkeit. Die Theologie gibt den Raum der Geschichte auf – deshalb muß sie der anthropozentrischen Grundtendenz des Humanismus anheimfallen, die mit der analytischen Methode in die lutherische Theologie einbricht.

Daß dieses Abgleiten von der Geschichtlichkeit des lutherischen Theologiebegriffs bei Gerhard nicht willkürlich ist, sondern in der Folgerichtigkeit einer Entwicklung steht, deren Anfänge man seit Albrecht Ritschl bei Melanchthon zu sehen gelernt hat, ist hier nicht noch im einzelnen zu entfalten. Der direkte Vergleich zwischen Gerhards und Luthers Subjektbestimmung der Theologie kann aber deutlich machen, daß die von Luther zu Gerhard führende Entwicklung mit dem Stichwort „Anthropologisierung" nicht zureichend erfaßt ist, sondern daß das Entscheidende in der durch die Rezeption der aristotelischen Wissenschaftslehre und Metaphysik definitiv werdenden Entgeschichtlichung und Vergegenständlichung der theologischen Thematik zu erblicken ist[1].

---

[1] In den Rahmen der Entgeschichtlichung des theologischen Themas wird man

C. Theologie als habitus ϑεόσδοτος

Theologie ist doctrina de Deo ac rebus divinis oder, wie die den praktischen Charakter der Theologie betonende Schlußdefinition des Prooemium lautet, sie ist die aus dem Worte Gottes gebildete doctrina, durch
die die Menschen in wahrem Glauben und frommen Leben zum ewigen
Leben erzogen werden[1]. Diese unmittelbare Gleichsetzung von Theologie
und doctrina, Dogmatik und christlicher Lehre, ist für modernes pro-
testantisches Denken auffällig. Heutige Dogmatik versteht sich als
„Wissenschaft von der christlichen Lehre"[2] oder, soweit die Dogmatik
in ihrer kirchlichen Funktion als ein Modus der christlichen Lehre betrachtet wird, als „sozusagen Lehre zweiten Grades: Lehre von der
rechten Lehre"[3]. Die in der kirchlichen Verkündigung jeweils geschehende
Lehre wird dabei als der spezifische Sachgegenstand der dogmatischen
Wissenschaft, als die der Dogmatik vorgegebene „Sache" angesehen und
gerade darin von dieser unterschieden[4].

Diese die neuere protestantische Theologie durchziehende Unterscheidung von Theologie und Lehre, die parallel läuft zu der seit der Aufklärung allgemein werdenden Unterscheidung von Theologie und Glaube,
ist Gerhard noch fremd. Der Begriff der doctrina ex verbo Dei exstructa
meint nicht den Gegenstand oder die vorgegebene Sache der Theologie,
sondern die Theologie selbst. In gleicher Weise kann doctrina auch den
Glauben selbst bezeichnen, nicht seinen Inhalt oder Gegenstand[5]. In der

---

auch H. E. WEBERS Hervorhebung der „orthodoxen Rationalisierung" der Theologie
stellen müssen. Vgl. Reformation, Orthodoxie und Rationalismus II, S. XVIII.

[1] Prooemium § 31. Siehe oben S. 43.

[2] EMIL BRUNNER, Die christliche Lehre von Gott, Dogmatik Band 1, 1946, S. 5.
Vgl. KARL BARTH, KD I, 2 S. 857: „Arbeit und Bemühung der Kirche um die
Reinheit ihrer Lehre."

[3] BRUNNER aaO S. 93; vgl. S. 90.

[4] BRUNNER aaO S. 5: „Die Sache aber ist immer vor der Wissenschaft von der
Sache. Darum, weil diese ‚Sache', die christliche Lehre, da ist, gibt es diese Wissenschaft von der Sache, die Dogmatik." Die Bestimmung des Verhältnisses von dogmatischer Theologie und christlicher Lehre als das von Wissenschaft und vorgegebener
Sache ist zur Stelle bereits in Schleiermachers Definition der dogmatischen Theologie, nach der diese „die zusammenhängende Darstellung der Lehre, wie sie zu
einer gegebenen Zeit... in der Kirche... geltend ist" (Kurze Darstellung des theologischen Studiums § 97) und als solche „geschichtliche Kenntnis des gegenwärtigen
Momentes" der kirchlichen Lehre (ib. § 81) „ihrem Inhalt nach ein Teil der neueren
Geschichtskunde" ist (ib. § 69).

[5] Prooemium § 4, siehe oben S. 43. Vgl. auch Calixt, Epitome, Einleitung S. III:
Neque vero quis miretur, fidem a nobis doctrinam appellari...

Gleichsetzung des doctrina-Begriffs mit der fides und der cognitio accuratior der göttlichen Geheimnisse[1] kann unter doctrina nicht eine vorgegebene und erst zu erkennende „Lehre" gemeint sein. Doctrina meint hier offenbar den Zustand der Erkenntnis, der aus einem Belehrtwerden folgt, sozusagen den Effekt der Belehrung. Besser als mit „Lehre" wäre also doctrina mit „Gelehrtheit" oder „Gelehrsamkeit" wiederzugeben. Diese nicht auf den Akt des Lehrens oder den Inhalt der Lehre, sondern auf den Zustand des Belehrtseins weisende Bedeutung von doctrina im Sinne der „Gelehrsamkeit" ist dem Wort von alters eigen[2] und auch in der kirchlichen Tradition gebräuchlich[3]. Die in Pietismus und Aufklärung beliebte Verdeutschung von Theologie in „Gottesgelehrtheit" scheint eine sachgemäßere Übersetzung von doctrina de Deo zu sein als etwa die Übersetzung durch „Lehre von Gott".

Aber ist die altprotestantische Orthodoxie nicht die Zeit des erbitterten Kampfes um die „reine Lehre", die in der Heiligen Schrift genugsam enthalten nach der Richtschnur der lutherischen Bekenntnisschriften bewahrt und weitergegeben werden muß? Ist für die Orthodoxie die von der Reformation wieder ans Licht gebrachte „reine Lehre" nicht der kostbare Schatz, den der einzelne Theologe in der Darstellung der Loci oder später im „Systema" nachbildend gestalten und mit der Klarheit des Begriffs durchdringen kann, der ihm aber gleichwohl immer vorgegeben bleibt und deshalb sein Sein nicht in der Gelehrsamkeit des Theologen, sondern vor und außer ihm in der Heiligen Schrift und der sich allein auf die Schrift gründenden Kirche hat? Wenn Melanchthon von der „doctrina a Deo tradita" sprach und in den Loci eine „explicatio dogmatum Ecclesiae" geben wollte[4], so war die doctrina doch als die dem minister verbi objektiv in der Kirche vorgegebene Lehre verstanden, nicht aber als Gelehrsamkeit des Theologen. Wenn der Theologe oder – melanchthonisch gesprochen – der kirchliche Lehrer ein Wächter und Beschützer der reinen Lehre sein soll[5], der gegenüber er sich in der Weise des inquirere, amplecti, sequi, retinere und recitare zu verhalten hat[6], um der gegenwärtigen Kirche wie der Nachwelt die reine Lehre

---

[1] Siehe oben S. 41. [2] Vgl. die lateinischen Lexika unter doctrina.

[3] So gebraucht Augustin das Wort doctrina u. a. in der Bedeutung von Gelehrsamkeit, siehe R. LORENZ, Die Wissenschaftslehre Augustins, ZKG 67 (1956), S. 46 Anm. 75.

[4] SA II, 1 S. 165 = CR 21, 602. [5] SA II, 1 S. 167 = CR 21, 604.

[6] Mit diesen Verben beschreibt Melanchthon am Eingang der Loci von 1559

unverfälscht zu überliefern[1], so war die doctrina doch ganz unter dem Gesichtspunkt einer dem theologischen Erkennen vorgegebenen Objektivität beschrieben worden, nicht als diese Erkenntnis selbst.

Es wäre jedoch voreilig, den melanchthonischen doctrina-Begriff zum Maßstab dessen zu nehmen, was bei Gerhard doctrina heißt. Mit dem Abstoßen des melanchthonischen Traditionalismus und der daraus folgenden Aufgabe des Begriffs der doctrina Ecclesiae[2] wird nicht nur eine akzidentielle Bestimmung des doctrina-Begriffs gestrichen, sondern der doctrina-Begriff selbst in seinem Sein verändert. Es wird bei Gerhard durch die Ausschaltung der Kirche aus dem Lehrbegriff das ganze Schema einer primär vorgegebenen doctrina der Kirche und der diese doctrina nur wiederholenden doctrina des einzelnen minister verbi aufgehoben. Standen bei Melanchthon die Heilige Schrift, die Verkündigung der Kirche und die wissenschaftliche Lehre unter der einen Kategorie der doctrina Ecclesiae, so daß die Kirche gleichsam der eine Ort war, an dem Heilige Schrift, Verkündigung und Lehrwissenschaft anzutreffen und von wo aus sie in ihren aufeinander bezogenen unterschiedlichen Funktionen zu bestimmen sind, so ist bei Gerhard der melanchthonische Gedanke von der Kirche als dem Ort der reinen Lehre bei der Bestimmung des Lehrbegriffs aufgegeben. Die Heilige Schrift und die theologische Erkenntnis sind zwei Größen, die ohne Vermittlung und Zwischenbestimmung unmittelbar aufeinander bezogen werden, dabei aber nicht mehr wie bei Melanchthon unter eine Kategorie zu bringen sind. Die Heilige Schrift ist für die Theologie nach Gerhard nicht als Kompendium der doctrina, sondern als Prinzip der doctrina konstitutiv[3]. Mit dem

---

(Epistola ad lectorem und Praefatio) die Weisen des theologischen Bemühens um die doctrina Ecclesiae, SA II, 1 S. 165–172 = CR 21, 601–607.

[1] SA II, 1 S. 167 = CR 21, 604.   [2] Siehe oben S. 23ff.

[3] Genauer: als Erkenntnisprinzip. Gerhard unterscheidet zwischen dem Seinsprinzip und dem Erkenntnisprinzip der Theologie. Jenes ist Gott, dieses die Heilige Schrift als das verbum Dei scriptum: Scripturam sacram dicimus esse unicum et proprium theologiae principium. Ubi tamen observandum, non de essendi, sed de cognoscendi principio hic agi. Deus est principium essendi, et causa theologiae prima... sed principium cognoscendi in theologia est Dei verbum. (Prooem. § 19). Es ist zu beachten, daß die Heilige Schrift, weil sie Prinzip der Theologie ist, nicht mit der Theologie vermischt und also nicht selbst als Theologie begriffen werden darf. Hier wußte man sich auf lutherischer Seite im Gegensatz zu einer bestimmten, zur thomistischen Prinzipienlehre zurücklenkenden Richtung in der reformierten Theologie. Calov, Systema I, S. 2, wirft dem Reformierten Sohnius Vermischung des Wortes Gottes mit der Theologie vor: ipsum Dei verbum, quod principium est

Wegfall der Kirche als Ort der doctrina wird die doctrina nun in dem
das göttliche Wort der Schrift erkennenden Menschen angeschaut: die
menschliche Seele wird zum Ort der doctrina. Das Sein der doctrina
kann bei Gerhard nicht mehr als Sein in der Kirche, sondern nur noch
als Sein in der Seele des Menschen bestimmt werden. So tritt die Rede
von der Theologie als einem menschlichen habitus in den Vordergrund,
worin die gesamte ältere lutherische Theologie von Gerhard bis Hollaz
in der Definition des Theologiebegriffs übereinstimmt[1].

1. Theologie als habitus

Daß die Theologie ein habitus animae sei, ist ein über die Klärung des Wortsinnes
hinausgehendes, das Sein der Theologie betreffendes Urteil, das im zweiten, umfang-
reicheren Teil des Prooemium, der „Pragmatologie", zur Sprache kommt. Die
Pragmatologie hat die Erkenntnis des Seins (natura) der Theologie zur Aufgabe.
Sie löst diese Aufgabe, indem sie ihren Gegenstand als ein wirklich Seiendes im
Sinne der Metaphysik (ens reale) vorstellt und mit Hilfe der Begrifflichkeit der
Metaphysik auf seine einzelnen Seinsbestimmungen hin befragt. Die Erkenntnis
vollendet sich in der Definition, auf die die Pragmatologie hinzielt und mit der sie
abschließt[2]. Definitio fit per genus proximum et differentiam specificam. Danach
bestimmt sich die Ordnung der Pragmatologie des Prooemium. Gerhard fragt zunächst nach dem Genus der Theologie[3]. Hierauf schiebt Gerhard einen Abschnitt
„de divisione theologiae" ein[4], in dem in der Form einer Begriffspyramide alle
„Theologien", die natürliche Theologie und die übernatürliche Theologie, die theologia beatorum und die theologia viatorum hergeleitet werden aus der die Spitze
der Pyramide bildenden ungeschaffenen und essentiellen theologia ἀρχέτυπος, durch
die sich Gott selbst erkennt. Dieser Abschnitt ist für die abschließende Realdefinition
nicht direkt von Bedeutung, führt aber eine Betrachtung des Theologiebegriffs ein,

---

Theologiae... male confunditur a Sohnio cum ipsa Theologia. (Zu der hier an-
gegriffenen reformierten Anschauung siehe ALTHAUS, 1914, S. 230ff.). Ist also auf
der Erkenntnisebene unserer Theologie keine andere Theologie vorgegeben, sondern
allein das Wort Gottes, das unableitbar ist und nicht Lehnsätze aus einer himmlischen
Theologie vermittelt (vgl. dagegen die Prinzipienlehre des Reformierten Polanus
bei ALTHAUS, S. 232ff.), so bleibt auf der von Gerhard hiervon unterschiedenen
Seinsebene in merkwürdiger Unausgeglichenheit die Vorgegebenheit einer theologia
ἀρχέτυπος Gottes, von der alle menschliche Theologie als theologia ἔκτυπος „quaedam
ἀπορροὴ καὶ ἀπαύγασμα" ist. „Ἔκτυπος enim theologia est ex priori quasi expressa et
efformata per gratiosam communicationem" (Prooem. § 15). Das Vordringen dieser
zweiten Betrachtungsweise in den Prolegomena der späteren Orthodoxie dürfte ein
Zeichen sein für das Erweichen der Konstituierung der Theologie durch das Wort
Gottes.

[1] Vgl. GASS, Geschichte der protestantischen Dogmatik I, S. 232ff.
[2] Siehe oben S. 30.   [3] Prooemium § 8–12.   [4] Ib. § 13–17.

die in der Folgezeit innerhalb der lutherischen Theologie immer stärker ausgebaut wird[1]. Schließlich werden die spezifischen Eigenarten der zur Rede stehenden Theologie herausgestellt mit Hilfe des aristotelischen Schemas der vier ein einzelnes Seiendes konstituierenden causae (causa efficiens, materia, forma, finis)[2], woran sich noch die Erörterung über den effectus, das obiectum und die adiuncta der Theologie anschließen[3].

Das Bemühen um eine sachgerechte Definition der Theologie führt vor die Frage nach dem Genus der Theologie. Gerhards Antwort hierauf lautet: Ihrem Genus nach ist die Theologie am ehesten zur Weisheit (sapientia) zu zählen, absolut betrachtet aber ist sie überhaupt nicht Spezies eines allgemeinen Genus, sondern ein habitus $\vartheta\varepsilon\acute{o}\sigma\delta o\tau o\varsigma$[4]. Die Rede von der Theologie als einem habitus ist zunächst in ihrem Sinn zu bedenken.

Der Begriff des habitus (griechisch $\H{\varepsilon}\xi\iota\varsigma$) stammt aus der aristotelischen Philosophie. Aristoteles unterscheidet bei dem, was in der Seele geschieht ($\tau\grave{\alpha}\,\grave{\varepsilon}\nu\,\tau\tilde{\eta}\,\psi\nu\chi\tilde{\eta}\,\gamma\iota\nu\acute{o}\mu\varepsilon\nu\alpha$), dreierlei: $\pi\acute{\alpha}\vartheta\eta,\delta\nu\nu\acute{\alpha}\mu\varepsilon\iota\varsigma$ und $\H{\varepsilon}\xi\varepsilon\iota\varsigma$[5]. Melanchthon hat, nachdem bereits die Scholastik den habitus-Begriff aufgegriffen hatte[6], in seiner Dialektik diese aristotelische Dreiteilung schematisch übernommen in der Form von drei „species qualitatis animi": affectus, potentiae naturales und habitus[7].

Was ist ein habitus? Melanchthon definiert ihn als eine durch häufige Handlungen im Menschen zustandekommende Beschaffenheit (qualitas), die dazu befähigt, bestimmte Handlungen, wann immer man will, leicht und richtig auszuführen; so ist die Malkunst ein habitus, der aus der Gewöhnung andauernder Übung allmählich sich im Maler bildet und diesen dann wiederum befähigt, leichter und sicherer als Ungeübte das von seinem Geist Geschaute in die Linien des Bildes umzusetzen[8]. Man

---

[1] Vgl. Calov, Isagoge ad SS. Theologiam, 1652, De distinctione Theologiae nominali in veram et falsam, archetypam et ectypam (S. 21–121!).

[2] Prooemium § 18–26.   [3] Ib. § 27–29.

[4] Ib. § 10: Fatemur sane, si genus quoddam ex habitibus intellectualibus ab Aristotele enumeratis theologiae tribuendam, inter omnes sapientiam ad eius naturam proxime accedere, interim si absolute consideretur, rectius definitur per habitum $\vartheta\varepsilon\acute{o}\sigma\delta o\tau o\nu$, quam per genus ex habitibus intellectualibus Aristotelicis desumtum.

[5] Nikomachische Ethik B 4, 1105 b 20.

[6] Vgl. Thomas von Aquin, S. th. 1 II q 49 sqq., wo der habitus-Begriff ausführlich erörtert wird.

[7] CR 13, 534.

[8] „Habitus, Graece $\H{\varepsilon}\xi\iota\varsigma$, est qualitas comparata ex crebris actionibus in hominibus,

kann habitus also am besten mit Fertigkeit oder Geschicklichkeit übersetzen[1].

Habitus gibt es nur in den rationalen Kreaturen[2]. Eingeteilt werden
sie in habitus corporis und habitus animae, letztere wiederum zerfallen
in habitus intellectus und habitus voluntatis[3]. Von Bedeutung sind nur
die seelischen habitus. In Entsprechung zu der von Aristoteles getroffenen
Unterscheidung von dianoetischen und ethischen Tugenden[4] wird, wie
schon in der Scholastik, auch von Melanchthon der habitus-Begriff zur
Erfassung der intellektuellen Geistesfertigkeiten scientia, ars, prudentia
und fides gebraucht[5], ebenso zur Erfassung der Fertigkeiten des Willens,
das heißt für Tugenden (virtutes) und Laster (vitia)[6].

Ontologisch betrachtet ist der seelische habitus eine „qualitas animae",
als qualitas also nichts für sich Existierendes, sondern etwas, das in einem
anderen existiert: der habitus ist Akzidenz der menschlichen Seele. Sofern
von der qualitas gilt, daß sie die Form ist, durch die eine Substanz
wirkt[7], ist ein habitus animae im Sinne der alten Schullehre als eine
akzidentielle Form der menschlichen Seele zu begreifen.

War der habitus-Begriff zunächst aus Melanchthons Dialektik der
lutherischen Theologie überkommen, so wird er doch erst um 1600 mit
dem Einfluß der neuaristotelischen Wissenschaftslehre Zabarellas für den
Theologiebegriff von Bedeutung. Es ist ein Hauptzug der Wissenschaftslehre Zabarellas, daß sie den habitualen Charakter der Wissenschaften
betont[8]. Scientia und ars, die beiden bei Zabarella einzigen Arten wissenschaftlicher Disziplinen, sind nicht als ein System von Sätzen und Regeln
außerhalb der menschlichen Seele zu betrachten, sondern als in der Seele
existierende „habitus animae"[9]. Das Wort scientia behält in der Bedeutung von wissenschaftlicher Disziplin somit die Bedeutung von „Wis-

---

qua recte et facile homines efficere illas actiones possunt, quae a suo habitu guber-
nantur et iuvantur, ut, in Luca pictore ars pingendi est habitus, didicit pingere
Lucas, et postquam manus assuefacta est, facilius et certius pingit eas lineas, quas
mens intuetur et pingere iubet, quam alii rudes pingerent." CR 13, 535.

[1] Die Begriffe „Fertigkeit" und „Geschicklichkeit" finden sich häufig in älteren
deutschsprachigen Definitionen der Theologie.

[2] CR 13, 535.   [3] CR 13, 536.   [4] Nikomachische Ethik A 13, 1103a 3ff.

[5] CR 13, 536ff.   [6] CR 13, 538.

[7] „Qualitas est forma, per quam substantia est efficax": CR 13, 534.

[8] HÄGGLUND S. 48.

[9] Ib. S. 47. Dort zitiert HÄGGLUND Anm. 6 das Wort Zabarellas: Scientiae itaque
et artes omnes in animo considerandae sunt, tanquam in subiecto primo...

5*

sen" bei[1], entsprechend ars die von „Können". Für Gerhard ist damit eine Wissenschaftslehre maßgebend, die das Sein der Wissenschaft als eine geistige Form der menschlichen Seele zu begreifen sucht.

Im Horizont dieser Wissenschaftslehre wird von Gerhard das Sein der Theologie, die als doctrina de Deo und als doctrina salutis verstanden ist, bestimmt. Die Theologie ist ihrem Sein nach ein habitus animae; sie ist nicht als ein System, als in einem Buch stehendes Lehrgebäude, sondern als akzidentielle Form der menschlichen Seele, als eine Fertigkeit oder Geschicklichkeit des menschlichen Geistes zu betrachten[2]. Daß diese Fertigkeit eine praktische Fertigkeit ist, die nicht im bloßen Erkennen ihres Erkenntnisgegenstandes, als welchen Gerhard Gottes Wesen und Willen bestimmt hat, sondern im Praktisch-werden-Können dieser Erkenntnis auf den Zweck der Hinführung des Menschen zur ewigen Seligkeit hin ihren Grund hat, ergibt sich aus dem, was früher über Gerhards Bestimmung des praktischen Charakters der Theologie gesagt wurde und braucht hier nicht noch im einzelnen entfaltet zu werden[3].

Charakteristisch für Gerhard ist nun aber die Weise, in der in Anlehnung an Zabarellas Wissenschaftslehre der doctrina-Begriff habitual zu erfassen gesucht wird. Verglichen mit späteren Bestimmungen auf lutherischer und auch auf reformierter Seite ist Gerhards habituale Fassung des doctrina-Begriffs beachtenswert. Calov sucht zwischen theologischem habitus und doctrina bereits wieder zu differenzieren, indem er die Betrachtung der Theologie als habitus „essentialis", die als doctrina nur „accidentialis" nennt[4]. Die Gerhardsche Identifikation des von Melanchthon überlieferten doctrina-Begriffs mit dem Theologiebegriff wird hier wieder gelöst. Calov schreibt bei der Definition der Theologie vor, daß diese „essentialiter ut habitus, non ut doctrina... definiri debet"[5]. Umgekehrt kann auf reformierter Seite betont werden, daß die Theologie als doctrina, nicht als habitus definiert werden muß[6]. Gerhard dagegen hat in seiner zweifachen Definition der Theologie weder dem doctrina-Begriff noch dem habitus-Begriff den Vorrang gegeben, sondern beide für gleich sachgemäß zur Definierung der Theologie gehalten. Wenn spätere lutherische

---

[1] HÄGGLUND S. 47.

[2] Vgl. Calov, Isagoge S. 218: „Quod theologia consideranda sit non prout in libro est significative, sed prout in animo est subiective."

[3] Siehe oben S. 51 ff.   [4] Isagoge S. 20 f.   [5] Isagoge S. 21.

[6] J. Wolleb, Compendium theologiae, Oxoniae 1657, S. 1: Theologia Christiana est doctrina de Deo... Theologia hoc loco non ut habitus in intellectu residens sed ut praeceptorum systema consideratur ideoque per doctrinam definitur."

Definitionen die Theologie als habitus und nicht als doctrina bestimmen wollen, reformierte Definitionen mit Vorzug als doctrina und nicht als habitus, so sieht Gerhard in den Kategorien doctrina und habitus noch keine Alternative. So liefert auch die zweifache Definition der Theologie als doctrina und als habitus nicht zwei verschiedene Theologiebegriffe in der Weise, in der man im 18. Jahrhundert von einem objektiven und einem subjektiven Theologiebegriff reden konnte[1], sondern bringt aus unterschiedlichen Betrachtungsrichtungen, von denen die eine (systematice et abstractive considerata) aus dem Raum des melanchthonischen doctrina-Begriffs, die andere (concretive et habitualiter) aus der habitualen Wissenschaftslehre stammt, die Theologie als *ein* Seiendes zur Sprache.

Wenn die als doctrina ex verbo Dei exstructa definierte Theologie verstanden ist als ein habitus der menschlichen Seele, so ist der hier gemeinte Sinn von doctrina mit unserem Wort „Lehre" nicht zutreffend wiedergegeben. Lehre im Sinne neuzeitlicher Wissenschaft hat ihr Sein im Satz, im vom lehrenden und erkennenden Subjekt unterschiedenen, einen objektiven Sachverhalt allgemein formulierenden Lehrsatz. Entsprechend versteht man unter christlicher Lehre zumeist den Inbegriff der in der Kirche den Gläubigen zur Annahme vorgelegten Glaubenssätze oder Dogmen. Gerhards Begriff der doctrina ex verbo Dei exstructa wird aber mißverstanden, wenn man ihn als einen außerhalb des erkennenden Subjekts zu betrachtenden Inbegriff von erst anzueignenden Offenbarungswahrheiten versteht. Diesem objektivistischen Mißverständnis des doctrina-Begriffs korrespondiert leicht ein psychologistisches Mißverständnis des Glaubensbegriffes, das das in der fides enthaltene Moment der notitia im Sinne eines als psychischen Akt verstandenen formalen Erkenntnisbegriffs interpretiert, dessen Gegenstand eben jene doctrina ist. Für Gerhard ist aber die notitia fidei kein bloß formaler Erkenntnisbegriff, sondern Kategorie für das im Glauben gegebene Wissen; statt von Erkenntnis wäre besser von „Kenntnis" des Glaubens zu reden. So wenig der Begriff der notitia fidei aus der Perspektive des neuzeitlichen Erkenntnisbegriffs interpretiert und im Schema Subjekt – Objekt als Akt

[1] J. S. Semler, Versuch einer freiern theologischen Lehrart, Halle 1777, S. 1, unterscheidet zwischen einem „richtigen Begriff" der christlichen Theologie, wonach sie „Geschicklichkeit... die christlichen Wahrheiten... zu empfehlen..." ist, welchen Begriff er als „subjective ausgedrückt" bezeichnet, von einem nur anmerkungsweise genannten „objektiven" Theologiebegriff, der als „Inbegriff oder Inhalt gelehrter Kenntnisse, welche einem Lehrer der christlichen Religion unentbehrlich sind" (ib. S. 2) bestimmt wird.

des erkennenden Bewußtseins einer Lehre als erst zu erkennendem Glaubensgegenstand gegenübergestellt werden darf, da er vielmehr die in der Form des Wissens vollzogene Einheit des Erkennenden und seines Gegenstandes beschreibt[1], so wenig darf nun auch der die Theologie definierende Begriff der doctrina als ein von der Erkenntnis isolierter, einem subjektiven Erkennen in purer Gegenständlichkeit vorgegebener objektiver Lehrbegriff verstanden werden. Theologie, doctrina ex verbo Dei exstructa, ist bei Gerhard kein vom erkennenden Subjekt abgetrennter Inbegriff von Glaubenssätzen, sondern wie jede Wissenschaft und jede Kunstfertigkeit ein habitus, eine Form menschlichen Bewußtseins. Der Begriff der doctrina beschreibt diejenige Form der göttlichen Wahrheit, die diese in der Erkenntnis des Menschen gewinnt[2]. Noch unberührt von der modernen, von der vorausgesetzten Trennung von erkennendem Subjekt und zu erkennendem Objekt ausgehenden Frage nach der Möglichkeit der Erkenntnis beschreibt der doctrina-Begriff die als Zuständlichkeit gefaßte Wirklichkeit der Kenntnis des göttlichen Wortes in der Seele des Menschen. Die Gleichsetzung von doctrina mit „notitia" und „cognitio" muß von hieraus verstanden werden[3]. Nicht der neuzeitliche, sondern der aristotelische Erkenntnisbegriff, der nicht von der Frage der Möglichkeit der Erkenntnis ausgeht, sondern die in der wirklichen Erkenntnis vollzogene „Identität zwischen Erkennen und Sache" nur a posteriori analysiert und Sein und Erkennen nicht auseinanderreißt[4], steht im Hintergrund des Gerhardschen doctrina-Begriffs.

Theologie ist ein menschlicher habitus, doctrina de Deo eine Form des menschlichen Geistes. Diese habituale Fassung des doctrina-Begriffs macht es notwendig, Gerhards als doctrina de Deo explizierten Theologiebegriff mit „Gottesgelehrtheit" zu übersetzen im Sinne einer Gelehrsamkeit von Gott, nicht aber mit „Lehre von Gott" im Sinne eines formulierten Lehrsystems. Man wird freilich zu erinnern haben, daß nicht nur das lateinische Wort doctrina, sondern auch das deutsche Wort Lehre ursprünglich die Bedeutung „Gelehrsamkeit" miteinbegreift[5]. „Weisheit, ler, vernunft" – diese drei können dem Menschen als Tugenden zu-

[1] Vgl. HÄGGLUNDs Ausführungen über den Unterschied zwischen der aristotelischen und der modernen Erkenntnislehre, aaO S. 41–45.

[2] Vgl. oben S. 42.

[3] Zur Gleichsetzung von doctrina und notitia siehe oben S. 33ff. (Glaubenserkenntnis als Theologie); zur Gleichsetzung mit cognitio siehe oben S. 41ff.

[4] Vgl. HÄGGLUND S. 42.

[5] Grimm, Deutsches Wörterbuch, 6. Band 1885, Sp. 558.

geschrieben werden[1]. Denkt man an diesen alten, eine menschliche Qualifikation bezeichnenden Sinn von Lehre, so wird man den Gerhard-schen Theologiebegriff auch noch als „Lehre von Gott" verstehen und darin die von Gerhard hervorgehobene Nähe der Theologie zur Weisheit[2] mitanklingen hören können. Allein der heutige Sprachgebrauch differen-ziert zwischen Gelehrsamkeit und Lehre wie zwischen subjektiver Form und objektivem Inhalt. So kann allein die Übersetzung der Theologie mit „Gottesgelehrtheit" zum Ausdruck bringen, was das habituale Ver-ständnis des Theologiebegriffs besagt: daß die Theologie ihr Sein nicht im formulierten Glaubenssatz hat, sondern im erkennenden Geist des einzelnen Menschen. Doctrina de Deo ist kein Lehrsystem, sondern das im Glauben gegebene Wissen von Gott, das in der ausgebildeten Form der theologischen Wissenschaft (cognitio accuratior) habitual als Gottes-gelehrsamkeit verstanden wird. Der orthodoxe Kampf um die „reine Lehre" zeigt sich aus der Sicht des Gerhardschen Theologiebegriffs als ein Kampf um den reinen Glauben, nicht als ein Kampf um die Be-wahrung der evangelischen Kirchenlehre. Ein Vergleich der Struktur des Gerhardschen mit dem melanchthonischen doctrina-Begriff ist von hier aus geboten. Zuvor muß jedoch der Sinn der Gerhardschen Formel von der Theologie als einem „habitus θεόσδοτος" dargelegt werden.

2. Theologie als habitus θεόσδοτος

Theologie ist zu begreifen als ein habitus, als eine akzidentielle Form des menschlichen Geistes[3]. Diese Bestimmung reicht jedoch nicht aus, da es eine Vielzahl möglicher habitus gibt[4]. Es muß also gefragt werden, ein habitus welcher Art die Theologie ist.

Gerhards Antwort lautet: Will man die Theologie in der Orientierung an der aristotelischen Aufzählung der intellektuellen habitus bestimmen, so kommt ihrem Wesen die Weisheit (sapientia) am nächsten[5]; wenn man sie aber absolut betrachtet, so wird die Theologie richtiger als ein habitus θεόσδοτος definiert als durch ein aus den aristotelischen habitus genomme-nes Genus[6].

---

[1] So im Narrenschiff des Sebastian Brant, siehe Grimm aaO.
[2] Prooemium § 10: Fatemur sane, si genus quoddam ex habitibus intellectualibus ab Aristotele enumeratis theologiae tribuendum, inter omnes sapientiam ad eius naturam proxime accedere.
[3] Vgl. oben S. 66f.   [4] Vgl. oben S. 67.   [5] Siehe Anm. 2.
[6] Prooemium § 10: interim si absolute consideretur, rectius definitur per habitum

Mit der Bestimmung der Theologie als eines habitus $\vartheta\varepsilon\acute{o}\sigma\delta o\tau o\varsigma$[1] weicht Gerhard einem Einbau der Theologie in das System einer von der Philosophie entworfenen allgemeinen Wissenschaftslehre, wie sie Zabarella bot, aus. Verglichen mit den klaren Bestimmungen der übrigen orthodoxen Lutheraner, die die Theologie fast einhellig als habitus practicus definieren und sie damit der Gattung der praktischen Wissenschaften subsumieren, hat man bei Gerhard eine entschiedene, klare Auffassung vom Wesen der Theologie vermißt[2]. Man nimmt dann allerdings die philosophische Wissenschaftslehre und den Grad der Einordnung der Theologie in diese zum Maßstab der Beurteilung. Eine theologische Beurteilung des Verzichts Gerhards auf eine exakte wissenschaftstheoretische Bestimmung der Theologie wird sehen müssen, daß es nicht Unklarheit über das Wesen der Theologie, sondern die Einsicht in die unvergleichliche Eigenart theologischer Erkenntnis gegenüber aller rationalen Erkenntnis ist, die Gerhard davon abhält, den philosophischen Begriff eines habitus practicus auf die Theologie anzuwenden.

Bei aller Bejahung des Gebrauchs der philosophischen Vernunft in der Theologie ist es eine charakteristische Eigenart Gerhards, daß er das Unzureichende philosophischer Kategorien zur Erfassung theologischer, und das heißt für Gerhard übernatürlicher Sachverhalte betont. Gerhards Distanz gegenüber der Einordnung der Theologie in eine allgemeine philosophische Wissenschaftslehre ist ein regelrechter Anwendungsfall des im Methodus studii theologici grundsätzlich bestimmten usus der Philosophie in der Theologie[3]. Im Unterschied zu der einfachen Übernahme philosophischer Begriffe in die Theologie, wie sie von Calixt verlangt wird[4], lehrt Gerhard das Recht der Theologie, beim Gebrauch philosophischer Begriffe diese anders als im philosophischen Bereich zu ver-

---

$\vartheta\varepsilon\acute{o}\sigma\delta o\tau o\nu$, quam per genus ex habitibus intellectualibus Aristotelicis desumtum.

[1] Das Wort $\vartheta\varepsilon\acute{o}\sigma\delta o\tau o\varsigma$ hat Gerhard aus der Nikomachischen Ethik (A 10, 1099 b 12) übernommen. Aristoteles setzt dort den Begriff einer möglichen $\varepsilon\vartheta\delta\alpha\iota\mu o\nu\acute{\iota}\alpha$ $\vartheta\varepsilon\acute{o}\sigma\delta o\tau o\varsigma$ in Gegensatz zu der von ihm zum Thema erhobenen Glückseligkeit, die man durch Lernen und Übung erwirbt. Aristoteles geht es nur um die letztere. Gerhard übernimmt also von Aristoteles einen Begriff, der nicht in dessen Philosophie gehört. In der Jenenser Schule des Musäus ist man über die Rezeption des Begriffs $\vartheta\varepsilon\acute{o}\sigma\delta o\tau o\varsigma$ nicht sehr glücklich gewesen. Vgl. die Bemühung des Musäus, den Satz: die Theologie sei ein habitus $\vartheta\varepsilon\acute{o}\sigma\delta o\tau o\varsigma$ nicht im Sinne der Nikomachischen Ethik in Gegensatz zu Lernen und Übung zu verstehen. Introductio in Theologiam S. 194.

[2] WEBER, 1908, S. 49.

[3] Methodus studii theologici, S. 89 ff.; vgl. unten S. 126 ff.

[4] Siehe unten S. 131.

stehen, sie von ihrer Unvollkommenheit zu reinigen und sie in einem der Schrift angeglichenen Sinn zu interpretieren[1]. Wenn Gerhard nun den philosophischen habitus-Begriff auf die Theologie anwendet, jedoch zusätzlich zu den der Philosophie bekannten und nach ihrem Urteil das Vernunftvermögen ausschöpfenden habitus intellectuales noch einen besonderen habitus θεόσδοτος statuiert, so liegt dem keine Unklarheit über das Wesen der Theologie, sondern die wohldurchdachte Auffassung zu Grunde, daß Erkenntnis und Wirklichkeit der Theologie den Bereich natürlicher Erkenntnis und natürlich erfahrbarer Wirklichkeit transzendieren und darum in die von der Philosophie erarbeiteten rationalen Begriffe nicht einfach hineinpassen, sondern diese notwendig sprengen müssen.

Die Theologie ist nicht einem Genus menschlicher Wissenschaft zu unterstellen, nicht als ein Spezialfall menschlicher Erkenntnis zu begreifen. So wie der Glaubensbegriff die Kategorien der philosophischen Seelenlehre sprengt, weil er Verstand und Willen zugleich umfaßt, so sprengt auch der Theologiebegriff das Schema der aristotelischen habitus intellectuales[2]. Die fides wird nach Gerhard adäquat nicht als Regung der menschlichen Seele beschrieben in den scholastischen Distinktionen von fides acquisita und fides infusa, sondern als donum Dei und opus Dei[3]. Entsprechend wird auch die theologia nicht mit der philosophischen Kategorie des habitus practicus, sondern mit der theologischen Kategorie eines habitus θεόσδοτος beschrieben[4]. Es ist lutherisches Erbe, das sich bei Gerhard in der Statuierung eines von Gott gegebenen habitus zur Sprache bringen will: auf der Ebene allgemeiner (habitualer) Wissenschaftslehre meldet die Theologie die einzigartige, aus keinem Vernunftvermögen ableitbare und wie die Glaubenserkenntnis nur aus Gottes eigenem Wirken zu verstehende Weise ihres Erkennens an. Erwägt man, daß in der Helmstedter Schule Calixts die Theologie bereits als ein mit den natürlichen Kräften des menschlichen Geistes erwerbbarer habitus practicus verstanden wurde[5], so wird man aus Gerhards habitus θεόσδοτος

---

[1] Methodus studii theologici, S. 93. (Siehe unten S. 127).
[2] Zum Glaubensbegriff Gerhards siehe unten S. 102, 104.
[3] Loci III, S. 403. Vgl. unten S. 102 Anm. 3.
[4] Zu beachten ist aber, daß Gerhard bei der Bestimmung der fides schon auf den habitus-Begriff als nichtbiblischen Begriff verzichtet (Loci III, S. 403), während die Eigenart der Theologie auf der Ebene des habitus-Begriffs herausgearbeitet werden muß.
[5] Siehe unten S. 113 ff.

74

einen Protest gegen eine rationalistische Säkularisierung des Theologiebegriffs heraushören dürfen[1]. Die spätere lutherische Orthodoxie hat
sich in der Betonung der Übernatürlichkeit der Theologie dieser gegen
einen rationalistischen Humanismus bezogenen Position Gerhards angeschlossen[2].

Daß die Theologie ein von Gott gegebener habitus ist, bedeutet nicht,
daß sie ohne Studium und ohne jede Hilfe der Vernunft unmittelbar von
Gott dem Menschen eingegeben wird. Zwar den Propheten und Aposteln
war eine Kenntnis der göttlichen Geheimnisse unmittelbar „sine ullis
adminiculis vel laboribus humanis" von Gott gegeben[3]. Gegenüber dieser
auf außerordentliche Weise mitgeteilten Theologie der Propheten und
Apostel wird die Theologie jedoch ordentlicher Weise vom Menschen
mittelbar erworben. Die Mittel des Erwerbens (acquirere) des theologischen habitus sind oratio, meditatio und tentatio[4]. Diese von Luther
übernommene Trias[5] wird von Gerhard noch nicht schematisch gebraucht
in der Weise, in der Calov seine „Paedia theologica" mit drei Kapiteln
über oratio, meditatio und tentatio als den allgemeinen Erfordernissen
des theologischen Studiums beginnt[6]. Gerhard kann daneben auch die
richtige Intention[7] und das studium pietatis[8] als Bedingungen des theologischen habitus nennen. Wichtig ist, daß mit oratio, meditatio und tentatio kein im menschlichen Geist liegender subjektiver Möglichkeitsgrund
des theologischen habitus bezeichnet wird, sondern die Weisen des mittelbar, also geschichtlich am Menschen wirkenden, den theologischen habitus

---

[1] Vgl. Gerhards spätere Abkehr von Cornelius Martini (HÄGGLUND, 1951, S. 25
Anm. 59).

[2] Calov, Isagoge S. 275. Baier, Compendium theologiae positivae, 1694, S. 40
§ XXXVI („theologiam esse habitum in substantia sua supernaturalem"), obzwar
Vorbehalt gegenüber dem Begriff des habitus θεόσδοτος (S. 41); Hollaz, Examen
theologicum acroamaticum, 1763 (1707), S. 7.

[3] Methodus studii theologici, S. 6.   [4] Loci, Prooemium § 17; Methodus, S. 9f.

[5] Vgl. Methodus, S. 9. Luther, Vorrede zum 1. Bande der Wittenberger Ausgabe
der deutschen Schriften (1539), WA 50; 658, 29–659, 4: Uber das wil ich dir an-
zeigen eine rechte weise in der Theologia zu studirn, denn ich mich geübet habe, wo
du die selbigen heltest, soltu alo gelert werden, das du selbst könnest (wo es not
were) ia so gute Bücher machen als die Veter und Concilia… Und ist das die weise,
die der heilige König David… leret im 119. Psalm. Da wirstu drey Regel innen
finden, durch den gantzen Psalm reichlich furgestellet. Und heissen also: Oratio,
Meditatio, Tentatio.

[6] Calov, Paedia theologica de methodo studii theologici…, Wittenberg 1652,
Sectio I.

[7] Methodus, S. 11ff.   [8] S. 14ff.

allein konstituierenden Handelns Gottes aufgewiesen werden sollen. Kenntnis der Sprachen und das Wissen der philosophischen Disziplinen sind demgegenüber nur Hilfsmittel[1]; sie sind von faktischer, aber nicht konstituierender Bedeutung für das Zustandekommen des theologischen habitus.

Durch das Gebet wird die himmlische sapientia wie durch einen Kanal von der Quelle des göttlichen Wortes zu uns geleitet[2]. Als sorgfältiges Lesen der Schrift und Hören auf die theologischen Lehrer ist die Meditation die Weise des theologischen Erkenntnisgewinns[3]. In der Bewährung gegenüber der Anfechtung gelangt die Theologie an ihr praktisches Ziel[4]. So ist bei aller Betonung der Wichtigkeit sprachlichen und philosophischen Studiums durch die Herausstellung von oratio, meditatio und tentatio der Grundgedanke gewahrt, daß die Theologie keine mit natürlichen Mitteln zu erwerbende, sondern von Gott gegebene Wissenschaft, ein habitus ϑεόσδοτος ist.

3. Der doctrina-Begriff bei Melanchthon und Gerhard

Die auf die Kategorie des habitus ϑεόσδοτος hinführende Darstellung des Theologiebegriffs Gerhards kam zu dem Resultat, daß die mit dem Theologiebegriff bezeichnete doctrina de Deo von Gerhard als Gottesgelehrtheit des gläubigen Menschen, nicht aber als eine dem Menschen vorgegebene Lehre von Gott begriffen wird. Wenn sich bei Gerhard die Theologie von einem Begriff der Gottesgelehrtheit her versteht, so ist damit eine nicht zu unterschätzende Differenz zu der Grundlegung evangelischer Lehrwissenschaft gegeben, wie sie bei Melanchthon im Begriff der Kirchenlehre (doctrina Ecclesiae) vorlag[5]. Worin besteht nun im einzelnen die Strukturverschiedenheit der bei Melanchthon als Kirchenlehre, bei Gerhard als Gottesgelehrtheit verstandenen Theologie?

Zunächst kann man von einer Bedeutungsverschiebung des doctrina-Begriffs sprechen. Aus der die Momente der Belehrung, der Lehre und der Gelehrsamkeit umfassenden Weite des alten doctrina-Begriffs tritt für die

---

[1] Vgl. Methodus, Pars secunda, S. 34 ff.

[2] Preces sunt canales, per quos coelestis sapientia ad nos derivatur; verbum est fons illius sapientiae..., Methodus, S. 137.

[3] Die Meditation wird von Gerhard mit dem theologischen Studium geradezu in eins gesetzt, deshalb wird ihr im Methodus kein besonderes Kapitel gewidmet wie oratio und tentatio.

[4] Vgl. Methodus, S. 317 ff.   [5] Vgl. oben S. 9 f.

Grundlegung lutherischer Lehrwissenschaft bei Melanchthon das Moment der Lehre (als Lehrinhalt), bei Gerhard das Moment der Gelehrsamkeit (habitus) einseitig in den Vordergrund. Damit vollzieht sich bei Gerhard gegenüber Melanchthon eine Subjektivierung des doctrina-Begriffs.

Auf die subjektive, habituale Seite der doctrina ist Melanchthon in den Prolegomena seiner Loci nicht zu sprechen gekommen. Melanchthon betont, daß die fides die der doctrina Ecclesiae zukommende Erkenntnisart ist, um den in der Philosophie gegenüber nichtevidenten Tatbeständen legitimen methodischen Zweifel von der Theologie fernzuhalten[1]. Doch steht die fides nur am Rand der Prolegomena – die melanchthonische Wissenschaftslehre ist nicht auf den Erkenntnisbegriff gebaut.

Gleichwohl ist die als Erkenntnisart der doctrina Ecclesiae genannte fides in Melanchthons Dialektik in das aristotelische habitus-Schema eingereiht. Die in der Praefatio zu den Loci von 1559 als „firma assensio amplectens integram Evangelii doctrinam" bestimmte theologische fides[2] ist nach der Dialektik als der neben scientia, ars und prudentia rangierende vierte intellektuelle habitus zu verstehen[3]. Dieser vierte intellektuelle habitus ist nichts anderes als die fides historica, der auf glaubwürdige Bezeugung hin angenommene allgemeine Wahrheitsglaube historischer, somit nichtevidenter Wahrheiten, zum Beispiel daß Alexander König der Mazedonier gewesen ist und Kriege mit Darius geführt hat[4]. Mit dem spezifisch christlichen Glaubensbegriff, der mit spes, dilectio, timor Dei und tolerantia zusammen zu den nur der Kirche Gottes eigentümlichen habitus zählt, hat dieser Begriff einer allgemeinen historischen fides noch gar nichts zu tun[5].

Ein tieferes Erfassen der Eigenart theologischen Erkennens wird man bei Melanchthon vergeblich suchen. In dem Bestreben, die evangelische Lehre als Wissenschaft zu organisieren, allgemeine Lehrbarkeit und rationale Behandlung der doctrina zu ermöglichen, hat Melanchthon die von Gott überlieferte Lehre (doctrina a Deo tradita)[6] mit dem allgemeinen intellektuellen habitus der fides historica verbunden. Die doctrina ist also eigentlich ein historischer Gegenstand, so daß man geradezu sagen könnte, daß Melanchthon die evangelische Dogmatik als historische Disziplin organisiert hat. Für die Glaubwürdigkeit dieser doctrina als göttliche Offenbarung zeugt Gott selbst durch seine Wunder. Die Auferstehung von den Toten und die anderen Wunder der Bibel werden von

---

[1] Loci 1559, Praefatio, SA II, 1 S.169.   [2] Ib. S.169 Z. 31.
[3] CR 13, 536 ff.   [4] Ib. 538.   [5] Vgl. ib. 538.   [6] SA II, 1 S.169.

Melanchthon als certa testimonia verstanden, die den Offenbarungs-
charakter der Glaubensartikel bezeugen und der fides den Grund ihrer
Gewißheit geben[1]. An der Beweiskraft der Wunder als historisch zu-
verlässiger Überlieferung hat Melanchthon noch nicht gezweifelt – ein
solcher Zweifel kommt erst mit der Erschütterung des Begriffs der fides
historica im späteren 17.Jahrhundert auf[2]. Doch hat auch Melanchthon
das Ungenügende einer auf den Wunderbeweis sich stützenden Zustimmung zu Dingen, die „extra iudicium humanae mentis" liegen, erkannt[3].
Er hat darum die Beweiskraft der Wunder und Zeugnisse ergänzt durch
eine zusätzliche Hilfe des Heiligen Geistes für das Zustandekommen des
menschlichen assensus[4]. Die Ungereimtheit einer solchen Koordination
von natürlichen und übernatürlichen Zustimmungsmomenten liegt auf
der Hand[5]. Daß die Gewißheit der doctrina nicht allein aus dem Wirken
des Heiligen Geistes verursacht gedacht wird wie bei Calvin[6], sondern
der Heilige Geist nur zur Stützung und Ergänzung des Wunderbeweises
herbeigezogen wird, zeigt deutlich, daß Melanchthons Interesse bei der
Grundlegung evangelischer Lehrwissenschaft auf eine weitmöglichst allgemeine, nicht an den speziellen Fiduzialglauben gebundene Erkennbarkeit der doctrina Ecclesiae ging.

Bei Melanchthon stehen sich also die doctrina als von Gott geoffenbarter und in der wahren Kirche überlieferter Erkenntnisgegenstand und
die theologische fides als ein so weit wie möglich als rationaler Erkenntnisvollzug zu verstehendes Aneignen dieser doctrina gegenüber. Von der fides
wird ausgesagt, daß sie die von Gott überlieferte doctrina zufolge ihrer

---

[1] Articuli fidei certi sunt propter revelationem, quae certis et illustris testimoniis
Dei confirmata est, ut resuscitatione mortuorum et multis aliis miraculis. Loci 1559,
Praefatio, SA II, 1 S.168f. = CR 21, 604f.

[2] Vgl. PAUL HAZARD, Die Krise des europäischen Geistes, 1939, S. 57ff.

[3] SA II, 1 S.169 = CR 21, 605.

[4] Sed quia res sunt extra iudicium humanae mentis positae, languidior est assensio, quae fit, quia mens movetur illis testimoniis et miraculis et iuvatur a Spiritu
sancto ad assentiendum. SA II, 1 S.169.

[5] Vgl. KARL HEIM, Das Gewißheitsproblem in der systematischen Theologie bis
zu Schleiermacher, 1911, S. 263ff.

[6] Calvin führt seit der Ausgabe der Institutio von 1539 anders als Melanchthon
den Beweis für unsere Gewißheit der Schrift allein aus der „interior Spiritus sancti
testificatio" und räumt erst nachträglich den äußeren Zeugnissen als sekundären
Hilfsmitteln für unsere Schwachheit eine gewisse Bedeutung ein. Vgl. HEIM, Gewißheitsproblem, S. 269f.; KRUSCHE, Das Wirken des Heiligen Geistes nach Calvin,
1957, S. 207ff.

hinreichend, vor allem durch die Wunder bezeugten Autorität mit zusätzlicher Unterstützung des Heiligen Geistes ergreift (amplecti)[1]. Gerade durch die Notwendigkeit eines solchen Ergreifens erweist sich die doctrina als das der fides Vorgegebene, das in seinem Sein außerhalb der fides und nicht in dieser fides (sc. als habitus) betrachtet wird. So ist die theologische Aufgabe einer Darstellung der Loci im Blick auf die Weise des theologischen Erkennens die eines rein rezeptiven Feststellens des auf göttliche Autorität hin zu glaubenden Lehrbestandes[2]. Im Blick auf die Sprachbewegung ist sie ein Rezitieren der Lehre[3], als Glied in der Traditionskette des kirchlichen Lehramtes ein Bewahren und Überliefern der Lehre[4]. In alledem ist die doctrina als die dem habitus der fides vorgegebene und losgelöst von diesem zu betrachtende Lehre der Kirche verstanden, als die Summe der von Gott überlieferten Glaubensartikel, die in den prophetischen und apostolischen Schriften enthalten und in den Bekenntnissen der reineren Kirche bezeugt sind[5].

Bei Gerhard fehlt das für Melanchthon charakteristische unausgeglichene Gegenüber eines weithin rationalen Erkenntnisvollzugs und eines der rationalen Sphäre entzogenen Erkenntnisgegenstandes, der von Gott gegebenen doctrina. Durch die Einführung der Kategorie des habitus $\vartheta\varepsilon\acuteo\sigma\delta o\tau o\varsigma$ gleicht sich der theologische Erkenntnisvollzug der Übernatürlichkeit seines Gegenstandes an. Das geoffenbarte, in der Heiligen Schrift enthaltene Wort Gottes und der theologische habitus $\vartheta\varepsilon\acuteo\sigma\delta o\tau o\varsigma$ entsprechen sich in ihrer unmittelbar von Gott gegebenen übernatürlichen Beschaffenheit. Damit ist die Theologie nicht mehr nur durch den übernatürlichen Charakter ihres Gegenstands, sondern ebenfalls durch die übernatürliche Art der ihr eigenen Erkenntnis von den anderen Wissenschaften fundamental unterschieden. Für Gerhard ist theologische Erkenntnis kein Spezialfall eines auf hinreichend bezeugte historische Wahrheiten gerichteten allgemeinen Wahrheitsglaubens, dem allenfalls noch durch eine zusätzliche Hilfe des Heiligen Geistes die Gewißheit der Zustimmung verliehen wird, sondern die theologische Erkenntnis ist für Gerhard gleichartig der Erkenntnis des Rechtfertigungsglaubens und wie diese ein Werk des Heiligen Geistes.

Diese Melanchthon korrigierende und in gewissem Sinn auf den Pietis-

---

[1] Vgl. SA II, 1 S. 169: fidem esse firmam assensionem amplectentem integram Evangelii doctrinam. Vgl. ib. S. 166 Z. 4; S. 171 Z. 33.

[2] SA II, 1 S. 168 Z. 18f.   [3] Ib. S. 165 Z. 29; S. 171 Z. 2.

[4] Ib. S. 167 Z. 10ff.   [5] Ib. S. 171 Z. 33ff.

mus hinführende Betonung der Übernatürlichkeit theologischer Erkenntnis, in der man neben dem Einfluß Johann Arnds doch vor allem den Einfluß Luthers spürt, geht nun bei Gerhard zusammen mit dem Ausschalten der Kirche aus dem Lehrbegriff sowie mit der Rezeption der habitualen Wissenschaftslehre Zabarellas. Die doctrina wird nicht mehr als Kirchenlehre verstanden; das Sein der doctrina wird in der zur Seligkeit des Menschen führenden Gelehrsamkeit gefunden. Damit verliert der doctrina-Begriff den ihm bei Melanchthon eignenden Charakter der Vorgegebenheit für die theologische Erkenntnis. Die Verschiedenheit des theologischen Ansatzes Gerhards von dem Melanchthons wird deutlich, wenn man darauf achtet, daß Gerhard im Zusammenhang der Erörterung des Theologiebegriffs im Prooemium niemals von einer der Theologie vorgegebenen und von der Theologie wiederzugebenden doctrina spricht, sei es nun einer in der Schrift enthaltenen oder in den Bekenntnisschriften verbindlich bezeugten doctrina. Die Bekenntnisschriften werden in der Erörterung des Theologiebegriffs überhaupt nicht thematisch. In die theologische Prinzipienlehre dringen sie erst in der späten Orthodoxie ein[1]. Die Heilige Schrift aber wird für die Theologie nicht als Dokument der Lehre, sondern als Prinzip der Lehre zur Vorgegebenheit. Die Rede von der Schrift als dem wissenschaftlichen Prinzip der Theologie[2] schließt geradezu aus, daß die Schrift bereits als ein Kompendium der Lehre verstanden werden darf; die Schrift ist vielmehr die Quelle, aus der die Theologie ihre Lehre jeweils erst schöpfen muß[3]. Im Rahmen des aristotelischen Kausalschemas wird die Heilige Schrift die Wirkursache (causa efficiens) der doctrina genannt und darin von dieser selbst unterschieden[4].

Der Unterschied zu Melanchthon kann am besten an der Formel, mit der Gerhard abschließend die Theologie definiert, aufgewiesen werden: die Theologie ist „doctrina ex verbo Dei exstructa, qua homines in fide vera et vita pia erudiuntur ad vitam aeternam"[5]. In der Formel „doctrina

---

[1] Vgl. H. E. WEBER, Das Bekenntnis und die Konfessionen in der EKiD, EvTh 7 (1947/48), S. 38–50. Siehe ib. S. 38.

[2] Siehe hierzu ausführlich HÄGGLUND aaO S. 136 ff.

[3] Wohl kann Gerhard in einem weiteren Sinn auch von einer in der Schrift enthaltenen doctrina reden – der doctrina-Begriff geht also im theologischen habitus nicht schlechthin auf. In diesem Sinn kann Theologie auch doctrina überliefern (Methodus, S. 2, vgl. oben S. 47 bei Anm. 1). Wichtig ist aber, daß auf der Ebene wissenschaftstheoretischen Durchreflektierens des Theologiebegriffs die doctrina nur als habitus in den Blick kommt, nicht als Vorgegebenheit biblischer Lehre.

[4] Prooemium § 18.   [5] Ib. § 31.

ex verbo Dei exstructa" ist das theologische Wissenschaftsverständnis Gerhards in nuce enthalten. Die Formel ist in der Relation Prinzip – habitus gedacht und setzt das Wort Gottes als das wissenschaftliche Prinzip der Theologie voraus, aus dem durch das „exstruere" die doctrina gebildet wird. Ganz anders Melanchthon, der von einer „doctrina Ecclesiae a Deo tradita" spricht. Melanchthon kennt weder ein „exstruere" der doctrina, noch kennt er im Rahmen der Grundlegung der Theologie die für Gerhards Wissenschaftsbegriff konstitutive Relation Prinzip – habitus.

Wenn man von der Praefatio zu den späteren Auflagen der Loci Melanchthons als von der ersten protestantischen Prinzipienlehre spricht[1], so überträgt man die seit Gerhard übliche Rede von der Heiligen Schrift als dem wissenschaftlichen Prinzip (principium cognoscendi) auch auf die Funktion, die die Heilige Schrift für die evangelische Lehrwissenschaft Melanchthons ausüben soll. Jedoch mit fraglichem Recht. Melanchthon redet von der göttlichen Offenbarung nur als von der „causa certitudinis" der Kirchenlehre[2]. Ein „Prinzip" der Kirchenlehre kennt Melanchthon nicht. In Analogie zu den drei in der Philosophie geltenden Gewißheitskriterien (causae certitudinis), der allgemeinen Erfahrung, den angeborenen Ideen und der Stringenz logischer Konsequenz[3] hat Melanchthon die revelatio Dei als quarta causa certitudinis in seine Wissenschaftslehre eingeführt[4]. Der Begriff des „principium" bleibt bei Melanchthon nach stoischem Vorbild[5] den angeborenen Ideen („notitiae nobiscum nascentes"[6]) vorbehalten. Die Prinzipien sind nach Melanchthon dem Menschen dazu angeboren, daß er aus ihnen jeweils eine doctrina bilde. Sie zerfallen in spekulative und praktische Prinzipien und ermöglichen einerseits die Bildung der mathematischen und physikalischen doctrina (die Metaphysik fehlt bei Melanchthon), andererseits die Bildung von Moral und Gesellschaftslehre[7]. Sie sind die „semina singularium artium"[8].

---

[1] TROELTSCH, 1891, S. 75.

[2] Vgl. die Praefatio zu den Loci von 1559.

[3] CR 13, 647: In Philosophia... tres sunt normae certitudinis: Experientia universalis, Principia, id est notitiae nobiscum nascentes, et ordinis Intellectus in iudicanda consequentia. Vgl. auch CR 13, 149ff.

[4] Loci 1559, SA II, 1 S.168: ut in Philosophia... causae certitudinis sunt Experientia universalis, Principia et Demonstrationes, ita in doctrina Ecclesiae certitudinis causa est revelatio Dei. Vgl. CR 13, 650.

[5] DILTHEY, Gesammelte Schriften II, S.174.

[6] CR 13, 647.   [7] Vgl. CR 13, 649f.   [8] CR 13, 647.

Aus Prinzipien wird eine doctrina gebildet. Darum entspricht auch bei Melanchthon der Kategorie des Prinzips ein „exstruere" der doctrina aus diesem Prinzip[1]. Das exstruere gründet in der Möglichkeit des menschlichen Verstandes, im Bereich der allgemeinen Erfahrung mit Hilfe der logischen Regeln eine auf die angeborenen Prinzipien sich stützende doctrina zu errichten[2]. Die bei Gerhard der Theologie eignende Struktur der doctrina (ex aliquo principio) exstructa kennt Melanchthons Wissenschaftslehre auch[3]. So ist zum Beispiel die Physik für Melanchthon eine „doctrina ex veris principiis exstructa"[4]. Entscheidend ist aber, daß diese Wissenschaftsstruktur bei Melanchthon auf den Bereich der philosophischen Wissenschaften beschränkt bleibt und nicht auch für die doctrina Ecclesiae gilt.

Das Fehlen einer im strengen Sinne so zu nennenden „Prinzipienlehre" in den Loci Melanchthons ist noch nicht verstanden, wenn man auf den gegenüber Gerhard engeren Sprachgebrauch von „Prinzip" in seiner Einschränkung auf die notitiae nobiscum nascentes verweist, in welchem Melanchthon der Stoa folgt[5]. Gerade diese Einschränkung müßte ihrerseits wieder erklärt werden angesichts der weiteren Fassung des Prinzipienbegriffs, die die Scholastik kannte. Thomas von Aquin läßt die sacra doctrina sich auf principia gründen, die aus der scientia Dei et beatorum entlehnt sind[6]. Bei Thomas kann man folglich von einer theologischen Prinzipienlehre im strengen Sinne reden. Verständlich wird das Fehlen einer theologischen Prinzipienlehre bei Melanchthon erst, wenn man sieht, daß im Bereich der melanchthonischen doctrina Ecclesiae das in allen anderen doctrinae notwendige „exstruere" des Menschen nicht gilt. Die doctrina Ecclesiae ist für Melanchthon nicht eine vom Menschen gebildete und zu bildende doctrina, sondern eine bereits als Ganzes vorgegebene und überlieferte doctrina, die ihren Ursprung unmittelbar in Gott hat: nicht doctrina exstructa, sondern doctrina a Deo tradita.

Sind in den philosophischen Wissenschaften die Prinzipien das zuerst

---

[1] Siehe unten Anm. 3.

[2] Vgl. zu diesem ganzen Zusammenhang die ausführliche Darstellung der Wissenschaftlehre Melanchthons bei DILTHEY, Gesammelte Schriften, II. Band, S. 162 bis 202.

[3] Vgl. den typischen Gebrauch von „exstruere" bei der Beschreibung der aus den Prinzipien gebildeten doctrinae in CR 13, 649f.; vgl. auch die Definition: Principia vocantur notitiae nobiscum nascentes, quae sunt semina singularum artium, divinitus insita nobis, ut inde artes exstruantur, CR 13, 647.

[4] CR 13, 382.   [5] Vgl. DILTHEY aaO S. 176ff.   [6] S. th. I q 1 a 2.

Gegebene, von denen ausgehend die doctrina gebildet wird, so ist in der christlichen Lehrwissenschaft die doctrina als überliefertes Ganzes das zuerst Gegebene. Melanchthons Loci gehen nicht von der Heiligen Schrift, sondern von der Ganzheit der Lehre der evangelischen Kirche aus[1]. Angesichts der Ganzheit vorgegebener kirchlicher Lehre hat die christliche Lehrwissenschaft zu fragen, wieweit alle Sätze der Kirchenlehre wirklich von Gott überliefert sind und somit letzte Gewißheit besitzen[2]. Melanchthons Loci setzen es sich zur Aufgabe, anhand der Heiligen Schrift als dem Kriterium der Gewißheit aufzuweisen, daß die in der evangelischen Kirche verkündete Lehre wahr und gewiß und mit der von Gott geoffenbarten doctrina identisch ist. Die Aufgabe der Darstellung der doctrina Ecclesiae ist im Unterschied zu allen rationalen doctrinae keine produktive, sondern eher eine reproduktive[3].

Die Strukturverschiedenheit von philosophischer Wissenschaft und doctrina Ecclesiae hat Melanchthon auch an der unterschiedlichen Funktion der Loci aufgewiesen. In den philosophischen Disziplinen haben die Loci die Funktion eines heuristischen Prinzips, sie sind „indices rerum investigandarum"[4]. In der doctrina Ecclesiae dagegen haben die Loci nur die Bedeutung von Ordnungskategorien innerhalb eines schon vorliegenden Lehrbestandes; hier werden sie gebraucht „non tam ad investigationem quam ad electionem rerum, quarum cumulus propositus est, ut in Ecclesia docenti non sunt res inveniendae, non enim gignimus doctrinam"[5]. – Aus dem gleichen Grunde wird auch eine das Ganze der doctrina Ecclesiae formende wissenschaftliche Methode von Melanchthon abgelehnt. Die Loci folgen nicht der in den philosophischen Disziplinen geltenden methodus demonstrativa[6]. Ihre Ordnung bestimmt sich nach dem ordo rerum oder ordo partium doctrinae, wie er in der in der Heiligen Schrift enthaltenen historica series vorgebildet ist[7].

Es genügt, wenn in kurzen Sätzen noch einmal zusammengefaßt wird, was demgegenüber die Eigenart von Gerhards Begriff der Theologie als einer „doctrina ex verbo Dei exstructa" ausmacht.

---

[1] Loci 1559, Epistola: Sequor autem et amplector doctrinam Ecclesiae Witebergensis et coniunctarum... SA II, 1 S. 166.

[2] Ac ut in Philosophia quaeruntur certa et discernuntur ab incertis... ita in doctrina Ecclesiae... considerandum est, quae sententiae a Deo traditae sint. SA II, 1 S. 168.

[3] Die Unterscheidung „produktiv – reproduktiv" im Blick auf die Struktur der Dogmatik entnehme ich O. WEBER, Grundlagen der Dogmatik I, S. 150.

[4] CR 13, 643.   [5] Ib.   [6] SA II, 1 S. 168.   [7] Ib. S. 170.

Gerhard entwickelt den Theologiebegriff von vornherein vom Boden einer allgemeinen philosophischen Wissenschaftslehre aus, die zunächst ohne Rücksicht auf die Theologie entworfen war[1]. Diese Wissenschaftslehre betrachtete das Sein der Wissenschaft als einen habitus der menschlichen Seele. Dieser Wissenschaftslehre folgend, zugleich aber besorgt um die unvergleichliche Eigenart theologischer Erkenntnis gegenüber aller sonstigen Erkenntnis, hat Gerhard die Theologie bestimmt als einen habitus ϑεόσδοτος. Damit wird einerseits Melanchthon korrigiert durch die auf Luther zurückweisende Betonung der Übernatürlichkeit theologischer Erkenntnis, der Einheit von Theologie und Erkenntnis des Rechtfertigungsglaubens. Andererseits aber wird Melanchthons Versuch einer Konstituierung der evangelischen Lehre als Wissenschaft noch überboten, indem die Theologie nun auch in ihrer Struktur den rationalen Wissenschaften angeglichen wird. Die Theologie ist habitus und doctrina im gleichen Sinne, in dem auch andere Wissenschaften habitus und doctrina sind[2]. An die Stelle der von Melanchthon hervorgehobenen Strukturverschiedenheit von rationaler Wissenschaft und doctrina Ecclesiae (doctrina ex principiis exstructa einerseits, doctrina a Deo tradita andererseits) ist in Gerhards Theologiebegriff eine Strukturgleichheit von rationaler Wissenschaft und Theologie impliziert (in der für beide geltenden Struktur der doctrina ex principio exstructa). Die Struktur der Theologie wird von einem allgemeinen, durch die Relation Prinzip – habitus konstituierten Wissenschaftsbegriff her entworfen. In diesem Rahmen wird die Heilige Schrift, das verbum Dei scriptum, als das Prinzip der Theologie angesehen analog den Prinzipien anderer doctrinae. Das heißt, die Heilige Schrift ist für die Theologie das zuerst und unmittelbar Gegebene, aus dessen Erkenntnis alles theologische Wissen herfließt[3]. Der Heiligen Schrift werden nun alle nach aristotelischer Lehre einem wissenschaftlichen Prinzip zukommenden Eigenschaften zugeschrieben[4]. Im Zuge der Angleichung der Theologie an die Struktur rationaler Wissenschaft wird

---

[1] Vgl. oben S. 26.

[2] Vgl. die bei Gerhard ständige Parallelisierung der Theologie mit der Medizin, schon in den Meditationes sacrae S. XVIIf.: Habet medicina certa sua principia... Sic theologia certum et immotum habet principium, verbum Dei...

[3] Vgl. den ersten Satz im Locus von der Heiligen Schrift: „Principii ἐργασία primum sibi iure vendicat locum, quippe ex cuius cognitione dependent reliqua."

[4] „Principia in quaelibet disciplina debent esse πρῶτα καὶ ἄμεσα, ἀληϑῆ, ἀνυπεύϑυνα, αὐτόπιστα, ἀναντίρρητα καὶ ἀναπόδεικτα", Prooem. § 20. Vgl. HÄGGLUND, S. 138.

der Vollzug theologischer Arbeit nicht mehr wie noch bei Melanchthon als ein sequi, amplecti und recitare der reinen Lehre angesehen, sondern als ein Bilden (exstruere) der doctrina aus dem Prinzip der Heiligen Schrift. Die Aufgabe der Theologie im Blick auf die doctrina ist keine reproduktive, sondern eine produktive: wie der Glaube, so muß auch die doctrina, die Gottesgelehrtheit, jeweils erst neu wirklich werden. Dieses Wirklichwerden vollzieht sich in einer Ordnung, die den rationalen Wissenschaften analog ist: als das Errichten eines Baues auf dem Fundament des Prinzips[1]. Zwar ist in der Theologie nicht einfach der Mensch das Subjekt dieses Errichtens der doctrina wie in den rationalen Wissenschaften. Die Theologie ist habitus $\vartheta\varepsilon\acute{o}\sigma\delta o\tau o\varsigma$, doctrina coelestis, und so kann Gerhard in Anlehnung an Epheser 2, 20 sagen, daß wir, die Glaubenden, auf das Prinzip und Fundament der Offenbarung in der Heiligen Schrift gebaut sind (exstructi sumus)[2]. Aber das die Theologie schaffende Wirken Gottes ist nicht immediate, sondern mediate vermittelt zu verstehen. Die Sorge um ein rechtes theologisches Studium wird nicht überflüssig, sie wird jetzt erst recht eingeschärft: es wird notwendig, eine ,,Methodus studii theologici" zu schreiben. So ist das Bilden der doctrina zugleich auch menschliches Tun. Spätere Orthodoxie wird die menschliche Aktivität beim Zustandekommen des theologischen habitus noch stärker unterstreichen[3]. Entscheidend ist aber, daß Gerhard den Theologiebegriff aus der objektiven Vorgegebenheit des melanchthonischen doctrina-Begriffs in die subjektive Zuständlichkeit einer habituellen Gottesgelehrtheit transponiert hat. Nicht der doctrina-Begriff Melanchthons, sondern der Theologiebegriff Gerhards ist es gewesen, der das Verständnis der Theologie im lutherischen Bereich über Orthodoxie und Pietismus hinaus bis hin zur Aufklärung und zu Semler geleitet hat[4].

---

[1] Vgl. HÄGGLUND S. 138f.   [2] Loci I, S. 28.

[3] Vgl. Baier, Compendium theologiae positivae, 1694, S. 40: ,,... theologiam esse habitum in substantia sua supernaturalem; actibus nostris quidem, sed per vires gratiae et operationem Spiritus sancti acquisitum."

[4] Vgl. die Vorbemerkungen zu dieser Arbeit.

KAPITEL II

Der Theologiebegriff bei Georg Calixt

A. Die Sonderstellung Calixts innerhalb der lutherischen Theologie des 17. Jahrhunderts

Die Sonderstellung des Helmstedter Theologen Georg Calixt[1], seiner Schule und seiner Freunde inmitten der lutherischen Orthodoxie des 17. Jahrhunderts ist nicht zu übersehen und keineswegs erst mit dem sogenannten synkretistischen Streit faßbar. Es gibt im Luthertum des 17. Jahrhunderts weit verzweigt eine zum Teil von Calixt abhängige, zum Teil unabhängig von ihm aus dem 16. Jahrhundert weiterlebende humanistische Richtung der Theologie, die in ihrer mehr den wissenschaftlichen Studien als der konfessionellen Polemik hingegebenen ruhigen Gelehrsamkeit das in der Regel weniger beachtete, deshalb doch nicht weniger beachtliche Gegenbild zur oft geräuschvollen Streitbarkeit der vornehmlich kursächsischen Orthodoxie darstellt. Zentrum dieser humanistischen Richtung evangelischer Theologie in der ersten Hälfte des 17. Jahrhunderts ist dank der überragenden Bedeutung Calixts die Universität Helmstedt[2]. Im Jahre 1576, zwei Jahre nach dem Sturz des

---

[1] Georg Calixt 1586–1656, Studium in Helmstedt, nach Reisen durch die Niederlande, England und Frankreich seit 1614 Professor in Helmstedt, wo er trotz anderweitiger Berufungen (Altorf) bis zu seinem Tode blieb. Ausführliche Biographie von E. L. Th. Henke, Georg Calixt und seine Zeit, 2 Bände 1853 und 1860. Dazu jetzt H. Schüssler, Georg Calixt, Theologie und Kirchenpolitik, (Diss. Kiel) 1954. Vgl. RE[3] III, 643 ff.; RGG[3] I, 1586 f.

[2] Neben Helmstedt zu nennen sind vor allem ein Teil der Königsberger theologischen Fakultät, wo Latermann, ein Schüler Calixts zusammen mit seinen Kollegen Dreier und Behm wegen versöhnlicher Haltung gegenüber dem Calvinismus von der Orthodoxie angegriffen wurde (Schüssler aaO S. 181); die Universität Altorf, in der die melanchthonische Tradition des Nürnberger Gymnasiums weiterlebte – hier hätte man gern Calixt als Lehrer gesehen (Henke I S. 334 ff.); schließlich die hessische Universität Rinteln, wo seit den 50er Jahren des 17. Jahrhunderts die lutherische Orthodoxie von Schülern Calixts abgelöst wurde (Schüssler S. 209).

Philippismus in Kursachsen, vom braunschweigischen Herzog Julius unter dem Rat des Melanchthonschülers Chyträus gegründet[1], besaß Helmstedt die modernsten, im Geist eines christlichen Humanismus entworfenen Universitätsstatuten[2] und war zudem durch die Nichtannahme der Konkordienformel in der Lehrart freier als die streng lutherisch gebundenen Universitäten. Hier lehrte seit 1589 der als letzter großer Humanist des 16.Jahrhunderts geltende Johannes Caselius, noch ein unmittelbarer Schüler Melanchthons[3]. Hier betrieb gegen Ende des Jahrhunderts zunächst noch unabhängig von der um 1600 in Deutschland bekannt werdenden spanisch-jesuitischen Metaphysik Cornelius Martini die Metaphysik wieder neu als philosophische Disziplin[4]. Seit dem letzten Jahrzehnt wurde hauptsächlich unter Martinis Einfluß eine zunächst auch in Helmstedt herrschende Richtung zurückgedrängt, die der Philosophie, speziell der wieder neu betriebenen Metaphysik, ein Mitspracherecht in theologischen Fragen verbot[5]. Der von Caselius und Cornelius Martini mit dem Geist des Humanismus durchtränkte Boden Helmstedts enthält im Keime bereits alle diejenigen Elemente, die in der Theologie Calixts zu einer gegenüber der lutherischen Orthodoxie recht eigenwilligen Sonderbildung herangereift sind.

Fragt man nach den Ursprüngen dieser humanistischen Richtung im Luthertum, so wird man, auch wenn man den für Calixt so bedeutsamen und über seine Person weitervermittelten Einfluß aus dem anglikanischen Raum in Rechnung stellt[6], doch immer Melanchthon an erster Stelle zu nennen haben. Von Caselius und Martini unterrichtet – von den Helmstedter Theologen hat sich Calixt während seines Studiums wenig beeinflussen lassen[7] – ist es der Geist des christlichen Humanismus Melanchthons, in dem Calixt aufgewachsen ist[8]. Melanchthons Wissenschaftsideal, die Hochschätzung einer die Sphäre der offenbarten Kirchenlehre

---

[1] Ausführliche Darstellung bei HENKE I, S.1ff.   [2] HENKE I, S. 22ff.
[3] Johannes Caselius 1533–1613, Professor der Rhetorik in Rostock und Helmstedt. RGG[3] I, 1625.
[4] Cornelius Martini 1568–1621, Professor der Philosophie in Helmstedt, gilt als Neubegründer der philosophischen Metaphysik im lutherischen Raum, vgl. WUNDT, Die deutsche Schulmetaphysik des 17.Jahrhunderts, 1939, S. 98ff.
[5] Der sogenannte Hoffmannsche Streit, in dessen Verlauf der die neu aufkommende Metaphysik von ramistischer Position angreifende Daniel Hoffmann (1538 bis 1611) mit seinen Schülern Helmstedt verlassen mußte. Vgl. E. SCHLEE, Der Streit des Daniel Hofmann über das Verhältnis der Philosophie zur Theologie, Marburg 1862.
[6] HENKE I, S.148.   [7] SCHÜSSLER S. 6.   [8] HENKE I, S.113ff.; SCHÜSSLER S. 5ff.

respektierenden Philosophie des lumen naturae und die Einsicht in die Angewiesenheit einer christlichen Lehrwissenschaft auf diese Philosophie sind die Calixt von seinen Lehrern überkommenen selbstverständlichen Bildungselemente. Wenn auch bei den Theologen Wittenbergs und Jenas der Geist Melanchthons fortlebte – auch hier wurde die neue philosophische Metaphysik rezipiert[1], und deren sich vergeblich auf Luther berufende Gegner wurden von Wittenberg ebenso wie von Helmstedt aus zum Schweigen gebracht[2] – so blieb bei den Theologen streng lutherischer Observanz zuletzt doch immer noch eine mißtrauische Vorsichtigkeit gegenüber der philosophischen Vernunft und ihrem Gebrauch in der Theologie erhalten, nicht nur bei einem Johann Gerhard[3], sondern selbst bei einem so philosophischen Kopf wie Abraham Calov, der sich rühmte, mehr von der Philosophie zu verstehen als Calixt, gleichwohl aber davor warnte, sie so eng wie jener mit der Theologie zu verknüpfen[4]. Bei den Helmstedtern dagegen wird man nach einer solchen Vorsichtigkeit in der Anwendung der Philosophie in der Theologie vergeblich suchen[5].

Die lutherisch-orthodoxe Polemik wußte sich in der Mitte des 17. Jahrhunderts in einem weithin kaum zu überbrückenden Gegensatz zur Helmstedter Theologie[6]. Neben Grundirrtümern in der Lehre von der Schrift, vom Urstand und vom freien Willen griff sie in erster Linie Calixts These von der Suffizienz der im Apostolicum enthaltenen Glaubensartikel für das Fundament des Glaubens und der Kirche an[7]. An der Wahrheit dieser These hing der seit den Religionskämpfen des Dreißigjährigen Krieges immer mehr in den Mittelpunkt der Theologie und der kirchlichen Wirksamkeit Calixts tretende Gedanke der Wiederherstellung des Friedens und der Einheit der Gesamtkirche[8]. Die Behauptung, daß im Apostolischen Symbol die fundamentalen Artikel des christlichen Glaubens vollständig enthalten seien, verband sich bei Calixt mit der Folgerung, daß alle großen Partikularkirchen, da sie sich zum Apostolischen Symbol bekennen, auf dem gleichen, noch intakten Fundament der

---

[1] Johann Gerhard war der erste, der an der Universität Jena ein Kolleg über Metaphysik hielt, HÄGGLUND a O S. 9.

[2] Vgl. den gegen Daniel Hoffmann und seinen Kreis sich richtenden „Vernunftspiegel" des Wittenberger Jacob Martini (Wittenberg 1618); vgl. dazu WUNDT aaO S. 109 f. [3] Siehe dazu unten S. 127 f.

[4] Calov, Isagoge ad SS. Theologiam, 1652, Epistola dedicatoria b 3 f., wendet sich gegen den Vorrang des metaphysischen und logischen Studiums im Rahmen der theologischen Bildung, wie er es in Helmstedt betrieben sieht.

[5] Siehe unten S. 128 ff. [6] SCHÜSSLER S. 191 ff. [7] Ib. S. 192.

[8] Vgl. ib. S. 99.

88

einen katholischen Kirche ruhen[1],und unter ihnen in bezug auf das gemeinsame Haupt Christus eine „communio actualis" bestehe, die aus einer unsichtbaren in eine sichtbare Gemeinschaft des Friedens und der Einheit zu führen ein Gebot christlicher Liebe und eine Notwendigkeit weltlichen Friedens sei[2]. Calixt hat die im gemeinsamen Fundament des Apostolicums gegebene Übereinstimmung zwischen den Konfessionen so hochgeschätzt, daß er alle konfessionellen und theologischen Gegensätze für nicht das Fundament betreffend und deshalb nur akzidentiell erklären konnte[3].

Der ungeschichtlichen Restriktion des Fundaments kirchlicher Lehre auf den frühkatholischen Standpunkt des Apostolicums hat sich das Luthertum mit Recht widersetzt. Wurde doch damit die Mitte reformatorischer Theologie, die Rechtfertigung allein aus dem Glauben, als über das Fundament hinausschießende Sonderlehre einer Partikularkirche erklärt[4], die nicht heilsnotwendig zu glauben und keine die Gesamtkirche bindende Lehre sei. In dem nach dem Thorner Religionsgespräch von 1645 anhebenden synkretistischen Streit kommt darum im Zentrum der Lehre noch einmal zum Austrag, was an der Peripherie bereits das Luthertum nach Luthers Tod im adiaphoristischen Streit durchzukämpfen hatte: der Gegensatz zwischen einem um der Einheit und des Friedens der Kirche willen zu Kompromissen bereiten christlichen Humanismus und einem um der Wahrheit des Wortes Gottes willen in Ausschließlichkeit bei der einmal für wahr erkannten evangelischen Lehre verbleibenden rechtgläubigen Luthertum[5]. Daß überhaupt der christliche Humanismus Melanchthons mehr als ein halbes Jahrhundert nach seiner Vertreibung aus den Kernlanden der Reformation der kursächsischen Orthodoxie noch einmal als eine geistige Macht entgegentreten konnte, wird man allein der Persönlichkeit des Calixt zuschreiben müssen, den man den hervorragendsten Geist der lutherischen Kirche des 17.Jahr-

---

[1] Vgl. ib. S. 57ff.; 69ff.
[2] Ib. S. 70.   [3] Ib. S. 69. 195.   [4] Vgl. SCHÜSSLER S. 195; LAU, RGG³ I, 1586.
[5] Eine ausführliche Darstellung des synkretistischen Streites gibt SCHÜSSLER aaO S.179ff. SCHÜSSLER urteilt über den synkretistischen Streit, daß in ihm „von der einen Seite der Kampf um die Ausschließlichkeit der lutherischen Kirche und Lehre, von der anderen um das universalkirchliche Selbstverständnis des Luthertums geführt" wurde (aaO S. 201). SCHÜSSLER arbeitet gut heraus, daß das Luthertum erst im synkretistischen Streit sich für die Existenz als partikulare lutherische Kirche entscheidet. Demgegenüber kommt aber der Gesichtspunkt, daß in der Gestalt Calixts dem Luthertum noch einmal der melanchthonische Humanismus entgegentritt, in der Darstellung SCHÜSSLERS m. E. zu kurz. Erkannt ist dieser Punkt von F. HEER, Die dritte Kraft, 1959, S. 238.

hunderts nennen muß[1], auch wenn er es nicht – darin wie in vielem Joh. Sal. Semler gleichend – zu einem großen dogmatischen Entwurf gebracht hat wie Gerhard und Calov.

Die Tiefe des Gegensatzes zwischen Calixt und den strenggläubigen Lutheranern blieb freilich an die Optik der um die reine evangelische Lehre besorgten Orthodoxie gebunden. Schon Spener hat die Kluft zwischen den Helmstedtern und den orthodoxen Lutheranern kaum noch empfunden. Spener hat gemeint, daß Helmstedt und Wittenberg „einig sind in der Sache selbst" und nur zur Debatte stehe, ob „die Arten zu reden" bei Calixt und Horneius zu entschuldigen seien[2]. So wird der Gegensatz zwischen Calixt, dem seine altprotestantischen Gegner „Synkretismus" und „Mischmasch von allerley Religionen"[3], ja sogar die Einführung des Atheismus in die Kirche vorwarfen[4], und der lutherischen Orthodoxie in neuprotestantischer Sicht allmählich relativiert. Immerhin hat noch Gass in seiner Geschichte der protestantischen Dogmatik mit der Gliederung „Dogmatismus, Synkretismus, Pietismus" der Helmstedter Richtung eine deutliche Sonderstellung neben der Orthodoxie eingeräumt[5].

Die Relativierung des Gegensatzes zwischen Calixt und den orthodoxen Lutheranern kennzeichnet vollends die neuere protestantische Theologiegeschichtsforschung. Hier hat sich der Blick von den materialen Differenzen des Lehrinhalts weggewandt zur Untersuchung der Form des theologischen Denkens. Seit Troeltsch[6] sucht man die altprotestantische Theologie vor dem Hintergrund ihrer wissenschaftstheoretischen Voraussetzungen als ein organisches Ganzes zu begreifen. H. E. Weber hat den Einfluß der Methodenlehre des Neuaristotelismus auf die gesamte lutherische Theologie des 17. Jahrhunderts nachgewiesen, ebenso den Einfluß der philosophischen Metaphysik auf die Ausbildung der Dogma-

---

[1] Gass, Geschichte der protestantischen Dogmatik II, 68.

[2] Spener, Letzte theologische Bedencken III, 13.

[3] So Jakob Weller, nach Schüssler S. 198.

[4] In einer Königsberger Streitschrift Anticrisis von 1648, nach Schüssler, Anhang S. 24 Anm. 86.

[5] Vgl. auch die Vorrede zum zweiten Band der „Geschichte der protestantischen Dogmatik", 1857, S. V.

[6] Troeltsch, Vernunft und Offenbarung bei Johann Gerhard und Melanchthon, 1891. Die von Troeltsch betonte Bedeutung Melanchthons für die Begründung eines allgemeinen protestantischen Bildungswesens behält neben der inzwischen mehr in den Blickpunkt getretenen neuen Metaphysik und Methodenlehre weiterhin ihr Recht.

tik[1]. Aus einer an der Methodenlehre und der Rezeption der Metaphysik orientierten Sicht rücken die Helmstedter und die orthodox-lutherischen Theologen auf dem gemeinsamen Boden der aristotelischen Schulphilosophie eng zusammen. Man sieht, wie Gerhard und Calixt ungefähr gleichzeitig die theologische Arbeit mit der im letzten Dezennium des 16. Jahrhunderts wieder auflebenden Metaphysik verknüpfen. Hauptargument für die Gleichartigkeit zwischen Helmstedter und lutherisch-orthodoxer Theologie ist bei WEBER das beiden Richtungen gemeinsame praktische Verständnis der Theologie und die Anwendung der analytischen Methode auf die Theologie[2].

WEBER hat in dem zur analytischen Methode greifenden praktischen Verständnis der Theologie die spezifische Eigenart der lutherischen Theologie als einer „Glaubenswissenschaft" gegenüber Reformierten und römischen Katholiken gesehen[3]. Zwar Johann Gerhard steht aus der Sicht WEBERs noch zurück, weil er die Theologie nicht eindeutig als praktischen habitus definiert und trotz Kenntnis Zabarellas die analytische Methode nicht angewendet hat[4]. Dafür sieht WEBER im Verständnis des Theologiebegriffs Calixt und Calov nahe beieinander stehen, weil beide sich in der Bestimmung der Theologie als eines habitus practicus treffen und beide in ihren Lehrdarstellungen die analytische Methode anwenden[5]. So konnte von WEBER aus seiner vorzüglich an der Methodenlehre orientierten Sicht eine grundsätzliche Übereinstimmung im Theologiebegriff zwischen den Helmstedtern und den orthodox-lutherischen Theologen behauptet werden[6].

In dem Maße, in dem die neuere protestantische Forschung in Metaphysik und Methodenlehre den die Helmstedter wie die streng lutherische Theologie in gleicher Weise umgreifenden philosophischen Hintergrund

---

[1] E. WEBER, Der Einfluß der protestantischen Schulphilosophie auf die orthodox-lutherische Dogmatik, 1908. Die Grundlage zu diesem Buch hat WEBER gelegt in: Die philosophische Scholastik des deutschen Protestantismus im Zeitalter der Orthodoxie, 1907.

[2] WEBER, 1908, S. 28.   [3] WEBER, 1908, S. 39. 41 ff.   [4] Ib. S. 49.

[5] WEBER stellt fest (aaO S. 28): „Die analytische Methode ist die Methode der ausgebildeten lutherischen Orthodoxie. Hier herrscht bei allen sonstigen Differenzen Übereinstimmung zwischen den Führern der Wittenberger, der Jenaer und Helmstedter Richtung."

[6] Vgl. ib. S. 47: „Auch die gute Tradition der Helmstedter kommt darin schließlich mit den ‚genuinen' Lutheranern überein, daß das eigentümliche praktische Ziel der Theologie im Glauben und in seinem Heil zu suchen ist." Vgl. S. 26: „Übereinstimmung von Calixt und Calov."

der aristotelischen Schulphilosophie erhellte, mußte die Tendenz, aus der heraus vor über hundert Jahren Henke seine große Calixtbiographie geschrieben hatte[1], als verfehlt oder – mit einem Wort Troeltschs – „äußerst unglücklich" angesehen werden[2]. Henke hatte zu zeigen gesucht, daß Melanchthon und Calixt die beiden großen Vertreter der freien Wissenschaft in der altprotestantischen Zeit gewesen seien, und daß deren Unterdrückung durch den Glaubenszwang der Orthodoxie den für die neuere Zeit so unheilvollen Bruch zwischen Kirche und Bildung zur Folge gehabt habe[3]. In der Darstellung Henkes war deshalb das Helmstedt Calixts in einer von den orthodox-lutherischen Universitäten scharf abgegrenzten Sonderstellung gezeichnet.

Troeltsch hat gegen Henke eingewandt, er habe den Nachweis einer materiellen Differenz zwischen der philosophischen Bildung Calixts und der der anderen Lutheraner nirgends geführt, sondern nur Klagen Calixts über Roheit der Polemik, Barbarei des Stils und ungründliche Flüchtigkeit zitiert[4]. Allein im Lebendigerhalten der alten Eloquenz, die dem Einfluß des Caselius zu verdanken ist, räumt Troeltsch Helmstedt eine auf Rhetorik und Stilistik beschränkte Eigenart ein[5]. Der Kritik Troeltschs an der Hervorhebung des Gegensatzes zwischen Calixt und der orthodoxen Theologie, wie sie bei Henke vorliegt, hat man sich in der Theologiegeschichtsforschung weithin angeschlossen[6]. Otto Ritschl sah die Eigenart der Theologie Calixts gegenüber der Orthodoxie auf Stil und Argumentationsweise beschränkt[7]. Und in H. E. Webers großer Darstellung der orthodoxen Theologie ist im Gegensatz zu Gass[8] der synkretistischen Theologie Helmstedts keine deutliche Sonderstellung mehr eingeräumt; sie ist hier unter der Überschrift „Der Geist der Orthodoxie" mit inbegriffen[9].

Es bleibt zu fragen, ob die Henkesche Sicht wirklich so völlig verfehlt war. Troeltschs Einwand, Henke habe keine materiellen Differenzen in der philosophischen Bildung zwischen Helmstedt und den orthodoxen Lutheranern aufzuzeigen vermocht, hat heute entscheidend an Gewicht

---

[1] E. L. Th. Henke, Georg Calixt und seine Zeit I 1853, II 1860.
[2] Troeltsch, 1891, S. 112.   [3] Vgl. das Referat bei Troeltsch S. 112.
[4] AaO S. 112.   [5] AaO S. 112.
[6] So zuletzt ausdrücklich E. Lewalter, Spanisch-jesuitische und deutsch-lutherische Metaphysik des 17. Jahrhunderts, 1935, S. 12.
[7] O. Ritschl, Dogmengeschichte des Protestantismus IV, S. 372 (vgl. unten S. 94 Anm. 5).   [8] Vgl. oben S. 89 bei Anm. 4.
[9] H. E. Weber, Reformation, Orthodoxie und Rationalismus, Zweiter Teil, Der Geist der Orthodoxie, 1951.

92

verloren. Seit Wundts großer Arbeit „Die deutsche Schulmetaphysik des
17. Jahrhunderts" (Tübingen 1939) besitzen wir ein wesentlich detaillier-
teres Bild von der protestantischen Schulphilosophie, als es Troeltsch
und auch noch Weber seinerzeit vor Augen hatten. Wundt hat gezeigt,
daß es in der im protestantischen Bereich betriebenen Philosophie des
17. Jahrhunderts Richtungen gegeben hat, die „große und entscheidende
Abweichungen voneinander" zeigen[1]. Die Rede von der Gleichartigkeit
der Schulphilosophie des 17. Jahrhunderts hat Wundt ein „Vorurteil"[2]
und eine „Augentäuschung"[3] genannt. Weiter hat Wundt aufgewiesen,
daß es auch im lutherischen Bereich zwei Strömungen der Schulphilosophie gibt, von denen die eine auf die vom Humanismus vertretene,
ursprünglich stoische Lehre von den eingeborenen Prinzipien, wie sie sich
bei Melanchthon findet, zurückgeht und einen von Gott stammenden
Besitz der Seele voraussetzt, der auch durch den Sündenfall nicht verdunkelt ist; während die andere aus der radikaleren Auffassung der
Verderbnis durch den Sündenfall einen solchen Besitz bezweifelt und
alles Wissen allein aus der nachträglichen Belehrung durch die Erfahrung
entstammen läßt[4]. Letztere Auffassung wird da vertreten, wo das strenge
Luthertum den Humanismus zurückgedrängt hat[5]. So unterscheidet
Wundt in der Schulphilosophie des 17. Jahrhunderts zwischen einer von
rationalen Prinzipien ausgehenden humanistischen Richtung, wie sie sich
außer bei den Reformierten vor allem bei dem Helmstedter Cornelius
Martini findet, und einer empiristischen Richtung in der Philosophie bei
strengen Lutheranern wie Gutke und Calov[6]. Diese wirkt nach dem
Urteil Wundts bei Thomasius und Budde weiter und verbindet sich mit
dem Pietismus, wogegen der mehr humanistisch bestimmte Aristotelismus in der Linie Leibniz – Wolff zu Kant weiterwirkt[7].

Die Philosophie des 17. Jahrhunderts ist also nicht so schnell auf einen
Nenner zu bringen, wie Troeltsch das glaubte. Damit wird aber auch
unser Bild von der Theologie des 17. Jahrhunderts, auf die in Wundts
Darstellung leider kein Bezug genommen wird[8], korrekturbedürftig.
Findet man in der Helmstedter und Wittenberger Philosophie jeweils
Positionen von Aufklärung und Pietismus präformiert, so ist zu fragen,
ob das gleiche nicht auch von der – weithin doch in Personalunion ver-
tretenen – Theologie Helmstedts und des orthodoxen Luthertums gilt.
Aber auch die von Weber ins Feld geführte Übereinstimmung in der

---

[1] Wundt, Die deutsche Schulmetaphysik des 17. Jahrhunderts, 1939, S. 8.
[2] AaO S. 8.   [3] AaO S. 9.   [4] AaO S. 261.
[5] AaO S. 261.   [6] AaO S. 261.   [7] AaO S. 261 f.   [8] Vgl. aaO S. 30 Anm. 2.

Anwendung der analytischen Methode ist ein sehr unsicheres Argument für die Einheit des lutherischen Theologiebegriffs im 17.Jahrhundert. Schon OTTO RITSCHL hat darauf hingewiesen, daß Calixt im Apparatus theologicus (1628) auf die in der Epitome von 1619 angewandte analytische Methode nicht mehr zu sprechen kommt[1]. Die analytische Methode hat bei Calixt die Funktion eines eklektischen Verfahrens zur Organisierung von Teilgebieten der Theologie, nicht aber organisiert sie wie in der lutherischen Orthodoxie die Theologie als ein Ganzes[2]. Zu denken sollte schon geben, daß Calixts geplantes, aber nie geschriebenes Hauptwerk „Summa" betitelt werden sollte und schon diesem Titel nach kaum nach der analytischen Methode geplant sein kann[3]. WEBER hat es sich auch zu leicht gemacht, wenn er den Helmstedter Konrad Horneius, der in seinem Compendium theologiae (1655) die analytische Methode ignoriert und die doctrina fidei, sacramentorum et morum nebeneinanderstellt, nur als die die Regel bestätigende Ausnahme von der allgemeinen Geltung der analytischen Methode ansah[4]. Horneius ist der

---

[1] Dogmengeschichte des Protestantismus IV, S. 391.

[2] Gut charakterisiert OTTO RITSCHL die Bedeutung der analytischen Methode innerhalb der Theologie Calixts: „Auf die Frage nach der analytischen Methode der Theologie ist Calixt in seinem Apparatus direkt nicht wieder zurückgekommen. Er hat in ihm auch nicht etwa ausdrücklich der auf möglichst vollständiges Wissen ausgehenden theologia academica den Gebrauch der synthetischen Methode zuerkannt. So wie er jedoch in der Epitome die analytische Methode entwickelt hatte, ist es deutlich, daß sie nur in seiner theologia ecclesiastica oder positiva gelten sollte. Denn nach ihr bestimmt sich ja eben das eklektische Verfahren, das deren Umfang begründet. So aber stellt sich die analytische Methode im Sinne Calixts als ein Prinzip der Ökonomie dar, nach der er die Auswahl der der positiven kirchlichen Theologie zuzuweisenden Stoffe traf." Dogmengeschichte des Protestantismus IV, S. 391. RITSCHL zieht aus dieser Beobachtung aber keine Konsequenzen auf die Eigenart des Theologiebegriffs Calixts.

[3] HENKE I, S. 418ff.; Calixt verweist auf seine geplante „Summa" im Apparatus theologicus S. 11.

[4] WEBER 1908, S. 28, sagt, bei Horneius sei durch die Ignorierung der analytischen Methode „die Entfernung von der Hauptlinie des Luthertums... so deutlich, daß man in der Ausnahme nur eine Bestätigung der Regel finden kann". Gleich darauf wird dann in der Frage der analytischen Methode und in der Grundanschauung vom Wesen der Theologie „Übereinstimmung zwischen den Führern der Wittenberger, der Jenaer und Helmstedter Richtung" konstatiert, wobei WEBER an Calixt denkt. Damit wird aber ein Gegensatz zwischen den beiden Führern der Helmstedter Theologie konstruiert, der in Wirklichkeit nie bestanden hat. Mit der Tatsache, daß Calixt die analytische Methode gelegentlich verwandt hat und Horneius nicht, ist noch nichts über einen verschiedenen, dort praktisch-religiösen, hier

94

zum gleichen Helmstedter Kreis gehörende Gefährte Calixts, und sein Theologiebegriff ist dem von Calixt keineswegs entgegenzustellen[1].

Schließlich aber hätte TROELTSCH HENKE nicht vorwerfen dürfen, er habe nur Klagen Calixts über Roheit der Polemik und Flüchtigkeit der Studien zitiert[2]. HENKE hat ausdrücklich auf die Eigenart des Calixtschen Theologiebegriffs hingewiesen, auf die Unterscheidung von Theologie und Glaube, die sich nur in der Helmstedter Theologie Calixts und sonst nicht in der lutherischen Orthodoxie findet[3]. Er hat deshalb Calixt einen Vorgänger Schleiermachers genannt[4]. Diese Hinweise blieben aber unbeachtet. Schon GASS geht merkwürdigerweise nicht auf sie ein – vielleicht um der Größe des von ihm verehrten Schleiermacher keinen Abbruch zu tun. Ebenso haben TROELTSCH, OTTO RITSCHL und EMIL WEBER die von HENKE so betonte Unterscheidung von Theologie und Glaube bei Calixt nicht beachtet[5].

An diesem Punkt soll nun die folgende Darstellung des Theologiebegriffs Calixts einsetzen. Es ist, nachdem lange Zeit der die altprotestantische Theologie tragende Boden der Schulphilosophie den Blick auf sich gezogen hat, nun wiederum notwendig, die Eigenart und besondere Gestalt der auf diesem Boden wachsenden Pflanzen ins Auge zu fassen. Dabei kann die noch ausstehende Aufgabe, die von WUNDT herausgestellten Differenzen in den Grundlagen der Schulphilosophie mit den Richtungsunterschieden der Theologie in Beziehung zu setzen und der jeweilig wechselseitigen Beeinflussung von Philosophie und Theologie nachzu-

---

etwa theoretisch-intellektualistisch bestimmten Theologiebegriff gesagt, wie es in der Konsequenz der WEBERschen Konzeption liegt. Ich schließe mich von hieraus den „schweren Bedenken" gegen WEBERs Beurteilung der analytischen Methode an, die von ganz anderer Seite her PAUL ALTHAUS, Die Prinzipien der deutschen reformierten Dogmatik im Zeitalter der aristotelischen Scholastik, 1914, S. 56ff., vorgebracht hat.

[1] Die von Horneius benutzte Trias Glaubenslehre, Sakramente, Sittenlehre ist auch Calixt zur Bezeichnung des Wesens des Christentums geläufig. Vgl. SCHÜSSLER S. 56, und Anhang S. 20 Anm. 8.

[2] Vgl. oben S. 21 bei Anm. 4.

[3] HENKE I, S. 434; vgl. ib. S. 422ff.

[4] HENKE I, S. 434 spricht von der „Forderung hinreichender Trennung von Religion und Theologie, worin Calixtus Schleiermacher vorangegangen ist". Vgl. ib. S. 290.

[5] O. RITSCHLs Charakterisierung der Eigenart der Theologie Calixts beschränkt sich auf den „Stil seiner Darstellung und die Art und Weise seiner Argumentation", die „selbständiger, freier und weniger schwerfällig als bei den meisten seiner theologischen Zeitgenossen" waren, aaO S. 372.

gehen, hier nicht gelöst werden. Das von WUNDT aufgewiesene Vorhandensein zweier Richtungen in der lutherischen Schulphilosophie kann aber
ein Zeiger sein, Calixts Aussagen über Wesen und Aufgabe der Theologie
im größeren Rahmen eines in Helmstedt sich behauptenden, sich auf
Melanchthon zurückführenden humanistischen Denkens zu sehen, da
sich allein von hier aus die Calixtsche Unterscheidung von Theologie und
Glaube und die von den üblichen lutherischen Bestimmungen in entscheidenden Punkten abweichende Sonderanschauung Calixts vom Wesen
der Theologie verständlich machen lassen.

B. Theologie und Glaube

Vorausgreifend können die charakteristischen Besonderheiten, durch
die sich Calixts Theologiebegriff vom Theologiebegriff des orthodoxen
Luthertums unterscheidet, folgendermaßen formuliert werden:

1. Calixt führt zum ersten Mal die Unterscheidung von Theologie und
Glaube als zwei artverschiedenen Größen in die lutherische Theologie ein.
2. Ebenfalls erstmalig unterscheidet Calixt scharf zwischen der Theologie und der Verkündigung des Predigtamtes.
3. Während für die lutherische Orthodoxie die Theologie ein von Gott
gegebener, durch oratio, meditatio und tentatio erworbener habitus ist,
versteht Calixt die Theologie als einen mit den natürlichen Mitteln des
menschlichen Verstandes zu erwerbenden habitus.
4. Calixt behauptet, daß Theologie nicht den Gläubigen nötig sei,
sondern nur denjenigen, die an der Leitung der Kirche teilhaben. Im
Unterschied zum orthodox-lutherischen Begriff der Theologie als Glaubenswissenschaft (H. E. WEBER) nimmt Calixt damit den Grundgedanken
des Schleiermacherschen Theologiebegriffs vorweg.

1. Die Bestimmung des Theologiebegriffs

Calixt hat sein Verständnis von Wesen und Aufgabe der Theologie
zweimal ausführlich expliziert. Einmal in der „Epitome Theologiae",
einem als Nachschrift seiner Vorlesungen 1619 von Schülern herausgegebenen dogmatischen Kompendium[1], sodann im „Apparatus theologicus" von 1628[2], einer Art enzyklopädischer Einleitung in die theo-

---

[1] Das Werk erlebte zahlreiche Auflagen. Ich zitiere nach der mir zugänglichen
Ausgabe Georgii Calixti Epitome Theologiae, Braunschweig 1653.
[2] Apparatus theologicus seu introductio in studium et doctrinam SS. Theologiae,

logische Wissenschaft, in welcher die der Epitome vorangestellten Erörterungen über die Theologie[1] weithin wörtlich wiederkehren. Beide Schriften gehören dem frühen Calixt († 1656) an und sind zu einer Zeit verfaßt, in der sich Calixt noch nicht mit seinen Sonderlehren in Gegensatz zum orthodoxen Luthertum gebracht hatte[2].

Die Epitome Theologiae beginnt ebenso wie die Loci Gerhards mit einleitenden Erörterungen über Wesen, Aufgabe und Methode der Theologie[3]. Das Wort „theologia" ist auch für Calixt ein offenbar selbstverständlicher Name für die christliche Lehrwissenschaft. Vorbehalte gegenüber dem Begriff als solchem[4] finden sich bei Calixt nicht.

Schon ein erster Blick zeigt jedoch merkliche Unterschiede in der Behandlung des Theologiebegriffs zwischen Gerhard und Calixt. Gerhards Prooemium stellt die Theologie als ein Seiendes (ens reale) im Sinne der

---

Helmstedt 1628 (Henke I, S. 421, Anm. 2). Ich zitiere nach der acht Monate nach Calixts Tod von seinem Sohn Ulrich herausgegebenen Auflage von 1656 mit dem etwas veränderten Titel: Apparatus sive introductio in studium et disciplinam Sanctae Theologiae, Helmstedt 1656. (Mit dem Ersatz von „doctrina" durch „disciplina" im späteren Titel ist, worauf hier schon vorausgreifend hingewiesen sein mag, die Konsequenz gezogen aus der von Calixt vollzogenen Auflösung der Einheit von Theologie und Heilslehre. Der Kundige sieht in dem Ersatz von „doctrina" durch „disciplina" bereits einen Vorverweis auf Schleiermachers Theologiebegriff.)

[1] Siehe unten Anm. 3.

[2] Calixt hat seinen Traditionalismus (Theorie vom dogmatischen Consensus der ersten fünf Jahrhunderte) erst ab 1628 vertreten. Ritschl, Dogmengeschichte des Protestantismus IV, S. 309.

[3] Die Epitome beginnt mit „Prolegomena", die zunächst „De constitutione SS. Theologiae" (S. 1–9), dann umfangreicher „De principio eiusdem videl. Sacra Scriptura" (S. 10–60) handeln (vgl. den Index am Ende des Werkes). Den Beschluß bildet die Definition der Theologie (S. 60). Im Unterschied zu Gerhards Prooemium ist also bei Calixt die Lehre von der Schrift aus der eigentlichen Dogmatik in die Prolegomena vorgezogen. – Den Prolegomena vorangestellt ist eine 30 Seiten umfassende grundsätzliche Einleitung in Wesen und Organisation der theologischen Wissenschaft, die weithin wörtlich mit Ausführungen des Apparatus von 1628 übereinstimmt. Sie findet sich bereits in der mir nicht zugänglichen ersten Ausgabe der Epitome von 1619 (brieflicher Hinweis von Dr. Hermann Schüßler). Ich weise darauf hin, daß die aus der Einleitung der Epitome gewählten Zitate auch da, wo es von mir nicht besonders angegeben wurde, sich meist in derselben oder nur leicht veränderter Form im Apparatus wiederfinden. In der mir vorliegenden Ausgabe (siehe Anm. 1) hat diese Einleitung weder Überschrift noch Seitenzählung. Ich zähle in römischen Ziffern von Seite I bis XXX durch und zitiere im folgenden: Epitome, Einleitung S. I. usw.

[4] Vgl. oben S. 21 f. und 28 f.

Metaphysik vor und befragt sie in strenger Bindung an die Partikularmethode auf ihr Genus und ihre spezifischen Seinsbestimmungen (z. B. die
vier causae)[1]. Diese schematische, von einem vorgegebenen philosophischen Fragesystem ausgehende und in dieses System zwingende Behandlung des Theologiebegriffs, die von Gerhard ab für die lutherische
Theologie des 17.Jahrhunderts kennzeichnend wird, fehlt bei Calixt noch
völlig. Seine Erörterung der Theologie, die noch nicht wie Gerhard und
die Folgezeit die Frage nach der „natura" der Theologie stellt, fließt
ohne besondere äußere Gliederung dahin, ohne Einteilungen und Unter-
teilungen, in loser Folge aufgeworfener Fragen wie der nach dem Verhältnis der Theologie zum Heilsglauben, der Art ihres habitus, der zu
befolgenden Methode, dem Verhältnis zu den anderen Wissenschaften[2].
Mit den Termini habitus, subiectum, finis etc. ist zwar die aus der Metaphysik stammende Begrifflichkeit zur Stelle, aber diese Begriffe scheinen
für Calixt mehr die rationalen Formen eines historisch-empirischen Begreifens als starre Befragungskategorien einer metaphysischen Ding-
Erkenntnis zu sein[3]. Es ist humanistischer Stil, in welchem sich Calixts
Erörterung über die Theologie von der scholastischen Form des Prooemium der Loci Gerhards unterscheidet[4].

Die von Gerhard aus der Scholastik übernommene und in der Folgezeit von der Orthodoxie ausgebaute metaphysische Deduktion der „theologia viatorum" aus der „theologia archetypa" Gottes findet man bei
Calixt ebenfalls nicht. Schon den Begriff einer „theologia viatorum", der
bei Gerhard die theologia supernaturalis und die theologia naturalis
gleicherweise umgreift und sinnvoll ist nur auf dem Hintergrund seines
Gegenbegriffs, der den Engeln und den zur Seligkeit gelangten Menschen
zugeschriebenen „theologia beatorum" oder „theologia visionis"[5], sucht
man bei Calixt vergeblich. Im Gegensatz zu der seit Gerhard sich durch-
setzenden Einordnung des Theologiebegriffs in den metaphysischen Zusammenhang eines Systems von „Theologien" bleibt Calixt bei der Be-

---

[1] Vgl. oben S. 30. 65f.

[2] Vgl. die Einleitung, aber auch die Prolegomena der Epitome.

[3] Zu der geringen Bedeutung der Metaphysik für die Theologie in Helmstedt
siehe HÄGGLUND, 1951, S.14. Vgl. LEWALTER, 1935, S. 68f.

[4] WUNDT, Die deutsche Schulmetaphysik, 1939, S. 275 macht die gleiche Beobachtung des Stilunterschieds im philosophischen Schrifttum zwischen der Darstellungsweise des Cornelius Martini und der der anderen Philosophen des lutherischen Bereichs.

[5] Prooemium § 16.

stimmung seines Theologiebegriffs streng im immanenten Raum menschlicher Geschichte und bekommt die Theologie überhaupt nur als das historisch greifbare Phänomen menschlicher Wissenschaft in den Blick. Hatte Gerhard bei allem Abstand zwischen der theologia archetypa und der theologia ectypa hominum viatorum letztlich beiden, Gott und Mensch, die Theologie zusprechen können[1], so ist für Calixt die Theologie ausschließlich eine Sache des Menschen; das Wissen, das Gott von sich selbst hat, bleibt außerhalb des Horizontes des Theologiebegriffs.

Calixt geht auch nicht zur Bestimmung des Theologiebegriffs von dem aus der Etymologie des Wortes folgenden allgemeinen Begriff einer „doctrina de Deo" aus wie Gerhard. Auf der Etymologie des Wortes Theologie liegt bei Calixt kein Gewicht. Zwar weiß Calixt, daß eine Namenerklärung von Theologie, die er wie Gerhard als „doctrina de Deo" versteht, ein weites Feld bezeichnet[2], doch will er gegenüber einer solchen in der Nominaldefinition erscheinenden „theologia late accepta" den Begriff der Theologie von vornherein eingrenzen auf die „doctrina, quae nitatur revelatione divina"[3]. Der Begriff der Theologie soll durch die Bezogenheit auf die göttliche Offenbarung konstituiert sein. Dabei ist, wie Calixt sofort bemerkt, unter göttlicher Offenbarung nur die revelatio specialis verstanden, die in der unfehlbaren Schrift aufgezeichnet ist, nicht aber jene revelatio generalis, durch die Gott offenbart hat alles das, was aus der Betrachtung der göttlichen Werke und aus den unserem Geist eingeschriebenen Prinzipien an Wahrheit über Gott erschlossen werden kann[4].

Seinen Theologiebegriff entwickelt Calixt nun methodisch so, daß er andere vom Wortsinn her mögliche Begriffe von Theologie ausschaltet.

---

[1] Beachte aber die Betonung, daß die Theologie Gottes und die Theologie der Kreatur nicht unter ein gemeinsames Genus fallen (Prooem. § 15: Haec theologia in creatore... toto genere differt ab ἐκτύπῳ...). Der Theologiebegriff ist also nur analogisch, nicht univok auf Gottes und des Menschen Wissen angewendet.

[2] Epitome, Einleitung S. I. Theologia, uti notum est, quod vim vocis attinet, orationem sive doctrinam de Deo significat. Vocabulum igitur secundum se convenire potest cuivis, qui de Deo rebusque divinis instituatur, sermoni vel tractatui, etiam illi, qui non nitatur revelatione et Scripturis. Vgl. Apparatus S. 1.

[3] Ib. S. II (Vgl. Anm. 4).

[4] Ib. S. II f.: Secundum usum vero hodie receptum Theologia non accipitur nisi pro doctrina, quae nitatur revelatione divina; et quidem non illa generali, per quam Deus patefecit, quicquid cum de seipso tum de rebus aliis colligi veritatis potest ex operibus, quae spectanda nobis proposuit, et principiis, quae animis nostris inscripsit, sed quae nitatur revelatione peculiaris modi facta per inspirationem vel allocutionem hominibus in hanc rem destinatis, et postea infallibilibus literis consignata.

Zunächst fällt der Begriff einer theologia naturalis fort. Calixt kennt natürlich den Begriff einer „naturalis theologia, quae lumine rationis ex rebus factis de Deo agit"[1]. Er will auch das sachliche Recht einer solchen durch Röm. 1, 19 legitimierten Wissenschaft keineswegs bestreiten, mag sie faktisch auch oft auf Irrwegen gewandelt sein[2]. Bloß ist diese Wissenschaft nach dem heute üblichen Sprachgebrauch nicht mehr Theologie zu nennen. Fragt man nach dem Namen, den die eine rationale Wissenschaft von Gott betreibende philosophische Disziplin erhalten soll, so stößt man bei Calixt auf die hinter den drei traditionellen theoretischen Disziplinen Mathematik, Physik und Metaphysik rangierende sogenannte „Quarta scientia"[3]. Diese „Quarta scientia" ist der neuerdings zur eigenständigen Disziplin aus der Metaphysik herausgewachsene spezielle Teil der Metaphysik, in dem in der Lehre von den Arten des Seienden (species) unter der Kategorie der Substanz von Gott, den Engeln und der anima separata gehandelt wird[4]. Später bürgerte sich für diese Disziplin der Name „Pneumatik" ein[5].

Mit der Ausschaltung des Begriffs der natürlichen Theologie fällt nun auch der ganze Bereich der natürlichen Gotteserkenntnis nicht mehr in den Kreis des Theologiebegriffs hinein. Welche Konsequenzen dies für die Gestaltung der Dogmatik, speziell für die Gotteslehre hat, wird noch zu zeigen sein[6]. Zunächst ist auf folgendes zu achten: Es gibt für Calixt wohl ein Nebeneinander von natürlicher und übernatürlicher Gotteserkenntnis, wie es ja ein Nebeneinander von Philosophie und Theologie gibt. Es gibt bei Calixt aber dem Begriff nach nicht wie in der lutherischen Orthodoxie eine Doppelung des Theologiebegriffs in natürliche und übernatürliche Theologie. Es ist beachtlich, daß der für die neuere protestantische Theologie so folgenschwere Begriff der natürlichen Theologie bei Johann Gerhard in den Begriff der „theologia viatorum" miteinbezogen ist, während er bei dem vom rationalen Vermögen des Menschen viel optimistischer denkenden Calixt von vornherein ausgeschaltet wird. Freilich intendiert die Ausschaltung des alten Begriffs der theologia naturalis und die Konstituierung des Theologiebegriffs durch die göttliche Offenbarung der Heiligen Schrift durchaus nicht eine Befreiung der Theologie aus den Banden der ratio. Calixt lenkt im Gegenteil zum scholastischen Ver-

---

[1] Ib. S. I f.   [2] Ib. S. II.
[3] Ib. S. XX f. Vgl. Apparatus S. 27 f.
[4] Über den speziellen Teil der Metaphysik siehe WUNDT aaO S. 218 ff. Der Name „Quarta scientia" begegnet in WUNDTS Darstellung nicht.
[5] Siehe WUNDT aaO S. 219.   [6] Siehe unten S. 136 ff.

7*

ständnis des Verhältnisses von Theologie und Philosophie zurück und setzt in der Theologie eine gesunde, nicht nur Begriffe und Denkregeln, sondern auch einen allgemeinen Gottesbegriff liefernde Philosophie notwendig voraus[1]. Die Intention der Einschränkung des Theologiebegriffs auf Offenbarungsbezogenheit geht auf eine präzise Bestimmung der Theologie als Wissenschaft, wie im folgenden klar werden wird.

Der Ausschaltung der theologia naturalis folgt eine weitere Eingrenzung des Theologiebegriffs. Der Begriff der ,,doctrina, quae nitatur revelatione divina"[2] kann nach Calixt in einem zweifachen Sinn betrachtet werden[3]. Einmal als ,,simplex cognitio articulorum fidei, sive eorum, quae ad salutem necessaria sunt, qualis requiritur in omnibus Christianis, et sine qua salutem obtinere potest nemo"[4]. Die aus der Offenbarung gewonnene doctrina ist hier als die einfache Glaubenserkenntnis verstanden, in den dogmatischen Kategorien Calixts als die dem in der fiducia voluntatis bestehenden Rechtfertigungsglauben notwendig vorausgehende cognitio intellectus der Glaubensartikel[5]. Keiner solle sich wundern, daß der Glaube eine doctrina genannt wird, fügt Calixt hinzu, denn der Gegenstand des Glaubens wird von Gott gelehrt und der Glaube selbst wird von den Menschen gelernt[6]. Wir haben hier ebenso wie bei Gerhard eine habituale Fassung des doctrina-Begriffs vor uns[7], und zwar in derjenigen Bedeutung, die bei Gerhard als die erste Bedeutung der doctrina de Deo begegnete[8].

Sodann kann die auf die Offenbarung sich stützende doctrina betrachtet werden als eine ,,talis doctrina et cognitio articulorum fidei, per quam non tantum percipiantur et credantur, quae ad salutem necessaria sunt, verum per quam illa aliis explicentur, commode ex suis principiis deducantur, probentur et confirmentur et denique contra adversarios defendantur"[9]. Doctrina in diesem Betracht ist also die über das schlichte Glaubenserkennen hinausgehende wissenschaftliche Gelehrsamkeit, die Gerhard als dritte Bedeutung der doctrina nannte[10]. Wie die Gleich-

---

[1] Siehe unten S. 141f.　　　　　　　[2] Epitome, Einleitung S. II.

[3] Ib. S. III (,,dupliciter considerari potest").

[4] Ib. S. III.　　　　　　　　　　[5] Vgl. unten S. 102ff.

[6] Epitome, Einleitung S. III: Neque vero quis miretur, fidem a nobis doctrinam appellari: obiectum enim eius a Deo sane docetur et revelatur, adeoque ipsa discitur ab hominibus.

[7] Schon die Gleichsetzung von doctrina und cognitio verbietet es, die hier gemeinte fides als die fides quae creditur zu verstehen und die doctrina als ,,Lehre".

[8] Siehe oben S. 33.　　[9] Epitome, Einleitung S. III.　　[10] Siehe oben S. 41.

ordnung von doctrina und cognitio zeigt, ist doctrina auch in diesem zweiten Sinne habitual verstanden und meint keine Offenbarungslehre als Summe formulierter Sätze, sondern den Erkenntnishabitus einer Offenbarungsgelehrsamkeit.

Nachdem Calixt zwischen diesen beiden Betrachtungsmöglichkeiten der „doctrina, quae nitatur revelatione divina" unterschieden hat, fällt er eine Entscheidung, die in ihrer vollen Konsequenz betrachtet innerhalb der lutherischen Orthodoxie singulär ist, ebenfalls aber auch in der pietistischen und weithin auch der aufklärerischen Theologie ohne Parallele bleibt. Erst bei Semler und Schleiermacher findet sich ähnliches wieder. Calixt trennt jene erste Bedeutung der doctrina, die Glaubenserkenntnis also, scharf vom Begriff der Theologie und will diesen nur auf die zweite Bedeutung angewandt wissen. Zwar weiß Calixt, daß von der Wortbedeutung her auch die Glaubenserkenntnis Theologie genannt werden könnte „quia circa Deum et res divinas versatur", doch beruft sich Calixt darauf, daß der herkömmliche Sprachgebrauch niemals allen Christen, zumal den Unmündigen und der Literatur Unkundigen, den Namen „Theologen" zuerkannt hätte[1]. Theologie im strengen und eigentlichen Sinn soll aber nur die wissenschaftliche Gelehrsamkeit sein: Stricte itaque et proprie Theologiae nomine venit illa tantum doctrina, quae explicat, probat et defendit[2]. Der Terminus einer von der Glaubenserkenntnis unterschiedenen wissenschaftlichen Gelehrsamkeit von der göttlichen Offenbarung ist das Ziel der von Calixt vollzogenen Eingrenzung des Theologiebegriffs.

Die nach der zweifachen Betrachtung des doctrina-Begriffs erfolgte Einschränkung des Theologiebegriffs auf die wissenschaftliche Gelehrsamkeit hat ihren Grund primär nicht in einer Verschiedenheit des materialen Inhalts der doctrina (obwohl dies, wie noch zu zeigen ist[3], in gewisser Hinsicht auch der Fall ist), sondern in der Unterschiedenheit der Form der Erkenntnis. Hinter dem doppelten doctrina-Begriff steht bei Calixt die Behauptung der Artverschiedenheit von theologischer Erkenntnis und Glaubenserkenntnis. Theologie und Glaube werden unterschieden unter dem Vergleichspunkt des habitus. „Manifestum igitur satis est discrimen

---

[1] Epitome, Einleitung S. IV. Apparatus S. 6: Uterque autem hic fidei sive cognitionis habitus, cum acquisitus tum infusus, quia circa Deum et res divinas versatur, etsi Theologia dici quidem posset, neutri tamen eam appellationem usus tribuit: Quosvis enim Christianos et fideles etiam maxime rudes et omnis literaturae ignaros hoc sensu Theologos diceremus, quod nulla consuetudo admittit.

[2] Ib.   [3] Siehe unten S. 144 f.

inter habitum fidei... et habitum theologiae stricte, et ut nos eam modo accipimus, dictae" behauptet Calixt[1]. Die nähere Bestimmung dieses discrimen wird zeigen, daß wir es bei Calixt nicht nur mit jener Art begrifflicher Unterscheidung von Theologie und fides zu tun haben, wie sie etwa auch von der späteren lutherischen Orthodoxie in der Weiterführung der Unterscheidung Gerhards von cognitio simplex und cognitio accuratior vollzogen werden konnte[2], sondern daß hier wirklich bereits eine die aufklärerische, von Semler durchgeführte Unterscheidung von Theologie und Glaube vorwegnehmende Position eingenommen ist.

2. Der Begriff der fides bei Calixt

Daß nicht nur die Theologie, sondern auch der Glaube explizit unter der Kategorie eines seelischen habitus begriffen wird, ist die von Gerhard von vornherein unterschiedene Ausgangsbasis der Unterscheidung zwischen Theologie und Glaube. Gerhard lehnt bei der Erörterung des Glaubensbegriffs die scholastischen Begriffe der fides infusa, acquisita, habitualis und actualis ausdrücklich ab, weil sie der biblischen Rede vom Glauben als donum Dei und opus Dei nicht entsprechen[3]. Bei Calixt ist das Begreifen der fides unter die rationalen Kategorien der habitus-Lehre und damit die Einordnung des Rechtfertigungsglaubens in die Rubriken der vom Mittelalter überkommenen aristotelischen Seelenlehre ohne Bedenken durchgeführt.

Man kann hierin eine Konsequenz melanchthonischen Humanismus sehen. Der im philosophischen Bereich der Dialektik verbleibende Versuch Melanchthons, dem intellektuellen Glaubensbegriff der fides historica und dem reformatorischen Rechtfertigungsglauben auf dem Boden der habitus-Lehre nebeneinander Raum zu geben[4], wird von Calixt in die Theo-

---

[1] Epitome, Einleitung S. IV.

[2] Musäus, Introductio in theologiam, S. 199 § XLV: Atque hinc, quid differant Theologia et fides, facile intelligitur: differunt nempe inadaequate, ut includens et inclusum. Theologia enim includit fidem, et, praeter illam, includit etiam facultatem explicandi, confirmandi et defendendi ea, quae nostrae salutis causa revelata sunt, quam fides non includit. Vgl. Baier, Compendium theologiae positivae, S. 41 § XXXVII. Für die reformierte Orthodoxie: Coccejus, Summa Theologiae ex scripturis repetita, 1662, S. 5 f.: neque magni ponderis est subtilitas eorum, qui inter fidem et Theologiam distinguunt. Verum est, Theologum plura nosse, quam fidelem quemvis: tamen Theologus verus non est, nisi fidelis...

[3] Loci III, S. 403: „Scriptura... hoc loquendi genere non utitur, sed fidem esse dicit donum Dei, opus Dei."

[4] CR 13, 536 ff. (vgl. oben S. 76). In den Loci ist Melanchthon bei der Frage, was

logie selbst hineingenommen[1]. An die Stelle der reformatorischen Polemik gegen den scholastischen fides-Begriff, wie sie sich zwar abgeschwächt, aber immer noch deutlich bei Gerhard findet, tritt bei Calixt der Versuch, zweierlei Arten des Glaubens in der Theologie Raum zu geben. Die fides kann zweifach betrachtet werden[2]. Einmal als intellektueller Erkenntnisglaube: „fides habitus est, per quem, quae a Deo revelata sunt, cognoscuntur et vera esse creduntur."[3] Zum anderen als voluntativer Vertrauensglaube. In dieser Betrachtung gilt „quod fides sit fiducia sive habitus voluntatis"[4]. Beide Glaubensbegriffe haben ihr Recht und ihre Funktion, sie schließen einander nicht aus, sondern ergänzen sich gegenseitig. Die Polemik gegen die Scholastik beschränkt sich bei Calixt darauf zu zeigen, daß nur die fides als fiducia sive habitus voluntatis die fides iustificans ist[5].

Wie kommt Calixt zu diesem zweifachen Glaubensbegriff innerhalb der Theologie? Calixt wird dazu gedrängt, weil er den Glauben von vornherein von den Kategorien der aristotelischen Seelenlehre aus zu begreifen sucht und die Theologie bei der Bestimmung des Glaubensbegriffs streng an die von der Philosophie erkannten psychischen Möglichkeiten bindet. Melanchthon hatte die fides iustificans als fiducia beschrieben und diese wiederum als motus in voluntate[6]. Zugleich hatte er sie definiert als „assentiri universo verbo Dei nobis proposito" und in den assensus das Moment der „omnium articulorum notitia" mithineingenommen[7]. Melanchthons Glaubensbegriff ist demnach kein einseitiger Fiduzialglaube, sondern greift über den Willen hinaus auch in das Gebiet des erkennenden Verstandes. Einem an den Formeln Melanchthons sich orientierenden Denken mußte nun aber, sobald eine auf den habitus-

die Vokabel fides bedeutet, stehen geblieben; von der fides als habitus redet er auf theologischer Ebene nicht. Vgl. den seit 1543 nahezu gleichbleibenden Abschnitt „De vocabulo fidei" in den Loci (SA II, 2 S. 360ff.). Doch wird auch hier schon die fides als „virtus" bestimmt: Estque fides virtus apprehendens et applicans promissiones (SA II, 2 S. 371).

[1] Die historisch interessante, aber sachlich zweitrangige Frage nach einer möglichen direkten Beeinflussung Calixts durch Melanchthons Dialektik wird hier nicht angegangen.

[2] Ich übergehe weitere von Calixt genannte Bedeutungsmöglichkeiten der fides (Epitome S.180: Sunt autem variae acceptiones fidei; vgl. auch Gerhard, Loci III, S. 349ff.) und nenne sofort die beiden für Calixt allein wichtigen Bedeutungen.

[3] Epitome, Einleitung S. III. Vgl. S.180.

[4] Ib. S.182.

[5] Nachdem zuvor gezeigt wurde, daß nur die fides die „conditio a parte nostri ex divina ordinatione requisita" ist, Epitome S.162.

[6] SA II, 2 S. 371.   [7] Ib.

Begriff gebaute philosophische Vermögenspsychologie in den Vordergrund trat (was um 1600 der Fall ist, wie das Vordringen des habitualen Wissenschaftsbegriffs Zabarellas im protestantischen Raum zeigt), die Frage auftauchen, ob der Rechtfertigungsglaube ein Phänomen sei, das grundsätzlich die Kategorien der rationalen Seelenlehre sprengt und darum von der Alternative, ob habitus des Willens oder habitus des Verstandes gar nicht erfaßt werden kann, oder aber ob der Glaube auch von psychologischen Kategorien erfaßt werden kann und nach den bekannten Seelenvermögen dann, strenger als bei Melanchthon, entweder als ein voluntativer oder intellektueller habitus zu bestimmen ist. Johann Gerhard hat ersteres bejaht und die fides iustificans als ein in der Vielgliedrigkeit von notitia, assensus und fiducia Verstand und Willen zugleich umfassendes komplexes Phänomen beschrieben, auf dessen rationales Begreifen als habitus er verzichtet hat[1]. Calixt entscheidet sich für das zweite, er streicht notitia und assensus aus dem Begriff des Rechtfertigungsglaubens heraus, deklariert sie als Voraussetzungen desselben und gewinnt so die Möglichkeit, den Rechtfertigungsglauben einseitig als eine Sache des Willens zu verstehen, ihn als fiducia unter der Kategorie eines habitus voluntatis zu begreifen.[2]

Für das Begreifen der aus dem Rechtfertigungsglauben ausgeklammerten notitia und des assensus bietet sich Calixt der scholastische Begriff der intellektuellen fides an. Qua notitia und assensus wird von der fides geredet als dem „habitus intellectus, quo, quae a Deo revelata sunt, cognoscimus, et vera esse firmiter et sine ulla formidine credimus"[3]. Diese intellektuelle fides stellt sich gleichsam als ein zweiter Glaubensbegriff neben den Rechtfertigungsglauben, mit dem sie nicht verwechselt werden darf, zu dem sie sich aber in der Beziehung einer notwendigen

---

[1] Loci III, S. 350: „Hoc loco agimus de fide iustificante, quae complectitur notitiam, assensum et fiduciam... Respectu notitiae et assensus refertur ad intellectum... respectu fiduciae refertur ad cor sive voluntatem." Der Vorrang der fiducia vor notitia und assensus wird von Gerhard dadurch gewahrt, daß, wenn man den komplexen Begriff der fides iustificans daraufhin betrachtet „quatenus iustificat", dann nur die fiducia genannt wird (ib.).

[2] Siehe die Erörterung der fides in der Epitome, S. 180ff. Dort heißt es nach der Besprechung mehrerer Bedeutungen von fides, darunter notitia und assensus: „superest, ut iustificentur per fidem, quae sit fiducia... Iustificam igitur fidem, caeteris acceptionibus exclusis, eiusmodi fiduciam oportet esse, quae voluntatem in promissiones... inclinet, atque in iis acquiescere faciat" (S. 181). „Hactenus ostendimus, quod fides sit fiducia sive habitus voluntatis" (S. 182).

[3] Ib. S. 180.

Voraussetzung und Bedingung „sine qua salutem obtinere potest nemo"
verhält[1].

Mit der Subsumtion von notitia und assensus unter den Begriff eines
allgemeinen intellektuellen Wahrheitsglaubens entsteht nun aber die
Frage nach der Besonderheit christlicher Glaubenserkenntnis gegenüber
der Erkenntnis, die jedermann, auch die Dämonen, von der Wahrheit der
göttlichen Offenbarung haben kann. Calixt hilft sich hier durch einen
Rückgriff auf die scholastische Unterscheidung von fides infusa und fides
acquisita[2]. Die Kenntnis und das Führwahrhalten dessen, was von Gott
geoffenbart ist, kann geschehen auf Grund äußerer Motive und Argumente[3], wozu Calixt auch das Annehmen auf die Autorität Gottes hin
rechnet[4]. Das ist dann eine fides acquisita, wie sie auch den Dämonen
eigen ist[5]. Oder aber Kenntnis und Fürwahrhalten entstehen auf übernatürliche Weise durch das besondere Wirken des Heiligen Geistes, der
durch das Wort wirkend unserem Sinn das Zeugnis von der Wahrheit der
Offenbarung eingibt. Hier redet Calixt von der fides infusa[6].

Es mag hier noch vermerkt werden, daß die Notwendigkeit eines übernatürlichen Charakters der Glaubenserkenntnis (notitia) von Calixt nicht
streng nachgewiesen worden ist. Calixt behauptet, daß auch nach dem
Fall dem Menschen genügend Kräfte des Verstandes und des Willens
verblieben seien, um von sich aus die Heilsfrage zu stellen und sich weithin
auch um die zur Erreichung des Heils im christlichen Glauben gebotenen
Mittel kümmern zu können[7]. Während man bei den strengen Lutheranern

---

[1] Ib. Einleitung S. III.

[2] Der Begriff der fides acquisita taucht nach SEEBERG, Dogmengeschichte III,
S. 381f. Anm. 2, als Gegenbegriff zur fides gratuita infusa zuerst auf bei Alexander
von Hales und Bonaventura. Luther lehnt die Unterscheidung ab, WA 39, 1; 45,
11 ff.; 318, 27. Siehe HÄGGLUND, Theologie und Philosophie bei Luther und in der
occamistischen Tradition, 1955, S. 58. Johann Gerhard schließt sich in der Verwer-
fung Luther an, Loci III, S. 403.

[3] Siehe Anm. 6.   [4] Epitome S. 180.

[5] Ib. S. 180: Haec fides communis quoque est Daemonibus.

[6] Vgl. zum ganzen Zusammenhang Epitome, Einl. S. IIIf. Fides habitus est, per
quem, quae a Deo revelata sunt, cognoscuntur et vera esse creduntur. Hic autem
habitus vel acquisitus est, per communia motiva et argumenta inducentia, sive ad
amplectendam religionem Christianam commoventia... Vel infusus et supernaturalis,
qui pendet a peculiari efficacia et operatione S. Spiritus agentis per suum verbum
et reddentis testimonium de revelationis veritate animis nostris, nobisque eam re-
mota omni dubitatione persuadentis. Haec fides demum vera et Christiana fides est.

[7] Calixt sagt Epitome S. 230 (im Kapitel „de ministerio verbi et sacramentorum"!): Hoc saltem dico, omnibus hominibus superesse aliquas intellectus et volun-

schon in dem Bemühen um das Verstehen der Heiligen Schrift ein übernatürliches Wirken des Heiligen Geistes erblickte[1], schrieb man in Helmstedt dem Menschen die Fähigkeit zu, auf Grund seiner natürlichen Verstandeskräfte sich eine gegründete Erkenntnis der Heiligen Schrift und der christlichen Religion zu verschaffen[2]. Der Inhalt der Schrift und der christlichen Religion wird dabei vergegenständlicht zu einer Satzwahrheit, die sich der Mensch „sub ratione rei alicuius novae aut scitu non indignae" aneignen kann[3]. Wenn Calixt dann doch behauptet, daß zur „vera et Christiana fides" eine fides infusa im intellektuellen Bereich von notitia und assensus gehört[4], so wird durch die übernatürliche Wirksamkeit des Heiligen Geistes der Glaubenserkenntnis nur eine letzte, mit natürlichen Kräften nicht erreichbare Gewißheit verliehen. Ist für Johann Gerhard die Erleuchtung durch den Geist Bedingung schon des rechten Verstehens der Schrift[5], so zielt für Calixt die Wirksamkeit des Geistes fast nur auf die rechte Zustimmung zur Schrift[6]. Die fides infusa vermag

---

tatis vires, et naturales notitias... si qui hisce recte usi fuerint, salutis suae curam habuerint, et de ea quantum possunt, laboraverint iis Deum de mediis prospecturum, quibus ad pleniorem et perfectiorem, adeoque revelationi innixam cognitionem deducantur. Vgl. auch die Betonung des menschlichen Könnens (posse) ib. S. 228: Certum est, hominem posse solicitum esse de sua salute, posse curam suscipere de mediis ad eam... posse audire Verbum Domini, ut Herodes, Marc. 6. v. 20. Felix et Drusilla, Act. 24. v. 24. Rex Agrippa, Act. 25. v. 22. Sergius Propraetor, Act. 13. v. 17. et cum omni alacritate verbum suscipere et scrutari studio discendae et cognoscendae veritatis, ut fecerunt Berrhoenses Act. 17. v. 11.

[1] Vgl die folgende Anmerkung.

[2] Vgl. die den späteren Ausgaben der Epitome angehängte Declaratio locorum quorundam Epitomes theologicae Dn. D. Georgii Calixti des Gerhard Titius (Braunschweig 1653), der sich S. 27 ff. mit von orthodoxer Seite gegen die Behauptung des menschlichen „posse" erhobenen Einwänden auseinandersetzt. Titius bestätigt noch einmal: da der Mensch durch natürliche Vernunft von seiner Unsterblichkeit weiß und ex naturali instinctu begehrt, daß es ihm im zukünftigen Leben eher gut als schlecht ergeht „posse quoque eum ex eodem instinctu sollicitum esse de externis mediis (sc. zur Seligkeit)... Posse itaque non tantum de cognoscendis variis aliis religionibus aut superstitionibus, sed de ipsa quoque christiana religione cognoscenda curam suscipere, Scripturam eiusque explicationem audire sub ratione alicuius rei novae aut scitu non indignae... (S. 28 f.). Titius will es nicht hindern, wenn jemand lieber behaupten will, daß die von Calixt genannten Phänomene „non profluxisse ex naturali principio, sed supernaturali", doch meint er, daß für diese Behauptung keine Notwendigkeit spreche (S. 29).

[3] Vgl. die vorige Anmerkung.

[4] Siehe Epitome, Einleitung S. IV. (oben S. 105 Anm. 6).

[5] Siehe HÄGGLUND, 1951, S. 212 ff., v. a. S. 216 f.

[6] Siehe die Stellung der Lehre von der besonderen Wirksamkeit des Heiligen

der notitia fidei über den Stand der fides acquisita hinaus eigentlich nur die letzte Gewißheit ihrer Wahrheit, nicht aber erst die Wahrheit ihrer Erkenntnis zu geben. Wesentlich verändert sie nur die Qualität des assensus, nicht aber die der notitia.

3. Die Unterscheidung von Theologie und Glaube

Calixt fordert, daß man die Theologie von der fides grundsätzlich unterscheide. Die Unterscheidung der Theologie von der fiducia des Rechtfertigungsglaubens bedarf bei Calixt keiner Begründung und wird als selbstverständlich gar nicht diskutiert. Auch bei Gerhard wird der Glaube nur qua notitia und assensus, nicht aber qua fiducia „Theologie" genannt[1]. Für Calixt ist die Verschiedenheit von Theologie und Recht-fertigungsglauben aber schon von daher gegeben, daß der Rechtfertigungs-glaube einseitig als habitus voluntatis bestimmt wird, die Theologie dagegen als ein habitus intellectus[2]. Über die selbstverständliche Unter-scheidung von Theologie und Vertrauensglaube hinaus behauptet Calixt nun aber auch die Unterscheidung zwischen der Theologie und dem intellektuellen habitus der fides. Und zwar gilt diese Unterscheidung sowohl von dem natürlich erworbenen als auch von dem übernatürlich eingegossenen Erkenntnisglauben: „Manifestum igitur est discrimen inter habitum fidei vel acquisitae vel infusae et habitum theologiae."[3]

a) Der Grund der Unterscheidung

Der Grund der Unterscheidung zwischen Theologie und erkennender fides liegt nicht in dem quantitativen Abstand zwischen einer cognitio simplex und einer cognitio accuratior (Gerhard), sondern in einer grund-sätzlichen Artverschiedenheit zwischen Theologie und Glaube. Der ha-bitus der (intellektuellen) fides besteht im „cognoscere" und „vera esse

---

Geistes nach der ausführlichen Behandlung der rationalen Motive und Argumente, die zu einer fides humana gegenüber der Heiligen Schrift führen (Epitome, S. 20ff.), in der Epitome S. 29ff. „Adhiberi quoque possunt argumenta... fidem humanam efficientia; sed fidem sive assensum, de quo inter nos quaestio est, Spiritus sanctus efficit proprie, proxime et per se... per suum ipsum verbum, hoc est, per Scripturam" (ib. S. 30). Calixt hat zwar weiter behauptet, daß wir durch übernatürliche Hilfe zu einer „pleniorem et perfectiorem... cognitionem" gelangen (Epitome, S. 230). Diese Behauptung wird aber nur ausgewiesen an der Erkenntnis unserer Sünden (vgl. ib. S. 228), wie weit sie für die übrigen articuli fidei gilt, bleibt unbestimmt.

[1] Vgl. oben S. 35.
[2] Epitome, S. 60: „Theologia est habitus intellectus."
[3] Epitome, Einleitung S. IV.

credere" der Glaubensartikel[1]. Ein solcher habitus ist jedem Menschen, auch dem Ungebildeten, möglich[2]. Ein solcher habitus ist jedem Christen als Bedingung des Heils notwendig[3]. Ohne das Fürwahrhalten der Glaubensartikel bleibt der rechtfertigende Fiduzialglaube ohne Grund und Inhalt. Dagegen besteht der habitus der Theologie nicht im Fürwahrhalten und Erkennen der Glaubensartikel, sondern in der Fertigkeit, die Glaubensartikel zu erklären, sie aus ihren Prinzipien zu deduzieren und zu beweisen und sie gegen die Gegner zu verteidigen[4]. Theologie ist „illa tantum doctrina, quae explicat, probat et defendit"[5]. Diesen habitus zu erwerben ist nicht jedem Menschen möglich, sein Zustandekommen ist vielmehr von einer Reihe zufälliger Faktoren wie Begabung, Fleiß und Studium abhängig[6]. Auch ist dieser habitus dem Gläubigen um seines Glaubens willen gar nicht notwendig: „Haec (sc. theologia) cuiusvis fidelis non est, neque vero cuivis necessaria est."[7]

In der Verschiedenheit eines habitus des Erklärens, Beweisens und Verteidigens von einem habitus des einfachen Erkennens und Fürwahrhaltens sieht Calixt den Grund der Unterscheidung von Theologie und Glaube und das Recht der Einschränkung des Theologiebegriffs auf eine wissenschaftliche Gelehrsamkeit. Damit wird aber nicht nur Gerhards Anwendung des Wortes Theologie auf den einfachen Christenglauben, sondern ebenso die Benennung der Verkündigung des ministerium verbi mit „Theologie"[8] ausgeschaltet. Der Unterscheidung von Theologie und Glaube läuft bei Calixt eine ihm ebenso eigentümliche und in dieser Form der übrigen lutherischen Theologie fremde Unterscheidung zwischen Theologie und Verkündigung parallel.

b) Die Unterscheidung von Theologie und Verkündigung

Aufgabe der Verkündigung, des ministerium verbi, ist nach Calixt vor allem anderen die Glauben weckende und Glauben bewahrende Vorlage des göttlichen Wortes: „Minister verbi legalem et evangelicam doctrinam

---

[1] Epitome, S. 180. Vgl. oben S. 103f.

[2] Er findet Anwendung auch auf die „maxime rudes et omnis literaturae ignaros", Epitome, Einl. S. IV.

[3] Die intellektuelle fides ist eine solche, „qualis requiritur in omnibus Christianis, et sine qua salutem obtinere potest nemo. Neque enim sine praevia hac cognitione intellectus haberi vel consistere potest fiducia illa voluntatis, quam fidem iustificantem et salvificam esse suo loco ostendemus", ib. S. III.

[4] Ib. S. III. (siehe oben S. 100 bei Anmerkung 9).   [5] Ib. S. IV.

[6] Hic habitus acquiritur studio et labore, ib. S. V.

[7] Ib. S. IV.   [8] Vgl. oben S. 41.

hominibus proponit."[1] Ziel der Verkündigung ist, daß Menschen Christen werden und Christen bleiben[2]. Aufgabe und Ziel der Theologie aber sind hiervon völlig verschieden. Die Theologie setzt das Christsein immer schon voraus – sei es das wahre Christsein der fides infusa oder eine bloß äußere Christlichkeit der fides acquisita[3]. Ihre Aufgabe ist nicht, durch Vorlage der Heilslehre zum Glauben zu führen, sondern das bereits im Glauben Angenommene durch Unterwerfung unter rationale Begriffe und Methodik in den Stand des Erklärbaren, Beweisbaren und gegen Bestreitungen Vertretbaren zu erheben[4]. Theologie will nicht aus Menschen Christen machen, sondern aus Christen ,,doctores Christianorum"[5]. Während die Verkündigung einfach vorlegt, was geglaubt werden soll, wird in der Theologie gefragt, wie das Geglaubte erklärt, bewiesen und verteidigt werden kann. Die Theologie lehrt nicht ,,quid sit credendum, sed quomodo id, quod a nobis creditur, explicari, confirmari et defendi debeat"[6].

Damit wird der ganze Umfang der Wirksamkeit des ministerium verbi, der in der lutherischen Orthodoxie als Wirken mit dem Worte Gottes und somit als unmittelbarer Ausfluß der Theologie verstanden wird, begrifflich von der Theologie getrennt. Während etwa Calov als munus und officium theologorum alle Pflichten des ministerium verbi aufzählen kann (Evangeliumspredigt, ethische Paränese, Sakramentsverwaltung etc.)[7], wird bei Calixt zwischen dem Theologen und dem minister verbi begrifflich unterschieden. Parallel zu den Pflichten des minister verbi statuiert Calixt ein ,,triplex munus theologi"[8]. Dieses dreifache Amt des Theologen setzt sich aus den drei Bestimmungen der Theologie als einer ,,doctrina, quae explicat, probat et defendit" zusammen und ist folgendermaßen zu entfalten:

---

[1] Epitome, S. 227.   [2] Vgl. ib. S. 274.

[3] Ib. Einl. S. VIII: Supponit... haec nostra disciplina fidem, sive infusam sive acquisitam.

[4] Ib. Einl. S. VIII: Nos sane non docemus simpliciter, quid sit credendum, sed quomodo id, quod a nobis creditur, explicari, confirmari et defendi debeat. Auditores itaque nostri primum a nobis articulos fidei non discunt, quod catechumenorum esset...

[5] Ib. Neque enim opera nostra proxime eo tendit, ut Christianos nos efficiamus, qui antea non erant, sed ut e Christianis faciamus doctores Christianorum.

[6] Ib.   [7] Vgl. oben S. 41 bei Anmerkung 1.

[8] AaO S. VI: Quum autem triplex munus Theologi fecerimus, sive tres officii eius ex ipso Theologiae habitu promanantes partes, scilicet explicare, confirmare sive probare et defendere...

Erstens gehört zum Amt des Theologen das *explicare* der Glaubenswahrheiten, d. h. der Theologe muß die in der Heiligen Schrift und im kirchlichen Bekenntnis vorkommenden Begriffe und Vorstellungen erklären und unserem rationalen Verstehen verständlich machen können[1].

Zweitens gehört zum theologischen Amt das *confirmare* und *probare* der Glaubenswahrheiten. Es besteht in der Deduktion der Glaubenssätze aus der Heiligen Schrift als dem wissenschaftlichen Prinzip der Theologie[2].

Drittens eignet den Theologen das Amt des *defendere* der Glaubenswahrheiten gegenüber Irrlehrern und Gegnern.

Von diesen drei Stücken des theologischen Amtes sieht Calixt die beiden ersten als notwendig und den Begriff des Theologen konstituierend an[3]. Die Fähigkeit zum dritten folgt, wenn man die beiden ersten „exacte et accurate" versehen kann, eigentlich von selbst, doch wird das defendere nicht von allen Theologen, zum Beispiel nicht von den „Catechistae" und „Ecclesiastae" ausgeübt und beschreibt darum den Begriff des Theologen nicht in gleicher Weise wie das explicare und probare[4].

Calixt denkt bei der Unterscheidung zwischen dem Theologen und dem minister verbi nicht an zwei getrennte Stände in der Kirche, bei der Unterscheidung von Theologie und Verkündigung nicht an eine Isolierung der Verkündigung von der Theologie. Gerade die der Theologie gestellte Aufgabe der Explikation der Glaubensbegriffe ist unmittelbar auf die Verkündigung bezogen[5]. Und auch die im Verkündigungsdienst stehenden

---

[1] Durch diese Interpretationsaufgabe wird die Theologie mittelbar auch für den Glauben wichtig, vgl. aaO S. V, wo Calixt in bezug auf das explicare der Glaubensvorstellungen durch die Theologie sagt: Fides igitur cuiusvis fidelis, si non immediate, attamen mediate nititur ea doctrina, quam Theologiam proprie dicimus.

[2] Vgl. Epitome, S. 10: In Theologicis... non minus, ac in aliis disciplinis fieri solet, ex uno ad aliud progredimur, et unum ex alio probamus et deducimus.

[3] Epitome, Einl. S. VIf.: Quum autem triplex munus Theologi fecerimus, sive tres officii eius ex ipso Theologiae habitu promanantes partes, scilicet explicare, confirmare sive probare et defendere, neminem munus Doctoris in Ecclesia vel ambire vel capessere convenit, nisi qui idoneus prioribus duabus certa ratione satisfacere. Quamvis enim docendi officium omnia ista tria complectatur, maxime tamen priora duo, ut sine illis doctorem quempiam esse contradictionem implicet.

[4] Ib.

[5] Vgl. ib. S. V: Quomodo enim alias (sc. ohne Theologie) fides doceri vel persuaderi poterit? Sane oportet terminos explicari, ut si docere velim, Deum creasse omnia, Filium Dei esse incarnatum, quid sit creare, quid sit incarnari, me prius exponere necesse est.

Catechistae können im weiteren Sinn Theologen genannt werden[1]. Calixt hat also zunächst nur eine Funktionsverschiedenheit im Blick: die Funktion des einfachen proponere und praedicare von Gesetz und Evangelium[2] soll von der rationalen Funktion des Erklärens, Beweisens und Verteidigens unterschieden werden. Dabei können Theologe und minister verbi durchaus in einer Person, Verkündigung und Theologie durchaus in einer Predigt vereinigt sein. Gleichwohl kommt aber bei Calixt bereits deutlich jene von Schleiermacher bezeichnete „natürliche Sonderung" in den Blick, nach welcher „derjenige, welcher mehr das Wissen um das Christentum in sich ausgebildet hat, ein Theologe im engeren Sinn; derjenige hingegen, welcher mehr die Tätigkeit für das Kirchenregiment in sich ausbildet, ein Kleriker" genannt zu werden verdient[3]. Die Catechistae, die gegenüber ihren Zuhörern die Glaubensartikel zu erklären und zu beweisen wissen, sind nur im weiteren Sinne Theologen, „maxime et propriissime" sind Theologen zu nennen die theologischen Gelehrten (doctores)[4].

c) *Der Glaube als Voraussetzung der Theologie*

Welcher Art ist nun das Verhältnis zwischen den von Calixt unterschiedenen Größen Theologie und Glaube? Bei Gerhard kommt die Frage nach dem Verhältnis von Theologie und Glaube gar nicht auf, da zwischen Theologie und Glaube wesentlich nicht unterschieden wird. Theologie ist für Gerhard nichts anderes als eine ausgebildete, habituelle Form der Glaubenserkenntnis. Da aber, wo die Theologie vom Glauben unterschieden auf den habitus einer wissenschaftlichen Gelehrsamkeit beschränkt wird, muß die Frage nach dem Verhältnis von Theologie und Glaube auftauchen.

Calixt denkt keinen Moment daran, den Glauben als den empirischen Gegenstand einer rein historischen Wissenschaft anzusehen und die Theologie zur voraussetzungslosen Religionswissenschaft umzubilden, zu der sie sich teilweise nach der Aufklärung entwickelt hat. Der Glaube wird

---

[1] Ib. S. VII.   [2] Vgl. ib. S. 224.

[3] Kurze Darstellung des theologischen Studiums § 10.

[4] Epitome, Einl. S. VII. Quia vero... latitudo est ut ipsius habitus, ita et nominis, propterea Theologi nomen tribuitur quodam Catechistae et Ecclesiastae, qui articulos suo quodam modo et pro captu auditorum explicare et confirmare norit: Etsi maxime et propriissime conveniat non nisi illi, qui omnes eas, quas enumeravimus, officii Theologici partes obire valuerit... qui, ut signanter diximus, exacte et accurate dogmata sacra explicare, et ex suis principiis arcessere noverit.; vgl. ib. S. IV: Hic (sc. habitus theologiae)... proprius est Doctoribus.

nicht Objekt neutralen wissenschaftlichen Begreifens. Dagegen spricht schon die in Calixts Theologiebegriff enthaltene Bestimmung des confirmare et probare, die auf die Heilige Schrift als das wissenschaftliche Prinzip der Theologie und somit auf eine erste Voraussetzung der Theologie verweist. Dagegen spricht weiter die der Theologie eignende Funktion des defendere.

Das Verhältnis von Theologie und Glaube ist aber auch nicht in der Richtung jener ,,fides quaerens intellectum" Anselms zu suchen, nach der sich der Glaube in der Theologie denkend seines Gegenstandes zu vergewissern sucht. HANS EMIL WEBER hat den Theologiebegriff der lutherischen Orthodoxie als ,,Glaubenswissenschaft" charakterisiert und damit seine ihn vom katholischen wie vom reformierten Verständnis der Theologie unterscheidende Eigenart zu treffen gemeint[1]. In den lutherischen Theologiebegriff schließt WEBER die Theologie Helmstedts ausdrücklich mit ein[2]. Ganz abgesehen von der Unbestimmtheit des Begriffs ,,Glaubenswissenschaft", in dem das Verhältnis von Glauben und Wissenschaft mehrdeutig ist und durchaus auch im Sinne einer rationalen Wissenschaft vom Glauben verstanden werden könnte, erscheint es jedoch problematisch, ob der Begriff der Glaubenswissenschaft in jenem von WEBER gemeinten Sinne einer ,,glaubensmäßigen Aneignung des Glaubensobjektes"[3] auf Calixts Verständnis der Theologie zutreffend Anwendung finden kann. Er setzt doch voraus, daß das theologische Erkennen kein anderes als das Erkennen des Glaubens selbst ist. Für Gerhard und den Theologiebegriff des orthodoxen Luthertums trifft dies nun zweifellos zu. Nicht aber im gleichen Sinn für Calixt.

Die Frage nach dem Verhältnis von Theologie und Glaube stellt sich für Calixt als die Frage nach dem Verhältnis des theologischen habitus zum habitus der fides. Sie wird von Calixt so beantwortet, daß er die (intellektuelle) fides als eine für das Zustandekommen des theologischen habitus notwendige Voraussetzung ansieht: ,,Supponit... haec nostra disciplina fidem."[4] Calixt weiß, daß es keine Theologie geben kann, ohne daß glaubend die Wahrheit des geoffenbarten Gotteswortes vorausgesetzt und nicht in Zweifel gezogen wird[5]. An dieser Stelle wird jedoch die aus der Scholastik übernommene Unterscheidung von fides infusa und fides acquisita wichtig[6]. Das in der Theologie erforderte Voraussetzen der göttlichen Wahrheit kann für Calixt schon hinreichend geschehen in einem

---

[1] WEBER, 1908, S. 37f. 41. 44ff. 50. [2] Ib. S. 28. [3] Ib. S. 46.
[4] Epitome, Einleitung S. VIII. [5] Epitome, S. 180 (s. S. 113 Anm. 2).
[6] Vgl. oben S. 105.

allgemeinen Wahrheitsglauben, in einer durch äußere Argumente und Autorität veranlaßten fides humana. Indem Calixt die von der Reformation verworfene Unterscheidung von fides infusa und fides acquisita wieder aufgreift, sieht er als unerläßliche Bedingung der Theologie nur die auf natürliche Weise zustande kommende fides acquisita an: „Constat, habitum, quem dicimus Theologiae, reapse separari posse a fide salvifica sive infusa, quamvis ab acquisita non possit, quin eam potius praesupponit."[1] Ausdrücklich wird jetzt der in der Theologie erforderte Glaube mit der fides daemonum gleichgesetzt[2]. Mit diesem rein rationalen Glaubensbegriff, dem zwar das Prädikat des wahren Glaubens nicht zuerkannt wird[3], der aber darum noch kein falscher Glaube ist, wird im Vorfeld der wahren Glaubensentscheidung der neutrale Raum einer allgemeinen Geltung biblischer Offenbarung und die Möglichkeit einer rationalen Wissenschaft von dieser Offenbarung gesichert. Deutlich ist hier die für Melanchthon charakteristische Linie des Interesses an der allgemeinen Möglichkeit einer Wissenschaft von der christlichen Lehre weiter ausgezogen[4], in gegensätzlicher Richtung zu der Korrektur Melanchthons durch Gerhard[5].

d) Die Humanisierung der Theologie

Ist die conditio sine qua non des theologischen habitus lediglich ein allgemeiner menschlicher Wahrheitsglaube, der ohne übernatürliche Hilfe auf Grund äußerer Beweggründe erworben wird, so ist der auf diese Voraussetzung sich gründende theologische habitus für Calixt völlig eine Sache menschlicher Möglichkeit, eine keiner besonderen Hilfe durch den Heiligen Geist bedürftige Angelegenheit der Bildung des menschlichen Intellekts. Der These Gerhards, die Theologie sei ein habitus θεόσδοτος, steht die Behauptung Calixts gegenüber, die Theologie werde durch menschlichen Fleiß erworben: „hic habitus acquiritur studio et labore."[6] Die bei Gerhard der Theologie zugeschriebenen Prädikate der Übernatürlichkeit fehlen bei Calixt völlig. Es ist überaus kennzeichnend, daß man die lutherische Trias „oratio, meditatio, tentatio", die in der lutherischen Orthodoxie und auch im lutherischen Pietismus regelmäßig als

---

[1] AaO S IVf.
[2] Theologis fides habitus quidem intellectus est, quo, quae a Deo revelata sunt, cognoscimus, et vera esse firmiter et sine ulla formidine credimus. Verum haec fides communis quoque est Daemonibus (aaO S. 180).
[3] Vgl. Epitome, Einl. S. IIIf. (oben S. 105 Anm. 6).
[4] Vgl. oben S. 77.   [5] Vgl. oben S. 78f.   [6] Epitome, Einl. S. V.

Weg zur rechten Theologie genannt wird, bei Calixt gerade nicht findet[1].
Um eine als „doctrina, quae explicat, probat et defendit" verstandene
theologische Gelehrsamkeit zu erwerben, ist menschlicher Fleiß, aber
nicht Gebet und Bewährung notwendig.

Calixt versteht die Theologie als einen durch menschlichen Fleiß und
Studium erwerbbaren intellektuellen habitus. Damit ist aber Theologie
ihrem Wesen nach etwas anderes als sie es bei Gerhard ist. Bei Gerhard
ist die Theologie das Erkennen des Glaubens selbst, das im theologischen
habitus zwar durch die Indienstnahme der philosophischen ratio zur
klaren Form des Begriffs erhoben ist[2], dadurch aber in dem Wesen eines
gottgeschenkten Erkennens nicht verändert wird. Bei Calixt dagegen ist
die Theologie nicht das Erkennen des Glaubens selbst, sondern eine
rationale Durchdringung der vom Glauben für wahr gehaltenen, dem
theologischen habitus objektiv vorgegebenen göttlichen Offenbarung.
Konstitutiv für die Theologie ist nicht wie bei Gerhard eine übernatürliche Erleuchtung, sondern einmal die fides acquisita, auf Grund deren
die Theologie sich ihres Gegenstandes versichert, zum anderen aber die
„eruditio", d.h. die rationale Wissenschaft, durch die man zum habitus
des explicare, confirmare und defendere befähigt wird[3]. Beide, fides
acquisita und eruditio, machen dasjenige aus, was man die subjektive
Möglichkeit der Theologie nennen könnte im Unterschied zur objektiven
Möglichkeit der Theologie, die durch das Vorhandensein der göttlichen
Offenbarung in der Heiligen Schrift gewährleistet ist.

Da die fides eine für alle in gleicher Weise geltende Voraussetzung der
Theologie ist, liegt das Maß der Vollkommenheit des theologischen habitus[4] allein in der eruditio, in der Ausbildung in den Sprachen und ratio-

---

[1] Philipp Jacob Spener irrt, wenn er (Die allgemeine Gottesgelehrtheit aller gläubigen Christen, 1680, S. 186 ff.) im Bemühen, seine Übereinstimmung mit der lutherischen Orthodoxie unter Beweis zu stellen, behauptet, wohl kein lutherischer Theologe habe die Notwendigkeit von oratio, meditatio und tentatio für das Zustandekommen des theologischen habitus außer acht gelassen. So sehr Spener im Blick
auf die streng lutherische Orthodoxie im Recht ist, so wenig für die auch nach
Spener zum Luthertum zählende Schule Calixts.

[2] Vgl. Gerhards Lehre vom triplex usus philosophiae in der Theologie, Methodus
studii theologici, S. 89 ff. Vgl. Troeltsch, 1891, S. 7 ff.

[3] Vgl. Epitome, Einl. S. X. Iam sicut antea diximus, huiusmodi fidem in stu-
dioso Theologiae proprie dictae praesupponimus sive praeexigimus. Neque hanc
solum, verum eruditionem quoque et cognitionem literarum, linguarum, et disciplinarum, quas Philosophicas vocant.

[4] Calixt spricht (aaO S. VI) von einer „latitudo" des theologischen habitus: „in
aliis enim magis est perfectus, in aliis vero minus."

nalen Wissenschaften[1]. Darum bestimmt sich der Rang eines Theologen nicht nach der Schriftgemäßheit seiner Lehre oder der Tiefe seiner Erkenntnis, sondern allein nach dem Grad seiner rationalen Bildung. „Non quidem cuivis datum est, quavis in re scientiaque excellere; quo autem quis pluribus instructus fuerit, et in litteris ac disciplinis accuratius versatus, eo melior erit, non quidem Christianus vel fidelis, sed Theologus et doctor Ecclesiae."[2]

Damit wird die Theologie nicht nur akzidentiell, wie bei Gerhard, sondern wesentlich gegründet auf die rationale Wissenschaft. Blüte der Theologie ist für Calixt die unmittelbare Folge einer Blüte der allgemeinen rationalen eruditio. Dieser typisch humanistische Standpunkt bestimmt Calixts Sicht der Kirchen- und Theologiegeschichte. So wird die Reformation einseitig aus dem Wiederaufleben der studia litterarum erklärt[3]. Das Grundübel der Scholastik war ihre Unkenntnis der biblischen Sprachen[4]. Dem auf studia et eruditio gerichteten Blick Calixts erscheint das 5. Jahrhundert als die ἀκμή ecclesiae[5].

Allein in der frühen Christenheit kommt Calixt mit der eruditio als Maßstab der Blüte von Theologie und Kirche nicht durch. Die Apostel und viele andere in der prima ecclesia waren in hohem Maße Theologen, ohne doch im gleichen Maße an der rationalen eruditio der Antike teilzuhaben[6]. Calixt hilft sich hier mit der Erklärung, daß ihnen außer dem wahren Glauben auch die Fertigkeit zum Erklären, Beweisen und Verteidigen der Glaubensartikel auf übernatürliche Weise vermittelt wurde, sie also die Theologie nicht als habitus acquisitus, sondern als habitus infusus besaßen[7]. Diese Unterscheidung zwischen der Theologie der Urkirche als habitus infusus und aller späteren Theologie als habitus acquisitus scheint der Unterscheidung Gerhards zu entsprechen zwischen der Theologie der Propheten und Apostel, die „modo extraordinario per immediatam Dei illuminationem et inspirationem" mitgeteilt wird, und der „modo ordinario per orationem, meditationem, tentationem" erworbenen Theologie aller übrigen[8]. Sachlich gleichzusetzen mit dieser ist sie

---

[1] Die zur Erreichung des theologischen habitus vorausgesetzte eruditio ist zweifach: 1. eruditio philologica, die litteras und linguas umfaßt und deren Aufgabe die Erklärung der Worte (voces) ist. 2. eruditio philosophica, die die rationalen Disziplinen umfaßt und zur Erklärung der Sachen (vocum res) dient (Apparatus, S. 46ff.).

[2] Epitome, Einl. S. X.   [3] Apparatus, S. 151f.   [4] Ib. S. 138.

[5] Ib. S. 124.   [6] Epitome, Einl. S. V.

[7] Apostolis et multis aliis in prima Ecclesia infusus non acquisitus fuit hic habitus, ib. S. V.   [8] Loci, Prooemium § 17.

aber nicht, denn Gerhard redet von zwei verschiedenen Wegen der Mitteilung einer grundsätzlich übernatürlichen Erkenntnis, während Calixt von der ausnahmsweise übernatürlichen Mitteilung einer grundsätzlich natürlich erwerbbaren Erkenntnis redet. Eine Parallele zu Calixt wäre eher bei Thomas von Aquin zu suchen, der (Summa theologica 1 II q 51 a 4) davon spricht, daß Gott manchmal, um seine Macht zu zeigen, den Menschen jene habitus eingießt, die auch durch natürliche Kräfte verursacht werden könnten; wie er den Aposteln die scientia scripturarum et omnium linguarum gab, die auch durch Studium und Gewöhnung erlangt werden kann[1]. Gegenüber Thomas ist der Akzent bei Calixt allerdings verschoben, da hier Gott nicht, um seine Macht zu zeigen, sondern gewissermaßen aus der Notlage des Fehlens der eruditio heraus den Aposteln und der frühen Kirche den theologischen habitus eingegossen hat. Die Notwendigkeit hierfür ist aber durch die in der Geschichte der Kirche vollzogene Aneignung der rationalen eruditio hinfällig geworden. Es klingt doch wohl weniger die Sehnsucht nach der alten Zeit als vielmehr der Stolz des Humanisten über die in der Jetztzeit liegenden Mög-

---

[1] Sicut igitur quandoque (sc. Deus), ad ostensionem suae virtutis, producit sanitatem absque naturali causa, quae tamen per naturam posset causari; ita etiam quandoque, ad ostendendam suam virtutem, infundit homini illos etiam habitus qui naturali virtute possunt causari. Sicut Apostolis dedit scientiam Scripturarum et omnium linguarum, quam homines per studium vel consuetudinem acquirere possunt, licet non ita perfecte (S. th. 1 II q 51 a 4). Nach Fertigstellung der Arbeit ersehe ich aus M. D. CHENU, La théologie comme science au XIIIe siècle, 1957, daß die Parallele zu Thomas von Aquin noch weiter reicht. Schon Thomas hat, um die Theologie als Wissenschaft zu konstituieren, diese vom Glauben unterschieden. CHENU aaO S. 66: Enfin saint Thomas, dans une précision d'un grand intérêt, amorce expressément, à l'intérieur de la doctrina sacra, la distinction entre foi et théologie, entre l'habitus infus du croyant et l'habitus acquis par où s'élabore en science la doctrine révélée. Répondant à qui déniait sans distinction à la doctrine sacrée la qualité de science, parce qu'elle se fonde sur une foi infuse, il dit: Sicut habitus principiorum non acquiritur per alias scientias, sed habetur a natura, sed acquiritur habitus conclusionum a primis principiis deductarum, – ita etiam in hac doctrina non acquiritur habitus fidei, qui est quasi habitus principiorum, sed acquiritur habitus eorum quae ex eis deducuntur et quae ad eorum defensionem valent. In I Sent., prol., art. 3, sol. 2, ad. 3. Vgl. CHENU aaO S. 79. Den wesentlichen Unterschied zwischen Thomas und Calixt sehe ich darin, daß Thomas den habitus acquisitus der Theologie notwendig auf einen habitus infusus des Glaubens gründen muß qui assure la continuité de la «science de Dieu» (subalternante) à la science théologique (subalternée) (CHENU aaO S. 73), während Calixt die Theologie auf einen aus natürlichen Kräften ermöglichten historischen Wahrheitsglauben gründet, also schon nur einen habitus acquisitus voraussetzt. Bezeichnenderweise

lichkeiten rationaler Bildung aus den Worten, mit denen Calixt die These, die Theologie werde durch Studium und Fleiß erworben, kommentiert: „Loquimur autem secundum statum et conditionem nostrorum temporum."[1] Was einst auf wunderbare Weise Gott dem Menschen hatte einflößen müssen, das kann also in der Geschichte von der menschlichen Vernunft übernommen werden – eine leise Vorahnung auf Lessing, beschränkt freilich auf den vom wahren und einen habitus infusus erfordernden Glauben losgelösten Raum einer theologischen Gelehrsamkeit.

Mit der Unterscheidung von Theologie und Glaube und mit der Beschränkung des Theologiebegriffs auf die vom wahren Glauben ablösbare rationale Fertigkeit des Erklärens, Beweisens und Verteidigens der Glaubensartikel streift der Theologiebegriff die bei der streng lutherischen Orthodoxie in der Verknüpfung von Theologie und Glaubenserkenntnis immer noch lebendige Tradition des lutherischen Begriffs der theologia crucis völlig ab. Zwar hat auch bei Gerhard durch die Objektivierung des Wortes Gottes in den Begriff des alle Glaubensartikel enthaltenden „omne verbum Dei in Scripturis propositum"[2] unter Melanchthons fortwirkendem Einfluß der Theologiebegriff gegenüber Luther eine deutliche Verschiebung an den Rand der Existenz erfahren: nur qua notitia und assensus des Verstandes, nicht aber qua der in Herz und Willen sitzenden fiducia wird der Christ Theologe genannt[3]. Trotzdem bleibt bei Gerhard, wie die gegenseitige Bedingung von notitia und fiducia zeigt[4], die Glaubenserkenntnis und die ihr gleichartige Theologie vom Existenzgrund des Glaubens, der die promissio ergreifenden fiducia cordis, nicht abschnürbar. Gerhard und die lutherische Orthodoxie nach ihm wollen von dem lutherischen Kerngedanken nicht abgehen, daß theologische Erkenntnis und theologisches Reden nur auf dem Boden glaubenden Existierens möglich sind. Wohin das Festhalten an diesem Gedanken führt, wenn man gleichzeitig dem melanchthonisch inspirierten Prozeß der Objektivierung des Wortes Gottes zu einer Summe von Glaubensartikeln unterliegt, zeigt das Beispiel des Wittenberger Theologen Abraham Calov, der die Untrennbarkeit jeder einzelnen theologischen Erkenntnis vom Fiduzialglauben behauptete und der in seiner selbst seinen Wittenberger

---

fehlt ja auch bei Calixt die für den Theologiebegriff des Thomas fundamentale Subalternationstheorie (vgl. CHENU aaO S. 71 ff.).

[1] Epitome, Einl. S. IV. Vgl. S. 226: dona linguarum et miraculorum peculiaria erant primitivae Ecclesiae, neque ad nos sunt transmissa: Nobis enim alia sunt in promptu, quibus acquirere possumus, quorum in docendo usus est.

[2] Loci III, S. 412.   [3] Vgl. oben S. 35.   [4] Vgl. oben S. 36 f.

Fakultätskollegen zu weit gehenden orthodoxen Streitbarkeit doch nur die letzte Konsequenz eines Luther und Melanchthon zugleich festhaltenden theologischen Ansatzes darstellt[1].

Calixt hat die Spannung zwischen dem subjektiven Moment des existenziellen Glaubens und dem objektiven Moment des als Summe von Glaubensartikeln verstandenen Glaubensgegenstandes aufzulösen versucht, indem er das existenzielle Moment aus dem Theologiebegriff (darüber hinaus aber auch weithin aus dem Erkenntnisbegriff überhaupt) gestrichen und die Theologie nach ihrer Erkenntnisform als einen durch Studium und Fleiß erwerbbaren habitus des Erklärens, Beweisens und Verteidigens vorgegebener Glaubenswahrheiten verstanden hat. Melanchthons Interesse an einer allgemeinen Erkennbarkeit und Lehrbarkeit der doctrina christiana im Raume der Universität ist hier einseitig weiterverfolgt in der Richtung einer Fundierung der Theologie als rationale Wissenschaft. Calixt hat damit das genaue Gegenteil getan zu dem nachmaligen Versuch Speners, die innere Spannung des orthodoxen Theologiebegriffs durch die einseitige Betonung des subjektiven Moments der existenziellen Erkenntnis unter Relativierung des objektiven Moments der Übereinstimmung mit der reinen Lehre zu überwinden[2]. Während Speners Weg zur völligen Gleichsetzung des Theologiebegriffs mit der Glaubenserkenntnis führt[3], stammt von Calixt die Unterscheidung von Theologie und Glaube.

---

[1] Calov hat die von Calixt in den Dienst seiner Unterscheidung von Theologie und Glaube genommene Dreiteilung theologischer Erkenntnisse in antecedentia, constituentia und consequentia fidem zwar übernommen, gegen Calixt aber gelehrt, daß auch die antecedentia und consequentia scitu necessaria seien. Calov, Systema I, S. 914—921. Vgl. Schüssler, aaO S. 193.

[2] Spener, Die allgemeine Gottesgelehrtheit aller gläubigen Christen und rechtschaffenen Theologen, 1680.

[3] Anders akzentuiert Hirsch, Geschichte der neuern evangelischen Theologie II, S. 114, der betont, daß bei Spener zum ersten Male die Artverschiedenheit von theologischen Lehraussagen und religiöser Erkenntnis, wie echter Glaube sie hat, anklingt. Man muß jedoch beachten, daß Spener den Theologiebegriff gerade der religiösen Erkenntnis des echten Glaubens vorbehält und die Fertigkeit zu schriftgemäßen theologischen Lehraussagen, wenn sie vom wahren Glauben getrennt ist, nur eine „Gelehrsamkeit von theologischen Gegenständen" (vgl. Hirsch aaO S. 111) nennt, ihr aber den „lieben Namen" Theologie nicht zubilligt. Spener unterscheidet terminologisch nicht wie Calixt zwischen Theologie und Glaube, sondern zwischen Gelehrsamkeit von theologischen Gegenständen und Theologie.

e) Die Frage der theologischen Gewißheit

Calixt rationalisiert und humanisiert die Theologie zu einer durch bloßen Fleiß und Studium erwerbbaren Gelehrsamkeit des Erklärens, Verteidigens und Beweisens der Offenbarungswahrheiten. Neben sprachlicher und philosophischer Bildung ist die einzige unabdingbare Voraussetzung des theologischen habitus die fides acquisita, zu der der Mensch unabhängig vom wahren Glauben auf Grund äußerer Bezeugung der Schriftwahrheit gelangen kann. Die Theologie ist also im Blick auf ihre subjektive Erkenntnisform von anderen Wissenschaften grundsätzlich nicht unterschieden. Man braucht, um Theologie zu studieren und um Theologe zu sein, nicht mehr göttliche Hilfe als beim Studium anderer Wissenschaften wie der Mathematik oder der Geschichte[1].

Freilich zur Begründung des Satzes, daß die Theologie in der Heiligen Schrift das ihr eigene Erkenntnisprinzip habe, reicht der Verweis auf die fides acquisita nicht aus. Prinzipien, wie sie einer Wissenschaft als letzte, nicht mehr beweisbare Grundsätze vorausliegen, erfordern axiomatische Gewißheit. Axiomatische Gewißheit wird im Raum der ratio nur durch Evidenz, d.i. durch unmittelbare sinnliche Anschauung oder geistige Einsicht gewährleistet. Der Inhalt der Heiligen Schrift ist aber nicht auf Evidenzen zurückführbar. Eine fides acquisita kann darum niemals axiomatische Gewißheit geben.

Schon Melanchthon hatte berücksichtigen müssen, daß gegenüber der Heiligen Schrift „quia res sunt extra iudicium humanae mentis positae"[2] eine nur auf äußere Zeugnisse und Wunder sich stützende assensio nicht ausreicht, und er hatte deshalb neben die den menschlichen Geist zur Zustimmung bewegenden testimonia und miracula noch eine besondere Hilfe des Heiligen Geistes gesetzt[3]. Bei Melanchthon wurden also zur Lösung der theologischen Gewißheitsfrage ein rationales und ein supra-

---

[1] So muß man formulieren, um im Blick zu behalten, daß in altevangelischer Zeit jede wissenschaftliche Erkenntnis, auch die durch Fleiß und Studium erworbene, ganz selbstverständlich auch als Gabe und Gnade Gottes verstanden wurde. Man unterschied eben streng zwischen einer Gnade des ersten Artikels und einer Gnade des dritten Artikels. Wenn Spener gegen den Begriff einer „aus natürlichen Kräften durch menschlichen Fleiß" erworbenen Theologie kämpft (vgl. Allgemeine Gottesgelehrtheit, Erste Frage), so geht es ihm ausdrücklich nur um die Notwendigkeit der Gnade des dritten Artikels, während er die Gnade des ersten Artikels auch beim Theologiebegriff seines Gegners (Dilfeld) voraussetzt.

[2] Vgl. oben S. 77 (Anmerkung 3).

[3] Siehe vorige Anmerkung.

rationales Element miteinander verknüpft[1]. Calixt verschmilzt nun in eigentümlicher Weise die melanchthonische Tradition mit der von Calvin ausgebildeten Lehre von der alleinigen Verursachung der Schriftgewißheit durch die den äußeren Bezeugungen gegenübergestellte innere Bezeugung der Schrift durch den in ihr wirkenden Geist[2]. Bei der Untersuchung der Beweggründe, die den assensus zu der der Theologie als Prinzip gegebenen Heiligen Schrift veranlassen, beginnt er mehr im Geiste Melanchthons als Calvins[3] mit den von der Vernunft erkennbaren „motiva et argumenta", die für die Wahrheit und Göttlichkeit der Schrift sprechen[4]. Ehe Calixt zu der Bezeugung des Heiligen Geistes kommt, hat er bereits auf breitem Raum einen Beweis für die Wahrheit der Heiligen Schrift aus bloßen Vernunftargumenten entwickelt[5]. „Ex ipsa ratione" meint Calixt den Ungläubigen die Wahrheit der christlichen Religion und ihres Prinzips, der Heiligen Schrift, demonstrieren zu können[6]. Die Gründe,

---

[1] Vgl. HEIM, Gewißheitsproblem, S. 263 f.; SEEBERG, Dogmengeschichte IV, 2 S. 431 Anm. 3.

[2] Vgl. Calvin, Institutio (1559) I, 7. Dazu KRUSCHE, Das Wirken des Heiligen Geistes nach Calvin, 1957, S. 202 ff.

[3] Calvin entscheidet zuvor (I, 7) die Frage unserer Gewißheit von der Schrift durch das „arcanum testimonium Spiritus" und bespricht erst darauf die bestätigenden Vernunftbeweise (I, 8).

[4] Epitome, S. 20–29.   [5] Ib. S. 21 ff.

[6] Da das Auftauchen sonst als spezifisch aufklärerisch angesehener Gedanken im Luthertum kurz nach 1600 nicht ohne Interesse ist, sei die Gedankenführung des Calixtischen Vernunftbeweises für die Wahrheit der christlichen Religion hier kurz wiedergegeben. Calixt geht (Epitome, S. 21 ff.) davon aus, daß der zu überzeugende Ungläubige von Gott und seinen Eigenschaften (Deum esse, unum esse, veracem, iustum, bonum esse), von der Unsterblichkeit der Seele und einem künftigen Leben überzeugt ist (andernfalls es ihm philosophice erst demonstriert werden müßte). Ihm wird dann dargelegt, daß Gott entsprechend seiner unendlichen Güte für den Menschen als die „nobilissima creatura" reichlich Sorge trägt, und daß es seiner Güte widersprechen würde, wenn er niemals seinen Willen über das Heil der Menschen kundgetan hätte. Nun zeigen die Staatsverfassungen, die nach allgemeinem Konsens der göttlichen Providenz zugeschrieben werden, daß Gott für den Leib und das irdische Heil des Menschen gesorgt hat. Es wäre aber absurd, wenn Gott nur für das sterbliche Leben gesorgt, aber vernachlässigt hätte, was unserer Seele zur Erreichung des ewigen Lebens gut ist. Es muß also auch eine von Gott geoffenbarte Lehre geben, die den „modus perveniendi ad aeternam vitam" zeigt. Der Ungläubige soll nun die Verfassungen und Gesetze der Staaten untersuchen: ihr Ziel ist nur das irdische Gut. Er soll die Religionen aller Völker betrachten: es gibt keine, die von der ratio nicht der Absurdität und Lächerlichkeit überführt werden könnte. Darauf soll er sich zum jüdischen Volk wenden und in den Schriften Moses die ältesten aller religiösen Urkunden kennenlernen. In ihnen ist zu lesen, wie Gott sich

die für die Wahrheit der christlichen Religion und der Heiligen Schrift sprechen, mögen sie zum Teil auch „heller als die mittägliche Sonne" sein[1], erbringen jedoch nur eine fides humana[2]. Nicht die ratio, sondern erst der Heilige Geist, der durch sein Wort, d. i. die Heilige Schrift, am Menschen wirksam ist, verleiht einen „immotus et plane divinus assensus", der eine der Evidenz der rationalen Wissenschaften analoge Gewißheit besitzt und damit die Rede vom Prinzipiencharakter der Heiligen Schrift ermöglicht und legitimiert[3]. Die beiden bei Melanchthon miteinander verknüpften Elemente des rationalen und des suprarationalen assensus zur Schrift sind also bei Calixt auf zwei verschiedenartige habitus bezogen: einen habitus acquisitus und einen habitus infusus. Die axiomatische Gewißheit von der Wahrheit der Heiligen Schrift besitzt nicht die fides acquisita, sondern allein die fides infusa.

Bedenkt man nun, daß Calixt die Theologie als einen durch menschlichen Fleiß erwerbbaren habitus versteht und nur eine fides acquisita als notwendige Bedingung voraussetzt, so zeigt sich, daß Calixt aus dem

offenbart hat und welchen Weg zur ewigen Seligkeit er will. Nachdem gezeigt ist, daß die christliche Religion auf Moses fußt, wird schließlich folgender Vernunftschluß gezogen: Entweder ist die christliche Religion, deren Prinzip die Heilige Schrift ist, die wahre Religion oder es gibt überhaupt keine wahre Religion. Daß überhaupt keine wahre Religion sei, widerspricht aber der göttlichen Providenz und ist darum falsch. Ergo ist es wahr, daß die christliche Religion die wahre Religion ist. (S. 23: Aut religio Christiana, cuius sacra Scriptura principium est, vera est religio, aut nulla est in orbe vera religio. Sed falsum est, nullam esse in orbe veram religionem, cuius rei paulo ante e providentia divina fidem fecimus. Ergo verum est, Christianam religionem esse veram religionem.) Während der Untersatz aus reinen Vernunftprinzipien einsichtig zu machen ist (vgl. den Beweisgang oben), hat Calixt die Wahrheit des Obersatzes in einer ausgedehnten und im Apparatus (S. 59ff.) wiederholten Untersuchung der bekannten geschichtlichen Religionen im Vergleich mit der christlichen Religion bewiesen. Man kann sagen, daß Calixt bereits das Christentum neben die anderen Religionen in den Zusammenhang einer vergleichenden Religionswissenschaft gestellt hat (so auch Schüssler aaO S. 19).

[1] Epitome, S. 28. Sole igitur meridiano clarius est, nostram religionem divina providentia niti, eaque a condito mundo usque in hunc diem conservatam esse, quod de alia nulla affirmari potest.

[2] Ib. S. 29. Verum cum probationes nitantur non nisi autoritate et testimoniis humanis, manifestum est, huiusmodi argumentandi genere alium in intellectu assensum produci non posse, quam qui sit ὑπολήψεως persuasionis et fidei humanae.

[3] Ib. S. 29f.; vgl. ib. S. 18: Quod igitur principiis, quae ab habitu intellectus cognoscuntur, est evidentia, hoc verbis Christi, sive, quod idem est, sanctis Scripturis est illa, de qua diximus, efficacia a Spiritu Sancto.

Begriff der Theologie die Frage der Gewißheit theologischer Erkenntnis ausgeklammert hat. Für den Begriff der „doctrina, quae explicat, probat et defendit" ist die Gewißheitsfrage irrelevant. Das Wesen einer theologischen Gelehrsamkeit wird durch das Fehlen eines assensus divinus in seiner Qualität nicht verändert[1].

Das die absolute Gewißheit wirkende Zeugnis des Heiligen Geistes ist für die Theologie freilich insofern notwendig, als es die propositio minor ermöglicht in demjenigen Syllogismus, in dem die Theologie sich der Heiligen Schrift als ihres Prinzips vergewissert. Die allgemeine rationale Einsicht, daß untrüglich wahr ist, was Gott sagt, verbindet sich mit der besonderen, durch das Zeugnis des Geistes gewiß gewordenen Einsicht in die Göttlichkeit der Schrift zu einem Syllogismus, der das Urteil erschließt: Alles, was die Heilige Schrift lehrt, ist untrüglich wahr[2]. Mit diesem Schluß begründet die Vernunft das Recht der Theologie, sich an die Heilige Schrift als an ihr unumstößliches Prinzip zu halten[3]. Aber das den Untersatz ermöglichende innere Zeugnis des Heiligen Geistes ist, da es Calixt beim Theologen selbst nicht notwendig voraussetzt, doch verobjektiviert und zum möglichen Gegenstand einer fides acquisita geworden! Das Zeugnis des Heiligen Geistes rückt bei Calixt als theologisches Argument einseitig auf die Seite der Gegenstände theologischer Erkenntnis[4]. Es ist eine objektiv notwendige Voraussetzung der Theologie, aber keine subjektive; es ist kein Wesensmerkmal des theologischen habitus. Wenn auch kein Zweifel daran besteht, daß Calixt sich den Theologen in der Regel als einen wahren Christen, also als Menschen im Stande des divinus assensus und der fides infusa, gedacht hat, so daß für diesen eine Spannung zwischen objektiver Voraussetzung und subjektiver Wirklichkeit, zwischen theologischer Aussage und letzter innerer Gewißheit gar nicht bestand, so bleibt doch bei Calixt vom Begriff her eine theologische Erkenntnis durchaus möglich, sogar legitim möglich, die als eine nur durch die fides acquisita bestimmte rationale Erkenntnis theologischer

---

[1] Calixt beruft sich (Epitome, Einleitung S. IV) u.a. auf die Erfahrung als Zeugen, daß Theologen, die durch Sünden gegen das Gewissen den wahren Glauben und den Heiligen Geist verloren haben, darum doch nicht die theologische Kenntnis der Glaubensgeheimnisse und Dogmen verloren haben. Der theologische habitus ist also unabhängig von der Gegenwart des Geistes.

[2] Epitome, S. 14.

[3] Vgl. H.E. WEBER, Reformation, Orthodoxie und Rationalismus I,2 (1940), S.276.

[4] Vgl. WEBERS (ib. S. 276f.) allgemeine Beobachtung: das Geistzeugnis wird „Gegenstand der Reflexion, als Beweisgrund zur verfügbaren Gegebenheit, und das kann aus der Haltung des Glaubens herausheben".

Gegenstände eine letzte innere Gewißheit von der Wahrheit ihres Gegenstandes nicht besitzt.

Erst Spener hat in dieser Ablösung des Theologiebegriffs von der Gewißheitsfrage eine Gefahr für die Theologie gesehen. Dazu mußte freilich erst die Selbstverständlichkeit des Wahrheitsanspruchs des christlichen Glaubens und der die humanistische Geschichtswissenschaft tragende Begriff der fides historica fraglich werden[1] und damit die Gewißheitsfrage neu in den Mittelpunkt treten. Doch sind das Perspektiven, die zu erörtern über den Rahmen dieser Arbeit hinausgeht.

C. *Theologie und Vernunft*

Die Humanisierung der Theologie zu einer aus natürlichen Kräften erreichbaren Form wissenschaftlicher Gelehrsamkeit hat den Grund ihrer Möglichkeit in der Hochschätzung der menschlichen Vernunft, die der Helmstedter Theologie als der Fortsetzerin eines von Melanchthon ins Luthertum gebrachten christlichen Humanismus eigentümlich ist. MAX WUNDT hat gezeigt, wie durch die Hochschätzung der Vernunft die Schulphilosophie in Helmstedt sich von derjenigen der strengen Lutheraner charakteristisch unterscheidet[2]. Der Gegensatz in der Bewertung der Tüchtigkeit der dem Menschen nach dem Fall verbliebenen Vernunft wird auch die Struktur des theologischen Denkens selbst miterhellen. Wir behalten im folgenden Calixts von orthodoxer Seite scharf angegriffene Lehre von den „pura naturalia" nur als Richtpunkt im Auge, um uns der Bestimmung des Verhältnisses von Theologie und Philosophie zuzuwenden, in der sich Calixt und Gerhard nicht unwesentlich voneinander unterscheiden[3].

Wenn man nach dem Verhältnis von Theologie und Philosophie in der altprotestantischen Orthodoxie fragt, so muß man sich vor Augen halten, daß mit „philosophia" in dieser Zeit nicht eine Einzeldisziplin, eine allgemeine Grundwissenschaft und schon gar nicht eine Weltanschauungslehre gemeint ist, sondern die Gesamtheit der rationalen Einzelwissenschaften mit Ausschluß der drei oberen Fakultäten Theologie, Jus und

---

[1] Vgl. PAUL HAZARD, Die Krise des europäischen Geistes, 1939.
[2] Vgl. oben S. 91 f.
[3] Zu Calixts Lehre von den pura naturalia vgl. Epitome, S. 101: Supernaturalia illa, quae habebat homo (sc. ante lapsum), penitus amisit... Naturalia quidem retinuit, ut intellectum, voluntatem, appetitum, eiusque potentias, habitus et actus naturales.

Medizin[1]. Die Frage nach dem Verhältnis von Theologie und Philosophie ist in altprotestantischer Zeit gleichbedeutend mit der umfassenden Frage nach dem Verhältnis von Theologie und rationaler Wissenschaft oder einfach nach dem Verhältnis von Theologie und Vernunft[2].

Vergleicht man Gerhards Ausführungen zur Frage Theologie und Philosophie im „Methodus"[3] mit denen Calixts in der „Epitome"[4] und im „Apparatus"[5], so fällt neben der Übereinstimmung in der Grundthese, daß die Philosophie von der Theologie in Gebrauch zu nehmen sei (usus philosophiae) und dieser zu dienen habe (ancillari philosophiam theologiae), die weitgehende Übereinstimmung in der Aufzählung der für die Theologie brauchbaren Disziplinen auf[6]. Auch die neue Metaphysik soll der Theologie dienstbar gemacht werden – darin ist man sich in Helmstedt, Jena und auch in Wittenberg gegenüber dem Ramismus und den Kreisen um Daniel Hoffmann einig[7].

Die äußerliche Übereinstimmung in der Aufzählung der für die Theologie wichtigen philosophischen Disziplinen geht nun aber weithin auf das Konto der Gleichartigkeit des Wissenschaftsbetriebs der alten Universität. Theologisch relevant wird erst die Frage, in welcher Weise die sich in der Philosophie organisierende ratio für das Zustandekommen des theologischen habitus bedeutsam ist. Hier zeigen sich Unterschiede zwischen Gerhard und Calixt, die nicht als bloße Nuancen und Akzentverschiebungen beurteilt werden können, sondern in denen sich eine grundsätzlich unterschiedene Bewertung der Funktion der Vernunft innerhalb der Theologie verbirgt.

Am Beispiel der Bedeutung des Vernunftgebrauchs zum Verständnis der Heiligen Schrift kann dies am deutlichsten erkannt werden. Da das Problem Theologie und Philosophie, Glaube und Vernunft, in der altprotestantischen Theologie nie in abstracto, sondern immer im Blick auf

---

[1] Vgl. HÄGGLUND, 1951, S. 149 f. HÄGGLUNDs Bestimmung als „Gesamtbezeichnung für alle Lehrdisziplinen" greift freilich etwas zu weit.

[2] Vgl. TROELTSCH, 1891, S. 7.   [3] Methodus studii theologici, S 89 ff.
[4] Epitome, Einl. S. X ff.   [5] Apparatus, S. 15 ff.

[6] Gerhard nennt im Methodus als Teile der Philosophie: die Instrumentaldisziplinen Logik und Rhetorik; die Realdisziplinen Metaphysik, Physik, Mathematik (als theoretische Disziplinen); Ethik, Politik, Ökonomik (als praktische Disziplinen).
Calixt nennt in der Epitome und im Apparatus: die Instrumentaldisziplinen Logik, Dialektik, Rhetorik; die Realdisziplinen Mathematik, Physik, (allgemeine) Metaphysik, Quarta scientia (= spezielle Metaphysik); Ethik, Politik und Historie.
[7] Vgl. oben S. 86 Anm. 5.

die Auslegung der Heiligen Schrift behandelt wird[1], weist sich ein Einsatz an diesem Punkt als sachgemäß aus.

Für Gerhard stellt sich die Frage nach der Heranziehung des rationalen Wissens zur Erklärung der Schrift überhaupt erst vom Blickpunkt des Glaubens aus. Ehe das positive Wissen der Realdisziplinen zur näheren Erklärung der Schrift herangezogen werden kann, ist ein Verstandenhaben der Heiligen Schrift schon vorausgesetzt. Dieses der Indienstnahme des rationalen Wissens vorausgehende Verstandenhaben ist die Heilserkenntnis der Schrift, die notitia fidei. Diese Heilserkenntnis hat den Grund ihrer Möglichkeit nicht in einem rationalen Vermögen des Menschen, sondern allein in der Erleuchtung der Seele durch das göttliche Licht[2]. Ist es auch der menschliche Verstand, der das Wort Gottes aufnimmt, so hat dieser Verstand doch von sich aus keine Möglichkeit zur Erkenntnis des Wortes Gottes. Wirkliche Erkenntnis der Schrift, die, wie Gerhard von den Voraussetzungen seines aristotelisch bestimmten Erkenntnisbegriffs her urteilt, in einer „adaequatio" zwischen Sache und Intellekt bestehen muß, ist wegen der Übernatürlichkeit der Glaubensmysterien dem natürlichen Erkenntnisvermögen unmöglich[3]. „Erst wenn das natürliche Licht des Intellekts durch das Licht des Heiligen Geistes gleichsam verstärkt worden ist, wird die Angleichung (adaequatio) zwischen dem Inhalt der Offenbarung und dem Intellekt ermöglicht."[4]

---

[1] Vgl. HÄGGLUND, 1951, S. 148f.

[2] Tractatus de legitima scripturae sacrae interpretatione, S. 31ff. Vgl. HÄGGLUND, 1951, Kap. IV. Abschnitt 3. Das Problem des Verstehens; die Erleuchtung durch den heiligen Geist (S. 212ff.).

[3] Tractatus S. 31f.: Omnis notitia versatur inter rem cognoscendam et intellectum cognoscentem, quia intellectio est speciei ab obiecto cognoscendo abstractae in intellectum receptio, cui succedit intellectus agentis actio... Requiritur igitur inter intellectum cognoscentem et rem cognoscendam adaequatio... Quia ergo mysteria fidei in Scripturis proposita, sunt divina, ex immediata Dei revelatione profecta, ideo intellectus nostri per peccatum misere corrupti sphaeram, ut ita loquar, excedunt, animalis enim homo non percipit quae sunt Spiritus Dei. Stultitia est illi, et non potest intelligere 1. Cor. 2 v. 14. proinde praeter nativas intellectus nostri vires, et primaevas, ut ita loquar, opes, requiritur divinis luminis irradiatio, alias mysteria in Scripturis proposita sunt liber clausus et signatus.

[4] HÄGGLUND S. 214. Genau genommen laufen bei Gerhard, worauf HÄGGLUND in seinen sonst instruktiven Ausführungen nicht eingeht, für die Behauptung der Notwendigkeit der Erleuchtung zum Verstehen der Schrift zwei verschiedenartige Argumentationsreihen ineinander und nebeneinander her. Die Erleuchtung ist notwendig 1. wegen der Übernatürlichkeit des Erkenntnisgegenstandes, hier wirkt sie eine Überhöhung der menschlichen Erkenntnismöglichkeit, 2. wegen der Verfinste-

Bei der Frage des Verstehens der Schrift wird darum der menschliche Verstand immer nur als der vom Geist erleuchtete Verstand thematisch, nicht als ein dem Menschen eigenes, aus dem Schöpfungsstand verbliebenes Erkenntnislicht. Wo ohne Gebet und Erleuchtung der menschliche Verstand an die Heilige Schrift herangeht, gibt es freilich auch eine gewisse Erkenntnis, aber nur von den Worten in ihrer äußerlichen Bedeutung[1]. Solche Schrifterkenntnis aus natürlichen Kräften hat aber keinerlei positive Bedeutung und ist für Gerhard theologisch völlig uninteressant. Sie ist kein erster Schritt zum Glauben, sondern steht völlig außerhalb des christlichen Glaubens. In keiner Weise ist sie ein mögliches Konstitutivum theologischer Erkenntnis.

Anders wird diejenige Erkenntnis aus natürlichen Kräften beurteilt, die sich nicht auf die Heilige Schrift, sondern auf das natürliche Seiende richtet und die sich in den einzelnen philosophischen Disziplinen organisiert. Hier besteht auf der Ebene des Natürlichen die Möglichkeit einer adaequatio zwischen Sache und Intellekt, hier ist menschliche Erkenntnisbemühung legitim. Die ohne besondere Erleuchtung von der philosophischen Vernunft gewonnenen Erkenntnisse sind nun aber nicht nur außerhalb der Theologie in der Sphäre der natürlichen Wirklichkeit von Bedeutung, sondern sind auch innerhalb der Theologie von großem Nutzen. Gerhards Lehre vom triplex usus philosophiae bringt dies zum Ausdruck[2]. In dieser Lehre vom dreifachen Gebrauch der Philosophie in der Theologie wird der Rahmen abgesteckt, innerhalb dessen das in der Philosophie erarbeitete Wissen zur näheren Erklärung bei der Schriftauslegung (usus organicus), zur Bestärkung derjenigen theologischen Wahrheiten, die im Bereich des dem lumen naturae Erkennbaren bleiben (usus catasceuasticus) und schließlich als der Heiligen Schrift nachgeordnetes Argumentationsarsenal zur Widerlegung der Gegner (usus anasceuasticus) herangezogen werden kann. Von diesen drei usus hat allein der usus organicus grundlegende Bedeutung, während der usus catasceuasticus und der usus anasceuasticus allein um der Gegner willen da sind und weithin nur das Grenzgebiet der natürlichen Theologie betreffen[3]. Der usus organicus dagegen ist derjenige, in welchem der ge-

---

rung unseres Verstandes, hier bringt sie das menschliche Erkennen nur zu seiner eigensten Möglichkeit.

[1] Tractatus S. 36f. Vgl. HÄGGLUND, S. 216f.

[2] Zu Gerhards Lehre vom triplex usus philosophiae vgl. TROELTSCH, 1891, S. 7ff.; HÄGGLUND, 1951, S. 150ff. Gerhard entwickelt diese Lehre Methodus, S. 89ff. Tractatus S. 125ff. [3] Vgl. TROELTSCH, 1891, S. 7.

samte Stoff der philosophischen Disziplinen auf seine Nützlichkeit zur Ausbildung des theologischen habitus gesichtet und herangezogen wird. Die Frage nach dem Verhältnis von Theologie und Philosophie hat sich darum in erster Linie an den usus organicus zu halten[1].

Fragt man nach der Bedeutung, die die Heranziehung des rationalen Wissens für die Auslegung der Schrift hat[2], so zeigt sich, daß die philosophische ratio nach Gerhard von großem Nutzen ist zur Erklärung der Schrift, keineswegs aber von bedingender Notwendigkeit. Was die Philosophie vermag, ist, daß sie zur genaueren Erklärung gewisser Termini, die die Bibel selbst verwendet oder die zur Erklärung der Schrift von den kirchlichen Lehrern angenommen worden sind, einiges beiträgt (aliquid confert)[3]. So sind ens, bonum, verum, perfectum, finitum, infinitum, persona, essentia, existentia metaphysische Termini, zu deren Erklärung der Theologe die Philosophie zu Rate ziehen wird[4]. Andere biblische bzw. kirchliche Termini stammen aus der Physik, Geographie, Astronomie, Politik oder Ökonomik, und der Theologe braucht die Kenntnis dieser Disziplinen, um sie in ihrem genauen Sinn bestimmen zu können[5]. Dabei legt Gerhard aber große Betonung darauf, daß die Philosophie bei der explicatio terminorum der Theologie *diene*. Sie hat ein „ministerium", aber kein „magisterium"[6]. Der Theologe ist an die Erklärung der Begriffe, wie sie die Philosophie gibt, nicht gebunden. Er hat ein Recht, die philosophischen Begriffe theologisch zu interpretieren, d.h. ihnen einen neuen, von der Wirklichkeit der Heiligen Schrift her gewonnenen Sinn zu geben: „proinde si vel maxime terminus aliquis sit philosophicus, tamen Theologo licet eum aliter explicare, accomodare, ab omni imperfectione eum liberare, adeoque iuxta proprium scientiae suae principium, nempe Scripturam eundem interpretari."[7] Dieses Recht ist darin begründet, daß der Theologe Begriffe, die der Philosoph im

---

[1] TROELTSCH, S. 8.

[2] Mit dieser Frage wird nur der eine Teil des usus organicus, nämlich die Heranziehung des Wissens der Realdisziplinen erfaßt, nicht aber die Bedeutung der Regeln der Instrumentaldisziplinen für die Theologie (zur Unterscheidung vgl. oben S.124 Anm. 6). Da es in unserer Darstellung nur um den Aufweis von Unterschieden in der Funktion der Vernunft innerhalb der Theologie bei Gerhard und Calixt geht, kann für eine Darstellung des usus organicus auf TROELTSCH verwiesen werden (dort, aaO S. 47 ff., über die Verwendung der Instrumentaldisziplinen).

[3] Methodus, S. 91.   [4] Ib.   [5] Ib.

[6] S. 92f.: Notanter enim diximus, Philosophiam in explicatione terminorum inservire, ergo non magisterium, sed ministerium ei... tribuimus; vgl. S. 131.

[7] Methodus, S. 93. Vgl. schon Luther: Si volumus uti philosophicis terminis, müs-

Wirklichkeitsbereich der Natur (res terrenae) gewonnen hat, auf den übernatürlichen Wirklichkeitsbereich der mysteria coelestis übertragen muß, von welchem neuen Wirklichkeitsbereich sich die Begriffe neu bestimmen lassen müssen[1]. Gerhard wehrt also a limine ab, daß die Vernunft mit ihrem Wissen eine zweite neben die Heilige Schrift tretende Auslegungsinstanz ist[2]. Die Vernunft ist nicht konstitutiv für das Verstehen der Schrift, jedoch ist sekundär zur begrifflichen Erklärung des in seiner Heilsbedeutung schon verstandenen Wortes Gottes das ausgebildete Wissen der Vernunft von großem Nutzen und Gebrauch[3]. Gerhard liegt so viel an der Betonung der bloßen Hilfestellung der Philosophie, daß er den in der explicatio terminorum bestehenden usus organicus nicht nur sachlich, sondern auch zeitlich einem bloß an der Schrift orientierten Verstehen nachordnen möchte: ,,Tutissimum igitur est Spiritus sancti nomenclaturam unice vel praecipue attendere, ac postea demum collationis gratia Philosophicam terminorum explicationem coniungere."[4]

Ganz anders Calixt. Bei ihm ist von Gerhards vorsichtiger Haltung gegenüber dem Gebrauch der Vernunft wenig zu spüren[5]. Sein Interesse an der Vernunft weist in eine ganz andere Richtung. Während Gerhard angesichts der faktischen Angewiesenheit der Theologie auf die Philosophie die Unvollkommenheit und weitgehende Unangemessenheit ihrer Erkenntnisse für die Anwendung im theologischen Wirklichkeitsbereich betont, geht es Calixt gerade darum, die Integrität der philosophischen Vernunft und ihre Notwendigkeit für die Grundlegung von Wissenschaft,

---

sen wir sie erst wohl zum Bade führen (WA 39,1; 229, 23 ff.). Omnia vocabula fiunt nova, quae transferuntur a philosophia in theologiam; sic homo, voluntas, ratio, opera, vestis. (WA 39,1; 231, 18 ff.)

[1] Z.B. der Begriff principium wird zunächst in der Metaphysik geklärt, dann aber in verändertem Sinn in der Theologie auf Gott angewandt. Methodus S. 93, Vgl. HÄGGLUND, 1951, S. 155.

[2] Wie weit entgegen diesem Selbstverständnis die Theologie Gerhards faktisch von der aristotelischen Metaphysik geprägt ist, z. B. in der Klärung der Begriffe coelum, terra, Deus etc., steht auf einem ganz anderen Blatt.

[3] Ähnlich auch Thomas von Aquin, S. th. I q 1 a 5: quod haec scientia potest accipere aliquid a philosophicis disciplinis, non quod ex necessitate eis indigeat, sed ad maiorem manifestationem eorum quae in hac scientia tractantur.

[4] Methodus, S. 94.

[5] Das gilt auch für den hier nicht besprochenen (siehe S. 127 Anm. 2) Gebrauch der Logik in der Theologie. Während schon der junge Calixt die Verbindlichkeit der Logik für die Theologie behauptete (SCHÜSSLER aaO S. 16; vgl. ib. S. 28 f.) hat Gerhard der unbedingten Geltung der Logik in der Theologie widersprochen: ,,Regulae Aristotelis in divinis non tenent." HÄGGLUND, 1951, S. 153 Anm. 53.

damit auch für die Theologie und ein wissenschaftliches Verstehen der Schrift herauszustreichen.

Der Unterschied zu Gerhard ist schon bei der Frage nach dem Wesen der Glaubenserkenntnis und der Möglichkeit eines Verstehens der Schrift aufzusuchen. Die notitia fidei, bei Gerhard untrennbares Glied des übernatürlichen, vom Heiligen Geist gewirkten Rechtfertigungsglaubens[1], ist bei Calixt weithin säkularisiert zu einer dem Menschen kraft des ihm nach dem Fall verbliebenen natürlichen Verstandeslichtes ohne besondere Erleuchtung möglichen Erkenntnis der Schrift und der Glaubensartikel[2]. Gerhard unterscheidet zwischen natürlichem und geistlichem Verstehen[3]. Ein „intelligere non solum audire" bedarf der geistlichen Erleuchtung[4]. Calixt unterscheidet lediglich zwischen einem „concipere" und „intelligere", das aus natürlichen Kräften aufbringbar ist, und einem „fide firma immotaque credere", das der übernatürlichen Hilfe des Geistes bedarf[5]. So wie von jeder anderen Religion, so kann der Mensch auch von der christlichen Religion und der Heiligen Schrift eine gegründete Erkenntnis aus natürlichem Vermögen gewinnen[6]. Die Möglichkeit zu solcher Erkenntnis liegt in der rationalen Struktur des menschlichen Geistes, der fähig ist, „species intelligibiles" von der Heiligen Schrift und den in ihr berichteten Dingen aufzunehmen[7]. Eine Notwendigkeit übernatürlicher Hilfe besteht nur für das „credere" der Glaubenswahrheiten, soweit dabei auf die absolute Gewißheit der fides immota abgehoben ist, nicht aber für das Verstehen der Schrift[8].

Bei Gerhard wird als Bedingung der Möglichkeit der Glaubenserkenntnis die Erleuchtung durch den Heiligen Geist thematisch. Bei Calixt wird an derselben Stelle, nämlich als Bedingung der Möglichkeit der Glaubenserkenntnis, die ratio zum Thema. „Fides igitur, quae ex audito verbo est, non cadit nisi in eum, qui rationis sit compos, et voces sive

---

[1] Vgl. oben S. 36.   [2] Vgl. oben S. 104ff.   [3] HÄGGLUND, S. 165. 216
[4] Ib. S. 217.
[5] Epitome, Einl. S. IX. Apparatus S. 14: Et sane notum est, quicquid creditur, prius concipi quam credatur, eique assensus praebeatur. Sine supernaturalis Spiritus auxilio concipi quidem potest, sed fide firma immotaque credi non potest.
[6] Vgl. oben S. 105 Anm. 7 u. S. 106 Anm. 2.
[7] Siehe folgende Anmerkung.
[8] Epitome, Einl. S. IX: Termini... et inde factae enunciationes sacrarum literarum eosdem in intellectu legentium vel audientium generant conceptus, notiones, sive species intelligibiles, quas alias solent. Et sane notum est, quicquid creditur, prius concipi, quam credatur, eique assensus praebeatur. Sine supernaturali Spiritus auxilio concipi quidem potest, sed fide firma immotaque credi non potest.

terminos concipere atque intelligere norit."[1] Die menschliche ratio wird
als der subjektive Möglichkeitsgrund der fides angesehen. Wir könnten
nicht glauben, wenn wir keine rationale Seele hätten: „Absit, inquam,
ne ideo credamus, ut rationem accipiamus sibe quaeramus, quum etiam
credere non possemus, nisi rationales animas haberemus."[2]

Ist bei Calixt die Vernunft die Bedingung der Möglichkeit einer Erkenntnis und eines Verstehens der Schrift, so bestimmt diese Hochschätzung der Vernunft nun auch die Einschätzung der Funktion der
Philosophie für das Zustandekommen des theologischen habitus. Die in
der Philosophie sich organisierende Vernunft ist ja keine andere als die
von sich aus einer Erkenntnis und einem Verstehen der Schrift fähige
Vernunft. Exemplifiziert an dem für die Theologie zentralen Problem
der Schriftauslegung heißt das: die bei Gerhard im usus organicus nur
in sekundärer Hilfestellung (sc. zur Ermöglichung einer wissenschaftlichen Erklärung der im Glauben schon verstandenen Schrift) fungierende
philosophische ratio wird bei Calixt zur Bedingung der Möglichkeit eines
wissenschaftlichen Verstehens der Schrift.

Von Calixts Lehrer Cornelius Martini wurde das Wort überliefert: wer
die Metaphysik und die Logik beherrsche, der könne in einem Moment
die Bibel verstehen[3]. Calixt hat diese Rationalisierung der hermeneu-
tischen Frage übernommen. Es ist dabei vorausgesetzt, daß die Heilige
Schrift rational struktiert ist und in ihrer Sprache und Begrifflichkeit den
Raum des von der Vernunft schon Erkannten an keiner Stelle übersteigt.
Die Heilige Schrift gebraucht die voces und termini, die auch sonst
gebräuchlich sind, und zwar in eben dem Sinn und der Bedeutung, die
sie nach der allgemeinen Gewohnheit des Redens besitzen[4]. Wäre es
anders, so könnte die Schrift vom Menschen überhaupt nicht verstanden
werden[5]. Eine „nomenclatura Spiritus sancti", wie sie Gerhard lehrt[6],

---

[1] AaO S. IX.

[2] Ib. S. X. Das Verhältnis von fides und ratio, credere und intelligere ist hier genau
gegensätzlich bestimmt zu jenem „credo, ut intelligam" Anselms (vgl. GRABMANN
aaO I, S. 273f). Das Calixt leitende und von Melanchthon inspirierte (vgl. DILTHEY
aaO S. 171f.) Verständnis der ratio als Bedingung der Möglichkeit der fides liegt freilich noch gänzlich außerhalb des Gesichtskreises Anselms.

[3] SCHÜSSLER aaO S. 15 und Anhang S. 8. Anm. 30.

[4] Epitome, Einl. S. VIII: Neque vero dubium est, quin utatur S. Scriptura
vocibus sive terminis alias usitatis, et sensu atque significatu eo, quem in communi
loquendi consuetudine obtinent. Utique enim hominibus loquitur, a quibus, si secus
esset, intelligi non posset.

[5] Siehe vorige Anmerkung.   [6] Vgl. oben S. 128 bei Anm. 4.

kennt Calixt nicht. Der Anschauung, daß die Schrift von der usitata significatio der Begriffe abweiche, begegnet Calixt mit dem Argument, daß zur Erkenntnis dieser besonderen Bedeutung erst wieder eine neue Offenbarung notwendig wäre, die es aber nicht gibt und die obendrein, wenn man einmal eine solche hypothetisch annehmen wollte, zu ihrer Interpretation wieder einer anderen Offenbarung bedürftig wäre, woraus dann eine unendliche Kette von Offenbarungen gefolgert werden müßte[1]. Bei der Klärung des Verständnisses biblischer Begriffe hat man sich darum an denjenigen Sinn zu halten, den diese Begriffe im allgemeinen Gebrauch haben und der von der zuständigen philosophischen Disziplin hinreichend erklärt wird. Der Dienst der Philosophie an der Theologie besteht darin, daß sie feste Begriffsbestimmungen entwickelt und damit ein geordnetes intelligere und explicare der in der Schrift enthaltenen Glaubenswahrheiten ermöglicht. Ohne in der Philosophie geklärte feste Begriffe wäre die Theologie der subjektiven Willkür ausgeliefert.

Damit erhält die zu einer geordneten Schrifterklärung herangezogene ratio der Philosophie den Rang einer Instanz, an der der Theologe nicht vorbei kann und die er schlechthin zu respektieren hat. Gewiß soll auch für Calixt die Philosophie der Theologie dienen und ihre Magd sein[2]. Aber sie ist hier doch eine solche Magd, die in dem, was sie an Diensten anbietet, von ihrer Herrin achtungsvoll respektiert sein will. Calixt bindet den Theologen streng an die von der Philosophie erarbeitete Bedeutung der Begriffe und erlaubt nicht wie Gerhard eine Veränderung für den theologischen Gebrauch. Von den metaphysischen Begriffen heißt es: „Non igitur Theologo permittitur, ut communibus vocibus alias significationes tribuat, quam quas ab omnibus retro seculis tribuit mortalium consensus et usus, quem penes arbitrium est et ius et norma loquendi."[3] Gerhards Forderung nach der Akkommodation philosophischer Begriffe in der Theologie steht dieser Satz im konträren Verhältnis gegenüber[4].

Daß die eine geordnete Schrifterklärung bedingende philosophische ratio für die Theologie zur zu respektierenden Instanz wird, bleibt bei

---

[1] Epitome, Einl. S. VIIIf. Quod si usitata significatione non accipiuntur, sed alia, eaque inusitata, quaero ego unde ea significatio nobis innotescat? Certe nova opus erit revelatione, quae nisi fingatur, nulla est. Quod si autem ista ponatur, de ratione vero revelationis sit, ut inusitato modo loquatur, tum rursus ad eam intelligendam alia opus fuerit revelatione, et ad hanc iterum alia, et sic in infinitum.

[2] Apparatus, S. 46. Et Philologiae, et Philosophiae studium iunctim Theologiae ancillari.

[3] Epitome, Einl. S. XVI.   [4] Vgl. oben S. 27 bei Anm. 7.

Calixt noch beschränkt auf die Geltung als „norma loquendi". Der Gedanke, daß die ratio über die Funktion einer Norm der Begriffsbedeutung auch zu einer „norma facti", einer die Möglichkeit von Geschehnissen beurteilenden Instanz, sich erweitert, liegt noch außerhalb des Horizontes. Die Philosophie, die Calixt vor Augen hat, ist die aristotelische Schulphilosophie, die wohl auf Grund einer Fülle von Einzelbeobachtungen das Mannigfaltige des Seienden zu ordnen und unter Regeln zu bringen sucht, aber noch nicht den der späteren Theologie so schwer zu schaffen machenden apriorischen Begriff des Naturgesetzes kennt. Es gibt noch kein von der ratio entworfenes Weltbild, das mit den biblischen Anschauungen in Konflikt geraten könnte, sondern nur ein Sammeln von Einzelerkenntnissen, die in die für selbstverständlich angesehene biblische Weltansicht eingebettet werden. Deshalb kann sich die Philosophie damit bescheiden, den Sinn biblischer Begriffe gültig zu bestimmen. Über die Möglichkeit der von der Schrift vorgenommenen Verbindung von Begriffen will sie selbst noch gar nicht entscheiden wollen[1].

Es liegt Calixt noch völlig fern, die im Wissen der philosophischen Disziplinen sich organisierende Vernunft zum kritischen Maßstab des in der Schrift Berichteten zu erheben. „Quodcunque continet canonica Scriptura, infallibiliter verum est" – dieser von der fides bestimmte Fundamentalsatz der Theologie[2] schließt jede auch nur hypothetische Infragestellung biblischer Berichte aus. Die ratio steht noch ganz im Dienst der fides und begnügt sich mit der Aufgabe der explicatio terminorum. Die Wundergeschichten etwa werden von Calixt ohne die Spur leisesten Zweifels als historisches Geschehen genommen. Bemerkenswert ist nun aber, daß die ratio, so wenig sie zur Kritik am Wunder drängt, von Calixt gerade als die Bedingung der Erkenntnis eines Wunders in Blick genommen wird. Niemand kann, sagt Calixt, bei Berichten wie dem von dem schwimmenden Eisen des Elisa (2. Kön. 6,6), dem Durchzug der Israeliten durch den Jordan (Jos. 3) oder der Bewahrung der drei Männer im Feuerofen (Dan. 3) erkennen, daß sie auf wunderbare Weise und durch göttliche Macht geschehen sind, der nicht ex lumine naturae weiß, daß diese Effekte – schwimmendes Eisen, sich erhebendes Wasser, nicht verbrennendes Feuer – per naturam nicht hervorgebracht werden

---

[1] Die ratio kann höchstens sagen, daß in ihrer Sphäre bestimmte Begriffe, z. B. virgo und parere, nicht verbunden werden dürfen, Epitome, Einl. S. IX.

[2] Epitome, S. 14.

können[1]. Dieses Wissen gehört aber in die philosophische Disziplin der Physik. Wenn die theologische Wissenschaft den Satz aufstellt, daß es sich bei der Geschichte von Elisa und dem schwimmenden Eisen um ein göttliches Wunder handelt, so tut sie das auf Grund eines Vernunftschlusses, in dem der Obersatz aus der Physik, der Untersatz aus der Heiligen Schrift entnommen ist[2]. Damit ist die ratio zur Bedingung der Möglichkeit der Erkenntnis eines Wunders, die Kenntnis der physikalischen Wissenschaft zur Bedingung der Möglichkeit einer wissenschaftlichen Bestimmung des Wunders erklärt[3]. Darüber hinaus wird die Vernunft überhaupt zur Bedingung der Möglichkeit des Unterscheidens zwischen Natürlichem und Übernatürlichem: „Nisi ex lumine rationis, et inde exstructa disciplina Physica, quid per rerum naturam et causarum naturalium potentiam fieri queat, cognoris, quid miraculum sit minime intelliges nec, quae opera in Scripturis memorata supra vel secundum naturam facta sint, discernes."[4] Die hier behauptete Funktion der Vernunft geht weit über Gerhards „Nutzen" für die Theologie hinaus. Sie impliziert die These, daß die Vernunft die Bedingung der Möglichkeit der Theologie als Wissenschaft ist.

D. Das Auseinanderfallen von Form und Inhalt der Theologie

Die Rationalisierung der Theologie, die bei Calixt zu beobachten ist, führt zu einer dem Gerhardschen Theologiebegriff fremden Trennung von Form und Inhalt (materia) der Theologie[5]. Für Gerhard ist Theologie

---

[1] Epitome, Einl. S. XIV.

[2] Der die Faktizität eines biblischen Wunders theologisch bestimmende Schluß lautet (nach Epitome, Einl. S. XIV): Wo ein eisernes Beil sich aus der Tiefe erhebt, da wirkt nicht die Natur, sondern eine Kraft, die den natürlichen Kräften überlegen ist. Zur Zeit des Elisa ist ein Eisen auf dem Wasser geschwommen. Also ist zur Zeit des Elisa ein über die Kraft der Natur hinausgehendes Wunder geschehen.

[3] Wobei auch der Wunderbegriff selbst rein rational als supra naturam gehendes Mirakel verstanden ist!

[4] Epitome, Einl. S. XIII. Vgl. dort weiter: Atque adeo, quae miracula fuerint, quae non fuerint, numquam adsequeris. Quomodo enim miraculose et per solius Dei potentiam solem stetisse, vel retrocessisse, vel tempore plenilunii Ecclipsin passum esse, quis statuat, nisi persuasus fuerit, nihil horum per naturae potentiam fieri potuisse?

[5] Ich gebrauche die Begriffe „Form" und „Inhalt" nicht im Sinne der Ästhetik zur Unterscheidung von Erscheinung und Gehalt, sondern in jenem, auf die aristotelische Unterscheidung von εἶδος und ὕλη zurückgehenden und auch noch bei Kant weiterwirkenden Sinne (vgl. Kants Rede von Form und Materie der Er-

ein von Gott gegebener habitus genauerer Glaubenserkenntnis (cognitio accuratior), von der einfachen cognitio fidei (cognitio simplex) nur durch Grade unterschieden. Form (habitus $\vartheta\varepsilon\acute{o}\sigma\delta o\tau o\varsigma$) wie Inhalt (die theologischen Wahrheiten des verbum Dei) der Theologie stammen nicht aus der Sphäre der ratio, sondern sind gleicherweise übernatürlich. Wird bei Gerhard in der Theologie der Glaube sich selbst gegenständlich, so wird er doch, auch wenn er als ein Ding (res) begriffen und in seine ,,causae'' zergliedert wird[1], nie reiner Gegenstand im Sinne eines vom erkennenden theologischen Subjekt lostrennbaren Objektes. Der Glaube kann bei Gerhard zum Objekt theologischer Erkenntnis nur werden, indem er zugleich das Subjekt dieser Erkenntnis bleibt. Andernfalls ist eine Erkenntnis vom Glauben, weil extra fidem gewonnen, keine theologische mehr. Erkennende Form und zu erkennender Inhalt sind im Begriff der Theologie eine unlösbare Einheit. Diese Einheit im Theologiebegriff Gerhards haben wir mit dem Ausdruck ,,Gottesgelehrsamkeit'' zu bezeichnen versucht[2].

In dem Moment, in dem nicht mehr die fides vera, sondern eine auf rationale Argumente sich stützende fides humana und eine rationale eruditio zu bestimmenden Formelementen theologischer Erkenntnis erklärt werden, ändert sich das Verhältnis zwischen Form und Inhalt der Theologie von Grund auf. Die in der Heiligen Schrift enthaltene übernatürliche Heilsoffenbarung tritt als übernatürlicher Inhalt der im explicare, probare und defendere der Offenbarungswahrheiten bestehenden natürlichen Form des theologischen habitus gegenüber. Der Theologiebegriff droht in natürliche Form und übernatürlichen Inhalt auseinanderzubrechen. Damit ist der Grund gelegt zu jener Doppelung des Theologiebegriffs in einen ,,subjektiven'' und einen ,,objektiven'', wie sie im

---

kenntnis, Kritik der reinen Vernunft B 34. 74f. 118), wonach Inhalt das der Form vorgegebene und einer Aktualisierung durch die Form bedürftige Element des Stofflichen, Form dagegen das einen vorgegebenen Stoff ordnende und ihn damit erst zur Wirklichkeit bringende Strukturelement eines Phänomens bezeichnet, sei es nun eines Dinges (Aristoteles) oder unserer Erfahrung (Kant). Bezogen auf Gerhards Theologiebegriff würde ich den Habitus $\vartheta\varepsilon\acute{o}\sigma\delta o\tau o\varsigma$ bzw. die als Gelehrsamkeit verstandene doctrina die Form der Theologie nennen, in der der Inhalt, nämlich die veritates theologicae der Heiligen Schrift (vgl. Prooem. § 25) jeweils aktualisiert sind. (Während Gerhard Prooem. § 25 unter der ,,forma'' der Theologie völlig unaristotelisch den äußeren Aufbau versteht, wird von Calov, Isagoge ad SS. Theologiam S. 217ff., unter der Überschrift ,,De forma Theologiae et genere'' von der Theologie als ,,habitus'' gehandelt.)

[1] Vgl. Loci III, S. 410.   [2] Vgl. oben S. 70f.

18.Jahrhundert Semler kennt[1]. Nur kommen bei Calixt die sich dem theologischen habitus gegenüberstellenden Offenbarungswahrheiten der Heiligen Schrift nicht als „Theologie" in den Blick. Es gibt, da Theologie als ein habitus verstanden wird, keine Theologie der Bibel, keine alttestamentliche oder neutestamentliche Theologie, unter welchen Namen man seit dem 18.Jahrhundert die biblische Lehre als historisches Phänomen zu begreifen sucht[2]. Es gibt höchstens eine Theologie der Propheten und Apostel, womit aber ihre Gelehrsamkeit bezeichnet ist, kein historischer Lehrbegriff.

Mit der Rationalisierung bahnt sich zugleich eine der Vergegenständlichung des theologischen Inhalts entsprechende Formalisierung des Theologiebegriffs an. Daß es in der Theologie inhaltlich um den $\lambda\acute{o}\gamma o\varsigma$ $\pi\varepsilon\varrho\grave{\imath}$ $\tau o\tilde{v}$ $\vartheta\varepsilon o\tilde{v}$ geht, verschwindet aus der Bestimmung des Begriffs völlig. Der Wortsinn von Theologie, dem Gerhard durch seine Gliederung des theologischen Inhalts in Lehre von Gottes Wesen und Willen gerecht zu werden sich bemüht, spielt bei Calixt überhaupt keine Rolle. Die von der Glaubenserkenntnis unterschiedene Theologie wird in der Schluß-definition ein praktischer intellektueller habitus genannt, der lehrt, auf welche Weise man zur ewigen Seligkeit gelangt[3]. Nicht Gottes Wesen und Willen sind in der Theologie zu erkennen, vielmehr ist eine Gelehrsamkeit von den Heilswahrheiten das Wesen der Theologie: „Maneat igitur in confesso, Theologiam, ut a nobis accipitur et tractatur, doctrinam esse, cuius praesidio et adminiculo dogmata salutaria explicentur, confirmentur, defendantur."[4] Das den Inhalt dieses explicare etc. ausmachende Element des Wortes Gottes ist zusamt dem Glauben aus dem Theologiebegriff herausgelöst, der als Form menschlicher Gelehrsamkeit in den

---

[1] Siehe oben S. 69 Anm. 1.

[2] Die Geschichte des Begriffs „Biblische Theologie", der GERHARD EBELING nachgegangen ist (Was heißt „Biblische Theologie"? In: Wort und Glaube, 1960, S. 69 bis 89), zeigt, daß dieser wohl in der ersten Hälfte des 17. Jahrhunderts als Gegenbegriff zur „scholastischen Theologie" und als Losung für ein theologisches Reformprogramm aufkommende Begriff (EBELING aaO S. 74f.) von seinem Entstehen her nicht eine in der Bibel enthaltene Theologie, sondern eine der Bibel gemäße, vor allem der biblischen Einfalt gemäße Theologie meinte. „Biblische Theologie" war also im 17. Jahrhundert kein historischer Begriff, sondern ein Normbegriff (nach EBELING aaO S. 70) oder, wie wir auf Grund unserer Darstellung sagen können, Bezeichnung eines theologischen habitus.

[3] Epitome, S. 60: Theologia est habitus intellectus practicus, docens, qua via ad aeternam beatitudinem perveniatur.

[4] Epitome, Einl. S. VI.

dogmata salutaria seinen spezifischen wissenschaftlichen Gegenstand erhält. Damit ist Theologie aber nicht mehr als „Gottesgelehrtheit" verstanden sondern, um einen von Spener abschätzig gemeinten, aber das
Wesen des Calixtschen Theologiebegriffs treffenden Ausdruck anzuwenden,
als „Gelehrsamkeit von theologischen Gegenständen."[1] Rationalisierung
– durch die Bestimmung als mit natürlichen Kräften der Vernunft erwerbbarer habitus, und Formalisierung – durch die Bestimmung als „doctrina,
quae explicat, probat et defendit", das sind Kennzeichen, mit denen wir
den Theologiebegriff Calixts vorläufig charakterisieren können.

Durch Rationalisierung und Formalisierung des theologischen Erkenntnisbegriffs bekommt die Wahrheit der Theologie oder – in der Sprache der
Orthodoxie – bekommen die Wahrheiten der Theologie den Charakter
einer vor das Forum der ratio zitierbaren Gegenständlichkeit. Es wird
jetzt möglich, in Entsprechung zur Gegenständlichkeit anderer rationaler
Erkenntnisobjekte auch den Inhalt theologischer Erkenntnis gegenständlich zu bestimmen, ihn in dieser Gegenständlichkeit deutlicher von den
Gegenständen anderer Wissenschaften abzugrenzen und in eben dieser
Abgrenzung ihn in die Reihe wissenschaftlicher Gegenstände einzurücken.
Dadurch, daß die ratio zum bestimmenden Formelement theologischer
Erkenntnis wird, kommt eine scharfe Trennung und Unterscheidung
zwischen theologischem Subjekt und theologischem Objekt[2] ins Spiel,
die den Inhalt theologischer Erkenntnis unter die Kategorie der Gegenständlichkeit zwingt und gerade so den Prozeß der Objektivierung des
Wortes Gottes zu einer übernatürlich geoffenbarten Heilslehre voran-
treibt.

Diese grundsätzlichen Bemerkungen zum Theologiebegriff Calixts
sollen nun an einem Beispiel, an der theologischen Darstellung der Gotteslehre, veranschaulicht werden. Dazu kann ein Vergleich der Struktur der
theologischen Gotteslehre Calixts mit der Johann Gerhards sowie mit der
des Cornelius Martini, des Lehrers Calixts, dienen.

Die gesamte altprotestantische Theologie mit Einschluß der Refor-
matoren kennt eine zweifache, nämlich eine natürliche und eine übernatürliche Art der Gotteserkenntnis. Die Faktizität der natürlichen
Gotteserkenntnis ist von der altlutherischen Theologie nie bestritten

---

[1] Vgl. HIRSCH, Geschichte der neuern evangelischen Theologie II, S. 111.

[2] Die Begriffe Subjekt und Objekt gebrauche ich hier in dem heute üblichen Sinne,
nicht in dem sonst in dieser Arbeit verwandten Sinne der aristotelischen Schulphilosophie.

worden[1], vielmehr wurde sie gegen die Sozinianer geradezu verteidigt[2].
Wie der Glaube an das Evangelium die Kenntnis des Gesetzes voraussetzt, die der Mensch auch ohne die Schrift in gewissem Maße besitzt,
so ist auch die offenbarte Gotteserkenntnis bezogen auf ein natürliches
Wissen, das der Mensch immer schon von Gott hat. Der reformatorische
Rechtfertigungsglaube hatte die natürliche Gotteserkenntnis nicht aus-
sondern eingeschlossen. Von einer natürlichen Theologie kann dabei sachgemäß nicht geredet werden. Der aus der Scholastik bekannte Begriff
der theologia naturalis wird von der lutherischen Theologie mit äußerster
Vorsicht behandelt[3]. Gerhard spricht durchweg von „notitia Dei naturalis", so auch weithin die lutherische Orthodoxie nach ihm[4]. Erst spät,
in der Jenaer Schule des Johann Musäus, wird durch die Parallelisierung
der natürlichen mit der übernatürlichen Theologie der Begriff der theologia naturalis für die Lutheraner bedeutsam[5].

War nun im Glauben und seinem Erkennen immer die Beziehung auf
natürliche Gotteserkenntnis mitgesetzt, so mußte das eo ipso auch von
einer vom Glauben nur graduell unterschiedenen theologischen Erkenntnis gelten. Die natürliche Gotteserkenntnis mußte darum thematisch
werden, wenn es in der Theologie darum ging, die dem Glauben gegebene
Erkenntnis Gottes zu explizieren. Nicht also, weil sie als ein außerhalb
der Offenbarung interessant werdender Tatbestand Eindruck gemacht
hatte, sondern weil innerhalb der Offenbarung die Beziehung des Glaubens auf natürliche Gotteserkenntnis aufgedeckt wurde, kam die natürliche Gotteserkenntnis in der Theologie zur Sprache.

Die Bezogenheit der Gotteserkenntnis des Glaubens auf natürliche
Gotteserkenntnis bestimmt die Struktur der orthodoxen Gotteslehre.
Gerhards Gotteslehre zerfällt in die beiden Loci „De natura Dei et attributis divinis" und „De sanctissimo Trinitatis mysterio"[6]. Diese beiden
Loci verhalten sich bezüglich des Sachgehalts ihrer Erkenntnis zuein-
ander wie notitia Dei naturalis und notitia Dei supernaturalis. Die Existenz Gottes, seine Einheit, Wahrheit und Güte, sowie seine göttlichen
Eigenschaften sind grundsätzlich der natürlichen Gotteserkenntnis ex
lumine naturae einsichtig. Sie werden deshalb gesondert behandelt von

---

[1] Vgl. WEBER, Reformation, Orthodoxie und Rationalismus II, S. 14ff.; als Ausnahme wird man Flacius rechnen müssen, dessen Bestreitung einer natürlichen
Gotteserkenntnis Gerhard bekämpft, Loci I, S. 270.

[2] Gerhard, Loci I, S. 269. 278. Vgl. WEBER aaO S. 14 Anm. 4.

[3] WEBER aaO S. 19 Anm. 1.   [4] Ib.   [5] Ib.

[6] Loci I, Locus secundus und Locus tertius.

dem Geheimnis der Trinität, das dem natürlichen Erkenntnisvermögen unzugänglich ist und nur durch die übernatürliche Offenbarung bekannt wird.

Gleichwohl wird der erste Teil der Gotteslehre bei Gerhard kein rationaler Vorbau der Trinitätslehre, keine „theologia naturalis"[1]. Es ist die bei Gerhard weiterwirkende lutherische Überzeugtheit von der Verderbnis der Vernunft, die dieser trotz der Wirklichkeit natürlicher Gotteserkenntnis doch nicht die Möglichkeit einer zuverlässigen Gotteslehre zugestehen kann[2]. Denn die natürliche Gotteserkenntnis ist schwach und unvollkommen und bedarf der Bestärkung, Vervollkommnung und Ergänzung aus der göttlichen Offenbarung[3]. So wird die natürliche Gotteserkenntnis überformt von der vollkommeneren und sicheren Gotteserkenntnis, die die Schrift gibt. Die Überformung durch die Schrift wahrt zugleich den theologischen Charakter dieses Teils der Gotteslehre, indem sie ihn unter das Schriftprinzip stellt, das als einziger Quell theologischer Erkenntnis in keinem Teil der Lehre vom lumen naturae suspendiert werden kann. Es ist der Glaube und nicht die natürliche Vernunft, der auch in diesem Teil der Gotteslehre redet.

Wo die Fähigkeit der Vernunft zu einer gegründeten Gotteserkenntnis höher eingeschätzt wurde, wie in der humanistischen Tradition Helmstedts, dort konnte die Behandlung der Gotteslehre einen anderen Charakter annehmen. Hier war es möglich, die Lehre von Gottes Dasein, Wesen und Eigenschaften aus dem Bereich des Glaubens herauszulösen und nun wirklich aus der natürlichen Gotteserkenntnis eine rationale Theologie vor und neben der geoffenbarten Gotteslehre zu bilden. Cornelius Martini, der Neubegründer protestantischer Metaphysik und Lehrer Calixts, hat in seinem „Compendium theologiae" den Weg in diese

---

[1] Vgl. TROELTSCH, 1891, S. 119f. TROELTSCH verkennt allerdings die im folgenden als „Überformung" der natürlichen Gotteserkenntnis durch den Glauben charakterisierte Eigenart des Abschnitts „De natura Dei", so daß ihm Gerhards Darstellung „ziemlich verworren" erscheint, da sie „sowohl mit natürlichen, als auch und vor allem mit Offenbarungsgründen" operiert (aaO S. 120 Anm. 2).

[2] In der ersten Behandlung der Gotteslehre von 1610 (vgl. oben S. 1 Anm. 2) steht noch eine gesonderte Erörterung „De notitia Dei naturali" vor der Entfaltung der Lehre aus der Schrift. Sie ist in der Exegesis von 1625 gestrichen und in die Schriftlehre mithineingenommen. Erst für die Exegesis von 1625 kann man also, wie im folgenden, von Überformung der natürlichen Gotteserkenntnis durch die Schrift reden.

[3] Loci I, S. 267: cum ergo naturalis Dei notitia sit imperfecta et languida, utique ex verbo divinitus patefacta confirmanda, perficienda et adimplenda est.

Richtung eingeschlagen[1]. Martini ruft am Beginn seines Werkes die Seele auf, bevor sie sich den von Gott geoffenbarten Wahrheiten nähert, zuerst das zu betrachten, was ihr aus dem Licht der Vernunft zu wissen möglich ist: die Unsterblichkeit der Seele, die Bestimmung des Menschen in der fruitio Dei, die Existenz Gottes[2]. Es wird betont, daß die Lehre von Gottes Sein und Wesen kein „articulus per se ad fidem pertinens" ist, sondern nur „per accidens" zu den Glaubensartikeln gehört[3]. Wenn die Lehre von Dasein und Wesen Gottes trotzdem in der Verkündigung als etwas zu Glaubendes vorgelegt wird, so geschieht das nach Martini nur, weil die meisten Menschen nicht die Begabung und Urteilskraft haben, um sich Gottes Existenz auf dem Wege rationaler Demonstration einsichtig machen zu lassen[4]. Wo Gerhard von Unvollkommenheit der natürlichen Gotteserkenntnis redet, spricht Martini nur von der Ungebildetheit der Menge. In der wissenschaftlichen Besinnung der Theologie aber muß die Lehre von Gottes Dasein und Wesen der ratio zufallen, weil die ihr gemäße Erkenntnisart nicht der Glaube, sondern die via demonstrationis des lumen naturae ist.

Was Martini in seiner Gotteslehre bietet, ist ebenso wie bei Gerhard die Explikation menschlicher Erkenntnis Gottes. Der Inhalt der Gotteslehre (das Sein Gottes) ist für beide nur in der bestimmten Form menschlicher Erkenntnis, nicht in einer der Erkenntnis vorgegebenen Satzwahrheit, aussagbar. Der Unterschied ist der, daß für Gerhard die Gotteslehre der Theologie nur in der Form der Glaubenserkenntnis möglich ist, daß er also in der gesamten Gotteslehre im Kreis des Glaubens bleibt und auch die natürliche Gotteserkenntnis in diesen Kreis mit hineinnimmt, während Martini den Ansatzpunkt seiner Gotteslehre extra fidem sucht und von der Plattform eines grundsätzlich allgemein erwerbbaren rationalen Wissens von Gott weiterschreitet zur geoffenbarten Gotteslehre des Glaubens. Damit zerfällt für Martini die Gotteslehre der Theologie in

---

[1] Theologiae Compendium, herausg. (posthum) H. J. Scheurl, Wolfenbüttel 1650.

[2] AaO S. 2: Age itaque teipsum excute, Anime, et priusquam ad ea quae divinitus tibi revelata sunt, accedas, considera, quid reliquum tibi factum sit a summa illa, quam incidisti calamitate.

[3] AaO S. 27.

[4] Ib.: Quum tamen plerique mortales non sint eo ingenio et iudicio, ut omnia, etiamsi invicte probata, percipere et intelligere possint, pro articulis fidei necessario illis proponuntur, et credere iubentur, quae, si maiore praediti fuissent industria, ratione percipere et intelligere potuissent. Vgl. den gleichen Gedanken bei Thomas von Aquin, S. th. I q 2 a 2: Nihil tamen prohibet illud quod secundum se demonstrabile est et scibile, ab aliquo accipi ut credibile, qui demonstrationem non capit.

zwei nicht nur dem Sachgehalt, sondern auch der Erkenntnisform nach
völlig unterschiedene Teile: eine Lehre von der allgemeinen Vernunfterkenntnis Gottes und eine Lehre von der besonderen Offenbarungs-
erkenntnis Gottes. Von der Heiligen Schrift als dem einen Erkenntnisprinzip der Theologie kann in einer so verstandenen Theologie schlecht
die Rede sein. Nicht zufällig finden wir denn auch auf dem Titelblatt
des ,,Compendium Theologiae" Martinis in zwei symbolischen Frauen-
gestalten die ,,ratio" und die ,,revelatio" als Partnerinnen friedlich nebeneinander.

Calixt, in der Bewertung der Fähigkeit der Vernunft seinem Lehrer
Martini durchaus folgend, verfährt in der Gestaltung der Gotteslehre
doch völlig anders als dieser. Der Punkt, von dem aus Calixts methodische
Differenz zu Martini am besten zu fassen ist, ist die auf der Unterscheidung von Theologie und Glaube basierende Neubestimmung des Theologiebegriffs. Faktisch hatte zwar auch Martini zwischen Theologie und
Glaubenserkenntnis unterschieden, wenn ihm die ,,Theologie" zum Ober-
begriff für das natürliche wie das glaubensmäßige Erkennen Gottes geworden war[1]. Aber diese Unterscheidung war bei Martini noch nicht
selbst Gegenstand der Reflexion geworden. Martini redet gewissermaßen
,,vorwissenschaftlich" die Seele in der zweiten Person an und fordert sie
zur Rechenschaft über ihre Gotteserkenntnis auf[2]. An einer präzisen
Bestimmung der Theologie als Wissenschaft ist er noch gar nicht interessiert. Theologie ist einfach denkende Selbstentfaltung des in Vernunft
und Glauben gegebenen Wissens von Gott. Calixt streicht nun auf Grund
seiner reflektierten Unterscheidung von Glaube und Theologie das Moment der denkenden Selbstentfaltung der Seele aus dem Theologiebegriff
aus. Der Inhalt der Gotteserkenntnis wird von der Form existenziellen
Erkennens gelöst und zum Objekt rationaler wissenschaftlicher Erkenntnis vergegenständlicht. Dabei fällt nun aber der von seiner Form gelöste
Inhalt der Gotteserkenntnis auseinander in die zwei Teile der natürlichen
und der übernatürlichen Kenntnisse von Gott. Während bei Martini die
menschliche Seele durch die Erkenntnis ihrer ,,calamitas"[3] gedrängt

---

[1] Wenn unter dem Titel ,,Compendium Theologiae" die Vernunfterkenntnis sowohl als auch die Glaubenserkenntnis Gottes behandelt wird, dann ist die Theologie
gewissermaßen das Genus dieser beiden Spezies.

[2] Vgl. schon die ersten Sätze des Compendium: Tandem Ergo, Anima mea,
restitue te Tibi... In societatem tibi corpus datum est, sed non ut essetis aequis
partibus socii... etc. (aaO S. 1), vgl. auch oben S. 139 Anm. 2.

[3] Die ,,calamitas" besteht darin, daß der Mensch seine Bestimmung auf Gott hin

wird, über das ihr eigene rationale Wissen von Gott hinauszufragen nach
einer Offenbarung dieses Gottes[1] und in solcher Weise die natürliche mit
der übernatürlichen Gotteserkenntnis auf dem Boden der Existenz verknüpft ist, konstatiert Calixt zwei der wissenschaftlichen Erkenntnis vorgegebene, aus unterschiedlichen Prinzipien fließende Komplexe von In-
halten menschlicher Erkenntnis Gottes, die nicht mehr unter der Form
eines Wissenschaftsbegriffs zusammengefaßt werden können. Denn Einheit im Erkenntnisprinzip und Einheit in der Zielsetzung bedingen die
Einheit einer Wissenschaft. Hinsichtlich des Erkenntnisprinzips (weil aus
dem lumen naturae geschöpft) wie hinsichtlich der Zielsetzung (weil nicht
zur ewigen Seligkeit führend) unterscheidet sich aber die natürliche
Gotteserkenntnis von der übernatürlichen fundamental. Der Theologiebegriff, als Wissenschaftsbegriff im strengen Sinn nicht mehr auf beide
Arten von Gotteserkenntnis beziehbar, wird nun von Calixt nur noch
auf den Inhalt der übernatürlichen Gotteserkenntnis bezogen. Die Theologie, formalisiert zu einer rationalen Gelehrsamkeit von den Glaubensartikeln, hat nur die Erkenntnis Gottes zum Gegenstand, die zugleich
eigentlicher Gegenstand des Glaubens ist.

Mit der Einschränkung und Präzisierung des Theologiebegriffs gelingt
Calixt ähnlich wie Gerhard die strenge Durchführung des Schriftprinzips
im Ganzen der theologischen Lehre, somit auch der Gotteslehre. Aber im
Gegensatz zu Gerhard wird nur das Übernatürliche im Sachgehalt der
Gotteserkenntnis zum Gegenstand der Theologie. Der ganze bei Gerhard
,,De natura Dei et attributis divinis'' betitelte Problemkreis der Lehre
von Gottes Sein und Wesen wird als nicht zur Theologie gehörig betrachtet
und soll vom Theologen fallen gelassen werden[2]. Daß Gott ist, daß er
einer ist, unendlich vollkommen, gut, weise, mächtig, sich selbst genügend – das alles sind Erkenntnisse, die nicht in das Gebiet der Theologie,
sondern in das der Philosophie, genauer: in das Gebiet der ,,Quarta
scientia'', der speziellen Metaphysik[3], fallen[4]. Die Gotteslehre der Epi-

---

durch die Sünde immer schon verfehlt hat – auch das ist noch rational einsichtig,
vgl. aaO S. 26.

[1] Ib.

[2] Epitome, S. 67: De Deo itaque quoniam lumine rationis e rebus factis (Rom. 1,
v. 19.) colligit et concludit Philosophia, quod sit, quod unus sit, infinite perfectus,
bonus, sapiens, potens, sibi sufficiens etc. huiusmodi missa facit Theologus, sive ut
rectius loquar, praesupponit, tanquam in inferioribus disciplinis tractata et demon-
strata, et tantum ex propriis sibique peculiaribus principiis, nimirum divinis literis,
ea persequitur, quae alioquin ingenio humano incognita forent et inpervia.

[3] Vgl. oben S. 99.   [4] Vgl. Anm. 2.

142

tome beginnt denn auch sofort mit der Erörterung der Trinitätslehre, ohne vorher allgemein von Gottes Sein und Eigenschaften zu handeln – ein in der lutherischen Orthodoxie wohl einzigartiges Beginnen[1]! Daß die mit der Ausschaltung der natürlichen Gotteserkenntnis aus dem Theologiebegriff erfolgte Konzentration und Reduktion der theologischen Gotteslehre auf die Trinitätslehre aber keine Befreiung und Unabhängigkeit der Theologie von der Philosophie und der natürlichen Gotteserkenntnis bedeutet[2], sondern eher das Gegenteil impliziert, nämlich das Angewiesensein der Theologie auf die Philosophie, das erkennt man an der Äußerung Calixts, die Theologie lasse zwar die Lehre von Gottes Dasein, Wesen und Eigenschaften fahren, setze sie aber voraus als in der Philosophie behandelt[3]. Die „Quarta scientia" gehört zu den Wissenschaften, deren Kenntnis beim Erwerb des theologischen habitus vorausgesetzt wird[4] und mit deren Argumenten ein Atheist zuerst einmal zu einem vernünftigen Gottesbewußtsein gebracht wird[5]. Das Ausscheiden der natürlichen Theologie aus dem Theologiebegriff hat seinen Grund also nicht in einem Mißtrauen gegen die Vernunft, sondern in einer Arbeitsteilung zwischen Theologie und Philosophie, die in der melanchthonisch-humanistischen Anschauung von der Harmonie zwischen der Offenbarung des Evangeliums und der recta ratio ihre Wurzeln hat.

E. Theologie und Kirche

Theologie, wie Calixt sie versteht, ist die von Glaubenserkenntnis und Verkündigung unterschiedene, in rationaler Vergegenständlichung bestehende Fertigkeit des Erklärens, Beweisens und Verteidigens der Inhalte übernatürlich geoffenbarter Wahrheiten. Möglich ist die Theologie hinsichtlich ihres Inhalts durch das Vorhandensein in der Heiligen Schrift enthaltener übernatürlicher Offenbarung, hinsichtlich ihrer Form durch die auch nach dem Fall intakte natürliche Rationalität des menschlichen

---

[1] Die Gotteslehre der Epitome (Communis partis pars secunda: De subiecto, 1. De Deo, aaO S. 66–83) gliedert sich in drei Abschnitte unter: De Unitate Essentiae et Trinitate Personarum (S. 67–75), De divinitate Filii Dei (S. 75–78), De divinitate Spiritus sancti (S. 79–83).

[2] Und, so möchte man hinzufügen, Calixt kein direkter Vorgänger KARL BARTHS ist!

[3] Epitome, S. 66: Quoniam vero Theologia suprema est omnium disciplinarum, propterea praesupponit ea reliquas disciplinas, easque cognitas esse vult ab eo, qui se Theologum profiteri cupit. Vgl. dazu oben S. 141 Anm. 2.

[4] Epitome, Einl. S. XXf.   [5] Vgl. oben S. 120 Anm. 6.

Geistes. Wirklich wird die Theologie durch die Aufnahme des Stoffs der
biblischen Offenbarung in die rationale Form menschlicher Wissenschaft,
wie sie in logischer Verknüpfung und begrifflicher Erklärung der Offenbarungswahrheiten geschieht, in der Heranziehung der Regeln der Instrumentaldisziplinen und der Kenntnisse der Realdisziplinen zum geordneten Verstehen und klaren Verständlichmachen der Heiligen Schrift. Es
bleibt übrig, nach der Notwendigkeit zu fragen, um derentwillen es
Theologie überhaupt gibt. Damit kommen wir zu der bisher noch aus-
gesparten Frage nach der in der Calixtschen Definition als eines „habitus
intellectus practicus“[1] enthaltenen praktischen Bestimmung der Theologie.

Wenn die Theologie von Calixt zu den praktischen Disziplinen gezählt
wird, so ist damit ausgeschlossen, daß das in dieser Wissenschaft erworbene Wissen seinen Wert in sich selbst habe, wie das von dem Wissen der
theoretischen Disziplinen Mathematik, Physik und Metaphysik gilt[2]. Als
habitus practicus hat die Theologie analog zu den praktischen Disziplinen
der Ethik, Ökonomik und Politik einen außerhalb ihrer selbst liegenden,
durch ihre Erkenntnis erst zu erreichenden Zweck[3]. Von diesem Zweck
her wird ihre Notwendigkeit einsichtig. Wir fragen also: welches ist der
durch die Theologie zu erreichende Zweck, was ist dasjenige, um dessentwillen Theologie überhaupt betrieben wird?

H. E. WEBER hat das praktische Ziel der Theologie auch bei Calixt in
Übereinstimmung mit den genuinen Lutheranern erblickt als „im Glauben und in seinem Heil“ liegend[4]. Nun gibt es allerdings in Calixts
Epitome Äußerungen, die eine solche Auffassung zu stützen scheinen[5].
Schon ein Blick auf den Aufbau der Epitome zeigt jedoch, daß der Stoff
der Theologie von Calixt nicht allein auf jenes Ziel des im Glauben zu
erreichenden Heils hin geordnet und bezogen wird. Die Epitome zerfällt
nämlich in zwei völlig unterschiedliche Teile: eine „pars communis“ und

---

[1] Epitome, S. 60: Prolegomena autem haec claudat definitio Theologiae, quae ex
iis, quae diximus, colligitur huiusmodi: Theologia est habitus intellectus practicus
docens e revelatione divina sacris literis comprehensa et testimonio veteris ecclesiae
comprobata, quomodo ad aeternam vitam perveniendum sit.
[2] Vgl. oben S. 26f.   [3] Vgl. ib.
[4] WEBER, 1908, S. 47. Vgl. oben S. 90 Anm. 6.
[5] Vgl. etwa Epitome, S. 7: „…Theologia ideo nobis data est, ut hominem ad
absolutissimam felicitatem sive ad bonum simpliciter summum regia via perducat.“
Dieser Satz wird aber durch die später vorgenommene Zweiteilung der Theologie
(Epitome, S. 8. Siehe oben im Text) in seiner Geltung eingeschränkt.

eine „pars propria"[1]. Von diesen beiden Teilen behandelt nur die „pars communis" die eigentliche, auf den „finis hominis", das heißt auf die zu erlangende ewige Seligkeit ausgerichtete Heilslehre. Ihr Gegenstand ist der „homo, quatenus beabilis, seu quatenus ad aeternam vitam pervenire potest"[2]. Nach der analytischen Methode wird der Stoff der Heilslehre zerlegt in die drei Abschnitte:

1. de fine hominis (ewige Seligkeit, Eschatologie),
2. de subiecto (wesentlich Anthropologie, vorausgehend Gottes- und Schöpfungslehre),
3. de principiis et mediis (Christologie, Soteriologie).

Der andere Teil, die „pars propria" der Epitome, hat dagegen nicht den die Seligkeit erlangenden Menschen zum Gegenstand, sondern die Kirche hinsichtlich ihrer Konstituierung und Erhaltung[3]. Calixt löst die Lehre von der Kirche aus dem System der Heilslehre heraus und führt an ihr nun ebenfalls die Dreiteilung der analytischen Methode durch[4]. In Abweichung von der üblichen Reihenfolge das Subjekt vorwegnehmend handelt die „pars propria":

1. de subiecto: De vocatione omnium gentium ad Ecclesiam,
2. de fine: De Ecclesia eiusque capite et Rege Christo,
3. de mediis: De mediis constituentibus Ecclesiam; de mediis conservantibus eam ab interitu.

Dieser Teil der Theologie wird von Calixt ausdrücklich als nicht zur heilsnotwendigen Lehre gehörig bezeichnet. Die Kenntnis seines Inhalts wird nur bei denjenigen für nötig erachtet, die der Kirche vorstehen (qui Ecclesiae praesunt) oder dem kirchlichen Amt entgegengehen[5]. Ist dieser zweite Teil der Epitome auch wesentlich kürzer als der die Heilslehre umfassende erste Teil – dieser zählt 240 Seiten, jener nur 40 Seiten –,

---

[1] Epitome, S. 9. Vgl. WEBER, 1908, S. 30f.   [2] Epitome, S. 7.
[3] Epitome, S. 8. 260 ff.
[4] Epitome, S. 9: Hinc igitur manifesto constat, duas nasci Theologiae partes, quarum utraque iterum subdividitur in tres, primam de fine, secundam de subiecto, tertiam de mediis ad finem. Prioris quae essent, et quid tractarent partes, paulo ante indicabamus. Iam autem in posteriore finis est Ecclesia: Subiectum sunt homines, cuiuscunque illi sint gentis, generis, officii aut dignitatis. Sequuntur principia et media, quibus Ecclesia constituitur et conservatur. Quo loco agendum quoque est de causis, quae Ecclesiam solent pessundare ac evertere, et de remediis quae adhiberi et opponi debent.
[5] Epitome, S. 8: Quomodo autem Ecclesia constituatur et conservetur, non opus est, ut singuli sciant, sicut prius eos scire oportet; sed ii necesse habent, ne ignorent, qui Ecclesiae praesunt, aut ministerium in ea obeunt.

so bleibt doch beachtenswert die Aufteilung des Ganzen der Theologie in zwei Teile[1], von denen nur der eine eine unmittelbare Beziehung auf Glaube und ewige Seligkeit hat und mit gewissem Recht Glaubenswissenschaft genannt werden könnte, während es im anderen Teil der Theologie gar nicht um die Heilslehre, sondern um die Lehre von einer geordneten Leitung der Kirche geht.

Es ist nun die Frage, ob man diese Teilung des theologischen Stoffs nur als eine merkwürdige Besonderheit, als ein „Fündlein" Calixts verwundernd registrieren kann[2], oder aber ob man diese Teilung mit dem von den genuinen Lutheranern unterschiedenen Theologiebegriff Calixts in Zusammenhang setzen kann. Daß die Teilung der Theologie in Heilslehre und Lehre von der Kirchenleitung auch den Theologiebegriff selbst geprägt hat, zeigt die Definition der Theologie als eines „habitus intellectus practicus, *docens,* qua via ad aeternam beatitudinem perveniatur, et *dirigens,* quaecunque ad eam consequendam quoquo modo pertinent"[3]. Ein von der Glaubenserkenntnis nur durch den Grad begrifflicher Deutlichkeit unterschiedener Theologiebegriff, wie ihn Gerhard kennt, konnte eine solche Aufteilung seines Inhalts in heilsnotwendige und nicht heilsnotwendige Lehre, seiner Funktion in ein „docere" und ein „dirigere" gar nicht zulassen. Eine Doppelung von Inhalt und Funktion der Theologie ist hier ebenso undenkbar wie eine Doppelung von Inhalt und Funktion der Glaubenserkenntnis und der Verkündigung[4]. Erst die Unterscheidung von Theologie und Glaube, die Formalisierung des Theologiebegriffs und die Vergegenständlichung des theologischen Inhalts, wie sie bei Calixt zu beobachten sind, konnten eine solche Teilung und Doppelung der Theologie möglich machen. Die Aufspaltung der Theologie in eine Heilslehre und eine Kirchenlehre steht also mit dem Calixt eigentümlichen Theologiebegriff im Zusammenhang. Ihren Grund hat sie übrigens nicht in dem an die analytische Methode gekoppelten anthropologischen Ansatz der Heilslehre, in dem, wie man denken könnte, die Lehre von der Kirche nicht untergebracht werden kann. Die vom gleichen Ansatz mit der gleichen Methode ausgehenden orthodoxen Lutheraner haben die Lehre von der Kirche ohne Schwierigkeit in die nach analytischer Methode geordnete Heilslehre eingefügt[5]. Der eigentliche Anstoß zur Teilung

---

[1] Ib. S. 9: …constat, duas nasci Theologiae partes.
[2] So WEBER, 1908, S. 31.   [3] Epitome, S. 60.
[4] Deshalb wird Calixts Herausnahme der Lehre von der Kirche aus der Heilslehre von Calov bekämpft, vgl, vgl. WEBER aaO S. 31.
[5] Siehe bei WEBER aaO S. 31.

der Theologie liegt in einer von den Lutheranern unterschiedenen Auffassung von der Praxis der Theologie, die im Zusammenhang gesehen werden muß mit Unterschieden in der Lehre von der Kirche und vom kirchlichen Amt[1].

Die sich aus der Unterscheidung von Theologie und Glaube ergebende Frage nach der Notwendigkeit der Theologie muß gestellt werden angesichts der von Calixt mit der Zweiteilung ihres Stoffs vollzogenen doppelten Zwecksetzung der Theologie, nach der sie einmal auf den zur Seligkeit zu führenden Menschen ausgerichtet ist, zum anderen auf die Konstituierung und Erhaltung der Kirche.

Nun ist das Eigentümliche der „pars propria" der Theologie, daß die in ihr verhandelte Sache des „quomodo Ecclesiam constitui et conservari oporteat"[2] nicht allen zu wissen notwendig ist, sondern nur denjenigen, „qui Ecclesiae praesunt aut ministerium in ea obeunt"[3]. Die Notwendigkeit einer Lehre von der Konstituierung und Erhaltung der Kirche besteht also nur im Blick auf die Leitung der Kirche, nicht aber für den Glauben.

Aber auch von der „pars communis", der theologischen Behandlung der Heilslehre, kann nur hinsichtlich der verhandelten Sache eine Notwendigkeit für den Glauben behauptet werden, nicht aber hinsichtlich der theologischen Erkenntnisform dieser Sache. Das ergibt sich aus der Unterscheidung zwischen dem „habitus theologiae" und dem „habitus fidei" und aus der Unterscheidung zwischen dem Vorlegen des „quid sit credendum" und dem Lehren „quomodo id, quod a nobis creditur, explicari, confirmari et defendi debeat"[4]. Damit stellt sich die Frage nach der Notwendigkeit einer spezifisch theologischen Erkenntnis der Heilswahrheiten. Daß Calixt diese für Gerhard gar nicht in den Blick tretende Frage[5] gestellt und beantwortet hat, zeigt, wie konsequent er seine Unterscheidung von Theologie und Glaube durchdacht hat.

Die Antwort, die Calixt auf die Frage nach der Notwendigkeit der

---

[1] Auf diese Unterschiede wird im folgenden (siehe unten S. 148ff.) noch einzugehen sein.

[2] Epitome, S. 8.

[3] Ib.; vgl. aaO S. 9: Quoniam autem... prioris capita, tanquam fidei articulos et salutis nostrae fundamenta, a nemine, qui salvus esse velit, ignorari oporet; at posterior non ad quosvis, sed ad eos, qui dignitate et ecclesiastico munere funguntur, proprie et peculiariter pertinet...   [4] Vgl. oben S. 107ff.

[5] Für Gerhard gilt bezüglich der Theologie das gleiche, was vom Glauben gilt, daß „necessitas (sc. des theologischen Studiums) a salute nostra aestimanda sit" (Methodus, S. 2.).

Theologie als einer vom Glauben unterschiedenen Erkenntnis der Heilswahrheiten gibt, ist die gleiche, die für die Wissensnotwendigkeit des
Inhalts der „pars propria" gegeben worden ist. Der theologische habitus,
nicht notwendig für den einzelnen Gläubigen, ist notwendig für diejenigen, die an der Leitung der Kirche teilhaben. „Etsi theologia, ut nos
eam modo accipimus, necessaria non sit cuivis fideli, ita ut singulos
Christianos hoc habitu instructos esse oporteat, *necessaria tamen est
ecclesiae,* nempe ut sint in ea, qui, quae modo diximus, *praestare valeant.*"[1]
   Der entscheidende Begriff in dieser Formel ist das „praestare in ecclesia". Aus der Unterscheidung von Theologie, Glaube und Verkündigung
hätte ja die Formel erwachsen können, daß die Theologie um des Glaubens
willen Dienst an der Verkündigung, Befähigung zur Verkündigung des
Wortes Gottes sei. Calixt läßt aber die Theologie nicht durch die Bezogenheit auf die Verkündigung, sondern auf die weitere Aufgabe des „praestare
in ecclesia" konstituiert sein. Damit ist aber der orthodoxe Begriff der
Theologie als einer Glaubenswissenschaft durchbrochen und faktisch
bereits der Grundgedanke des Schleiermacherschen Theologiebegriffs der
„Kurzen Darstellung" vorweggenommen[2]. Schleiermacher hat mit seiner
Behauptung: „Die Theologie eignet nicht allen, welche und insofern sie
zu einer bestimmten Kirche gehören, sondern nur dann und sofern sie an
der Kirchenleitung teilhaben"[3] einen direkten Vorgänger in Calixt. Schon
dieser sieht in der Kirchenleitung dasjenige, um dessentwillen Theologie
notwendig wird.
   Nun scheint der aus der beginnenden Emanzipation der Kirche vom
Staat herrührende Schleiermachersche Begriff der Kirchenleitung auf die
Epoche der lutherischen Orthodoxie nicht recht anwendbar zu sein.
Kirchenleitung ist hier, in der Zeit des landesherrlichen Kirchenregiments,
nicht Sache des minister verbi, sondern des Landesherrn. Das ministerium
ecclesiasticum ist nach Gerhard nur zur Verkündigung des Wortes Gottes,
zur Verwaltung der Sakramente und zur Übung der kirchlichen Zucht
eingesetzt[4] und hat in allen seinen officia nur das eine, mit dem finis von
Glaube und Theologie identische Ziel: salus aeterna des Menschen und
Dei gloria[5]. Leitung der Kirche steht ihm nicht zu, sondern nur Weckung

---

[1] Epitome, Einl. S. V. Apparatus, S. 8.
[2] Vgl. Schleiermacher, Kurze Darstellung des theologischen Studiums, § 5: „Die
christliche Theologie ist sonach der Inbegriff derjenigen wissenschaftlichen Kenntnisse und Kunstregeln, ohne deren Besitz und Gebrauch eine zusammenstimmende
Leitung der christlichen Kirche, d.h. ein christliches Kirchenregiment, nicht möglich ist." [3] Ib. § 3.   [4] Loci VI, S. 265.   [5] Loci VI, S. 164.

10*

und Erhaltung menschlichen Glaubens. Alles dagegen, was nicht unmittelbar zum Glauben notwendig ist, zum Beispiel die äußere Gestaltung des Gottesdienstes, die Berufung und Abberufung der Pastoren, überhaupt die ganze äußere Ordnung der Kirche, wird als „externa gubernatio ecclesiae" dem magistratus politicus und seiner „cura religionis et sacrorum" unterstellt[1]. Zwar wird dem ministerium ecclesiasticum das Recht zur Mitwirkung an der obrigkeitlichen Kirchenleitung zugesprochen, aber ein über die geistliche Leitung der Seelen hinausgehendes „praeesse" der ministri ecclesiae, ein geistliches Kirchenregiment also, wird von Gerhard ausdrücklich verneint[2]. Der Dienst der Hinführung der Seelen zu Glauben und Seligkeit durch Wort und Sakrament ist von der äußeren, gesetzlichen Leitung der Kirche sorgsam geschieden und diese Geschiedenheit in der Verteilung beider Funktionen auf die Ämter des „ministerium" und des „magistratus" institutionell verfestigt.

Ganz anders dagegen Calixts Auffassung von der Leitung der Kirche. Zwar unterscheidet auch Calixt scharf zwischen der göttlich autorisierten Leitung der Seelen durch Wort und Sakrament und der an Tradition und Vernunft gebundenen äußeren Leitung der Kirche[3]. Aber unter Berufung auf die Schrift, vor allem die Pastoralbriefe, entzieht Calixt die externa gubernatio ecclesiae der weltlichen Obrigkeit und unterstellt sie grundsätzlich dem ministerium verbi[4]. Dadurch zieht das ministerium verbi gewisse obrigkeitliche Funktionen an sich, weshalb Calixt von ihm auch als dem „magistratus in ecclesia" sprechen kann[5]. Weniger wohl reformierte Einflüsse als die besonderen Verhältnisse der Braunschweigischen Landeskirche um 1600 – HENKE spricht von einem „Prälatenkirchenregiment" mit nur geringer Mitwirkung von weltlichen Räten und Gemeinen[6] – werden zu dieser Abweichung von der allgemein lutherischen Auffassung geführt haben. Entsprechend wird die Lehre von den Pflichten (officia) des ministerium gegenüber Gerhard um ein wesentliches Glied reicher. Neben die Pflicht des „tractandi verbum et sacramenta"

---

[1] Loci VI, S. 342ff.; v. a. S. 354ff.

[2] Das in 1. Tim. 5, 17; Acta 15, 22; Hebr. 13, 17. u. 24 von den ministri ecclesiae ausgesagte „praeesse" will Gerhard (Loci VI, S. 200) nur als in „doctrina et vitae exemplo sese auditoribus tanquam vitae duces exhibendo" bestehend verstehen.

[3] Epitome, S. 275ff.

[4] Ib.; Calixt lehrt aber daneben die Notwendigkeit eines zeitweiligen Eingreifens und Mitwirkens der weltlichen Obrigkeit an der äußeren Kirchenleitung, vor allem zur Bekämpfung der Häretiker, Epitome, S. 278f.

[5] Epitome, S. 268.   [6] HENKE I, S. 331.

und die Pflicht des „tractandi in vitam et mores auditorum", die bei
Gerhard schon den Umfang der Pflichten des kirchlichen Amtes überhaupt ausfüllen, tritt bei Calixt als „tertium officium" die von Gerhard
dem magistratus politicus zugeschriebene Aufgabe des „externum ecclesiae ordinem, ceremonias et ritus instituere et moderari"[1]. Von diesem
dritten officium her wird den ministri das „praeesse" in der Kirche zugesprochen, wozu sich Calixt auf 1.Tim. 5, 17 beruft[2]. Damit fällt dem
ministerium eine Aufgabe zu, die nicht wie Predigt, Sakramentsverwaltung und Kirchenzucht unmittelbar auf den Glauben und die ewige
Seligkeit des Menschen abgezweckt ist, sondern lediglich „ad ordinem et
decorum et externam Ecclesiae gubernationem" geschieht[3]. Die gleiche
Doppelung, die bei der Teilung des Stoffs der Theologie in Heilslehre und
Kirchenlehre begegnete und die sich im Begriff der Theologie als eines
habitus docens et dirigens widerspiegelte[4], kennzeichnet deshalb auch
schon den Begriff des kirchlichen Amtes. Calixt spricht vom kirchlichen
Amt als dem „munus docendi et gubernandi in ecclesia"[5] und von den
ministri als den „docentes et gubernantes in ecclesia"[6]. Lehre und Kirchenleitung, so sehr sie für Calixt Funktionen des einen kirchlichen Amtes
sind, sind in ihrer wesensmäßigen Verschiedenheit nicht unter einen
Begriff zu subsumieren. Allenfalls die blasse und ausgeweitete Kategorie
des „praeesse" oder „praestare in ecclesia" vermag beides, das „docere"
und das „gubernare" zu umgreifen, da das Lehren schließlich noch als
eine Weise des „praestare in ecclesia", keinesfalls aber die Kirchenleitung
als eine Weise des „docere" verstanden werden kann. In diesem weiten,
die disparaten Aufgaben der Lehre und der Kirchenleitung umgreifenden
Sinne einer Gesamtbezeichnung des kirchlichen Amtes ist also das „praestare" zu verstehen, das in der Formel Calixts begegnet, die Theologie
sei nicht dem Glauben nötig, sondern der Kirche, „ut sint in ea, qui...
praestare valeant"[7]. Damit kommt aber Calixts Begriff des „praestare
in ecclesia" nahe heran an den Schleiermacherschen Begriff der „Kirchenleitung", unter welchen ja ebenso verschiedenartige Funktionen wie

---

[1] Epitome, S. 275.

[2] Ib.: Praeter duo praecipua modo dicta, tertium Presbyterorum officium est,
externum Ecclesiae ordinem, ceremonias et ritus instituere et moderari, ut omnia
fiant ad aedificationem decenter et ordine, 1. Cor. 14. v. 26 et 40. Hinc praeesse
dicuntur, 1. Tim. 5. v. 17. Vgl. die andere Auslegung dieser Stelle bei Gerhard,
oben S. 148, Anm. 2.

[3] AaO S. 276.   [4] Oben S. 145.   [5] Epitome S. 275.

[6] AaO S. 277.   [7] Vgl. oben S. 147.

„Kirchendienst" und „Kirchenregiment"[1], „erbauende" und „regie-
rende" Tätigkeit[2] subsumiert sind.

Es wird an dieser Stelle, nämlich an der Entsprechung der Teilung der
Theologie in Heilslehre und Kirchenlehre zu dem Begriff des kirchlichen
Amtes als „munus docendi et gubernandi", deutlich, daß und in welchem
Maß der Theologiebegriff Calixts aus der Bezogenheit auf die Wirksamkeit
des kirchlichen Amtes entworfen und in seinem Inhalt durch den Umfang
der Pflichten des kirchlichen Amtes festgelegt und begrenzt ist. Bezogenheit auf das kirchliche Amt gilt faktisch auch vom Theologiebegriff
Gerhards[3], wird hier aber nicht thematisch, da zwischen Theologie und
Verkündigung nicht unterschieden wird, wegen der Einheit des für beide
geltenden doctrina-Begriffs auch nicht unterschieden zu werden braucht.
Bei Calixt wird die Bezogenheit auf das kirchliche Amt thematisch,
sobald nach der Notwendigkeit einer von Glaube und Verkündigung
unterschiedenen theologischen Wissenschaft gefragt wird. Theologie ist
die Wissenschaft, die zum „praestare in ecclesia", zum Ausüben des
kirchlichen Amtes befähigt. Die gegenüber der lutherischen Theologie
weitere Fassung der Pflichten des kirchlichen Amtes führt aber dazu,
daß ein ganzer Bereich nicht unmittelbar zum Glauben gehöriger Dinge
in das Stoffgebiet der Theologie fällt. Neben die Heilslehre rückt die
äußere Leitung der Kirche als eine von der Theologie zu durchdenkende
Aufgabe. Die der katholischen Theologie durch das kanonische Recht
abgenommene, von den Lutheranern dem Landesherrn übertragene Sorge
um die rechte äußere Leitung der Kirche wird von Calixt als ein eigenes
Anliegen der Theologie entdeckt und in die Bestimmung des Theologiebegriffs mit aufgenommen. Dadurch wird die über die Reformation ver-
mittelte scholastische Identifizierung der Begriffe der „Theologie" und
der zum Heil führenden „Lehre" (doctrina) gesprengt. Der habituell
verstandene Theologiebegriff wird genötigt, sich aus der Identifizierung
mit dem alten Lehrbegriff zu lösen in Richtung auf eine beide Amts-
funktionen, die Lehre und die Kirchenleitung, ermöglichende Fertigkeit.
So führt neben der Rationalisierung auch die Bezogenheit auf das kirchliche Amt zur Formalisierung des Theologiebegriffs: Theologie ist doctrina nicht mehr im Sinne des doctrina-Begriffs Melanchthons (kirchliche

---

[1] Schleiermacher, Kurze Darstellung des theologischen Studiums, § 274.

[2] Ib. § 279.

[3] Sofern man auf den engeren Sinn der Theologie als eines habitus ϑεόσδοτος
blickt, siehe oben S. 41 ff. Grundsätzlich auf das kirchliche Amt bezogen ist der
Theologiebegriff Calovs, siehe oben S. 41. und ib. Anm. 1

Lehre) oder Gerhards (Gottesgelehrsamkeit)[1], sie ist doctrina nur noch im formalen Sinn einer die Heilslehre und die Regeln der Kirchenleitung zugleich umfassenden „Gelehrsamkeit".

Ist die Rede von der Notwendigkeit der Theologie um der Kirchenleitung willen bei Calixt nur eine formelle These geblieben, oder kann darüber hinaus die Beziehung auf die Kirchenleitung als das organisierende Prinzip des Ganzen der Theologie Calixts angesehen werden? Diese Frage zu beantworten, muß abschließend versucht werden, das Ganze der theologischen Arbeit Calixts mit dem Besonderen seines Theologiebegriffs in Beziehung zu setzen.

Calixt hat nicht, wie Gerhard in seinen „Loci theologici" oder die lutherische Hochorthodoxie in ihren „Systemen", einen systematischen Gesamtentwurf der „Theologie" vorgelegt. Ein umfassendes theologisches Hauptwerk hat er zwar geplant, jedoch nie ausgeführt. Bezeichnenderweise sollte es den scholastischen, in der altprotestantischen Theologie gar nicht mehr gebräuchlichen Titel einer „Summa" erhalten[2]. Dieses Fehlen eines in jener Zeit durchaus üblichen theologischen Gesamtentwurfs[3] ist kaum zufällig. Der Zeitmangel, den die Vielfalt gelehrter Einzelforschungen mit sich brachte, erklärt es nur vordergründig. Die Frage ist doch, warum ein seiner Stellung nach so bedeutender und exponierter Theologe sich durch seine gelehrten Einzelforschungen von der üblichen Gesamtdarstellung der Theologie hat abhalten lassen. Nun kann man zunächst auf die eigentümlich historische Ausrichtung des Helmstedter Studienbetriebs hinweisen, wie sie in den Universitätsstatuten festgelegt[4] und Calixt von seinen humanistischen Lehrern überkommen war[5]. Wenn dogmen- und ritengeschichtliche Monographien einen Großteil der theologischen Arbeit Calixts ausmachen, so entspricht das einfach der historischen Ausrichtung des Helmstedter Humanismus[6]. Der eigentliche Grund für das Fehlen eines theologischen Systems liegt doch aber wohl in der Unterscheidung von Theologie und Glaube. Durch sie wird der Glaube in jene Gegenständlichkeit gerückt, in welcher er sich

---

[1] Vgl. oben S. 70f.   [2] Vgl. oben S. 93, Anm. 3.

[3] Die nach Kollegnachschriften verfaßte „Epitome" ist von Calixt als Einführung in die Theologie vorgetragen worden und kann deshalb, sowie wegen ihrer Knappheit und ihrer Datierung aus der Frühzeit Calixts nicht für einen ausgeführten theologischen Gesamtentwurf genommen werden.

[4] Siehe HENKE I, S. 32, Anm. 1.   [5] Vgl. ib. S. 106f.

[6] Einen guten Überblick über das vielfältige Schrifttum Calixts gibt die Zusammenstellung bei SCHÜSSLER, Anhang S. 85ff.

152

der theologischen Gelehrsamkeit in seinen einzelnen Momenten von außen zeigt, nicht aber mehr von innen her zu einer Darstellung seiner selbst als einer Ganzheit drängt. Calixts Theologiebegriff kennt nicht das innere Formprinzip der „perductio ad salutem", durch das im doctrina-Begriff der genuinen Lutheraner Erkenntnis und Erkenntnisgegenstand, Form und Inhalt der Theologie zu unlöslicher Einheit zusammengeschweißt sind. Für Calixt wird der Inhalt der Theologie nicht durch die innere Form der Glaubenserkenntnis, sondern durch die äußerliche Zweckausrichtung auf die Befähigung zum kirchlichen Amt zusammengehalten, kann aber gerade deshalb, nämlich wegen der disparaten officia des kirchlichen Amtes, nicht mehr die Form eines systematisch gegliederten Ganzen gewinnen. Die innere Nötigung, eine im Theologiebegriff angezeigte Ganzheit nun auch in der Gestalt eines theologischen Gesamtentwurfs darzustellen, fehlt bei Calixt[1].

Anstelle der bei den Lutheranern vordringenden Tendenz der Formung der Theologie zum System der Heilslehre wird bei Calixt die umgekehrte Tendenz sichtbar, den dem theologischen habitus korrespondierenden Komplex theologischer Gegenstände in Teilgebiete zu zergliedern entsprechend den unterschiedlichen Funktionen des kirchlichen Amtes. Werkzeug dieser Zergliederung kann die analytische Methode sein, die hier nicht, wie in der lutherischen Hoch- und Spätorthodoxie, das Ganze der Theologie zum System organisiert, sondern den Aufbau von theologischen Teilgebieten lenkt[2]. Daß sich in Calixts Epitome von der die Heilslehre behandelnden Theologie eine Theologie der Kirchenleitung absondert und nach der analytischen Methode eigenständig organisiert, ist bereits gezeigt worden[3]. Aus Calixts These von der Notwendigkeit der Theologie um des kirchlichen Amtes willen erhellt, daß dieser Teil der Theologie in Bezogenheit auf das tertium officium des Amtes, die „externa gubernatio ecclesiae", entworfen ist und zur Ausübung dieses Amtes befähigen soll.

Aber auch der übrige Teil der Theologie, der nicht die Kirche, sondern den Menschen „quatenus beabilis" zum Gegenstand hat[4], ist von Calixt noch einmal unterteilt worden, und auch diese Teilung muß von Calixts Begriff der Theologie als der zum kirchlichen Amt notwendigen Gelehr-

[1] Verglichen mit der Nötigung eines „exstruere" der doctrina, wie sie bei Gerhard vorliegt (siehe oben S. 79f.), ist Calixt hier noch näher bei Melanchthon (vgl. dazu oben S. 82f.), insofern er den theologischen Lehrinhalt als gegeben voraussetzt und nur die Form der Gelehrsamkeit als etwas zu Bildendes versteht.

[2] Vgl. oben S. 93. Anm. 2   [3] Oben S. 143ff.   [4] Epitome, S. 7.

samkeit her verstanden werden. Calixts von der Dogmatik gesonderte Behandlung einer theologischen Ethik ist viel beachtet worden. Man sieht in ihm den Begründer der theologischen Ethik als eigenständiger Disziplin[1]. Daß Calixt als erster eine „Trennung von Dogmatik und Ethik" vorgenommen habe[2], wird man dagegen kaum mit Recht sagen können. Das bei Calixt Neue liegt nämlich nicht darin, daß er neben die „credenda" den ethischen Bereich der „agenda" gestellt und selbständiger Darstellung unterzogen hat – das tat doch schon Melanchthon, wenn er neben seinen „Loci" auch eine „Epitome philosophiae moralis" und „Elementa doctrinae ethicae" stellen konnte[3] –, das Neue bei Calixt liegt vielmehr darin, daß er den ethischen Bereich zum theologischen Thema erhoben und durch die Namengebung „theologia moralis" in den Begriff der Theologie aufgenommen hat[4]. Richtiger wäre es also zu sagen, daß Calixt die Ethik neben die Dogmatik gestellt und mit dieser verbunden hat, da er sie erstmals bewußt als „Theologie" bearbeitet[5]. Das Motiv der Aufnahme der Ethik in die Theologie liegt aber nicht schon im „ethischen Interesse" Calixts, sondern ist in der ihm eigenen Auffassung vom Wesen der Theologie und ihrer Notwendigkeit für das kirchliche Amt begründet. Da Theologie kein Inbegriff einer Lehrganzheit, sondern formaler Begriff für die zum Amt befähigende Wissenschaft ist, muß es auch eine Theologie geben, die zum zweiten officium des kirchlichen Amtes, dem des „advertendi in vitam et mores auditorum"[6], befähigt. Um des kirchlichen Amtes, speziell um der die Gläubigen im Gnadenstand zu bewahren suchenden kirchlichen Zucht willen wird die Ethik zu einer theologischen Disziplin erhoben[7]. Entsprechend ist die Dogmatik auf das erste officium des kirchlichen Amtes, die Pflicht des „tractandi verbum et sacramenta" bezogen und darin abgegrenzt von der Ethik.

---

[1] N. H. Søe, Christliche Ethik, 1949, S 15.   [2] Lau, RGG³ I, 1586.
[3] CR 16, 21 ff. und CR 16, 165 ff. Vgl. O. Weber, Grundlagen der Dogmatik I, S. 80 f.
[4] Epitome theologiae moralis, 1634.
[5] Auch auf reformierter Seite wird die Ethik begrifflich zunächst nicht als Theologie verstanden, vgl. die Titel von Danaeus, Ethices christianae libri tres, 1577; Keckermann, Systema ethicae, 1577. Eine Zusammenstellung der orthodoxen (lutherischen und reformierten) Ethiken gibt H. E. Weber, Reformation, Orthodoxie und Rationalismus II, S. 49, Anm. 7.
[6] Vgl. oben S. 149.
[7] Vgl. die Zweckbestimmung der theologia moralis: „finis huius partis (sc. theologiae) adaequatus est conservatio fidei salvificae et status gratiae" (aaO S. 3) oder „ut homo fidelis in fide et statu gratiae perseveret" (ib.).

Da der Theologiebegriff nur noch formal gebraucht wird, wird es notwendig, den sich nach dem jeweiligen officium des kirchlichen Amtes spezifizierenden Inhalt der „partes theologiae"[1] durch adjektivische Näherbestimmung zu verdeutlichen. Es ist kaum zufällig, daß wir nicht nur den Begriff einer „theologia moralis", sondern auch den ihm korrespondierenden Begriff einer „theologia dogmatica", soweit wir sehen, bei Calixt zum ersten Male finden[2].

Die Bezogenheit auf das kirchliche Amt scheint also insofern als das organisierende Prinzip der Theologie angesehen werden zu können, als sich entsprechend den unterschiedlichen officia des Amtes der theologische Stoff in eine dogmatische Theologie, eine Moraltheologie und eine Theologie der Kirchenleitung aufgliedert. Dies jedenfalls sind die theologischen Gebiete, die Calixt der Behandlung durch die analytische Methode unterworfen hat. Indes das Ganze der Theologie Calixts ist damit noch nicht in den Blick getreten. Im Apparatus theologicus von 1628, der ausführlichsten Darstellung der theologischen Disziplin, ist Calixt weder auf diese Gliederung noch überhaupt auf den Gebrauch der analytischen Methode zu sprechen gekommen. Dafür kennt Calixt im Apparatus eine andere Teilung der Theologie, diejenige in eine „theologia ecclesiastica" und eine „theologia academica"[3]. Erst diese Teilung in eine kirchliche und eine akademische Theologie erfaßt das Ganze der theologischen Arbeit, so daß gefragt werden muß, wie sie sich verhält zu der These von der Notwendigkeit der Theologie um des „praestare in ecclesia" willen.

Im Unterschied zu der vom Inhalt her faßbaren Teilung der Theologie in eine dogmatische Theologie, eine Moraltheologie und eine Theologie der Kirchenleitung ist die Unterscheidung zwischen der „theologia ecclesiastica" und der „theologia academica" eine die Form, nämlich die Behandlung des theologischen Gegenstandes betreffende. Die „theologia ecclesiastica", auch „theologia positiva" genannt, behandelt ihren Gegenstand auf möglichst knappe Weise. Sie beweist die capita nostrae religionis aus der Schrift, läßt aber das argumentum antiquitatis beiseite und geht auf die theologische Polemik nicht weiter ein[4]. Ihr Ziel ist, den zukünftigen Pfarrer, von dem Calixt annimmt, daß er sich oft nur zwei Jahre auf der Universität befindet[5], mit den unerläßlichen Mitteln zu einer

---

[1] Vgl. oben S. 144. Anm. 4, sowie die vorige Anm.
[2] Siehe oben S. 8f. Anm. 5.   [3] Apparatus, S. 171.   [4] Ib. S. 160f.
[5] Siehe HENKE I, S. 433, Anm. 3.

geordneten Ausführung seiner Amtspflichten auszurüsten. Die „theologia
ecclesiastica" ist unmittelbar auf das Amt der Einzelgemeinde bezogen,
der Idee nach – wenn auch in der Ausführung damit nicht ganz überein-
stimmend[1] – müßten Calixts Epitome theologiae und Epitome theologiae
moralis zu dieser kirchlichen Theologie gezählt werden, der dann auch
allein die analytische Methode zukommt[2].

Der kirchlichen Theologie gegenüber steht die „theologia academica",
auch „theologia plene et exacte tractata" genannt[3]. In ihrer auf voll-
ständige und gründliche wissenschaftliche Behandlung des theologischen
Stoffs bedachten Eigenart bekommt sie von Calixt folgende fünf Aufgaben zudiktiert[4]:

1. Die Entfaltung (explicatio) des jeweils thematischen Dogmas, das
heißt: genaue Bestimmung seines Inhalts und seiner Erkenntnisquelle
(= wieweit durch das lumen naturae oder nur durch revelatio peculiaris
erkennbar).

2. Die „historia certaminum et controversiarum" des Dogmas, wozu
eine nähere Kenntnis der Kirchengeschichte vonnöten ist, deren Wichtigkeit für den Theologen Calixt besonders betont[5].

3. Die „confirmatio" und „demonstratio" des vorgelegten Dogmas, das
heißt: der Beweis für dessen Wahrheit, geführt zuerst und hauptsächlich
aus der Schrift, in zweiter Linie aber auch aus der legitima traditio.

4. Die Widerlegung gegnerischer Einwürfe aus der Schrift und der
antiquitas, beziehungsweise aus der ratio.

---

[1] Die Epitome theologiae verzichtet keineswegs auf die Polemik und zitiert auch
fleißig die Kirchenväter.

[2] Letzteres hat schon O. RITSCHL mit Recht erkannt, siehe oben S. 93, Anm. 2.

[3] Apparatus, S. 164. Gegenübergestellt hat Calixt beide Arten von Theologie im
Apparatus, S. 171. Im übrigen ist zu beachten, daß die Unterscheidung von „theologia ecclesiastica" und „theologia academica" bei Calixt im größeren Rahmen einer
Studienordnung begegnet, die außer diesen beiden noch die Exegetische Theologie, die Historia ecclesiastica, die Kontroverstheologie und die praktische Theologie umfaßt. Dazu folgende, etwas anders zählende (vgl. dazu HENKE I, S. 433)
Erklärung Calixts in der Einleitung zur Ausgabe von Augustins De doctrina christiana (1629): „In apparatu... theologiam partiti sumus non tam ratione sui quam
studiorum eo pertinentium, et pro diverso modo illa tractandi sive in illis progre-
diendi... in *ecclesiasticam,* quam didacticam quoque et positivam vocari posse et
doctrinae capita proponere et exponere diximus, in *exegeticam,* quae Scripturas inter-
pretetur, in *historicam,* quae antiquitatem evolvat, et denique in *academicam,* cuius
sit disputare, doctrinam fidei adversus haereticos tueri, et controversias circa illam
exortas plene et accurate quantum fieri possit expedire" (zitiert nach HENKE I,
S. 433, Anm. 3).   [4] Apparatus, S. 164ff.   [5] Vgl. aaO S. 31.

156

5. Die Erforschung der in früheren Jahrhunderten der Kirchengeschichte gebräuchlichen Riten und Zeremonien, soweit die behandelte
„res" solche Riten erfordert oder zuläßt (was nur bei einem Teil der
dogmatischen Gegenstände zutrifft, so bei den Sakramenten, bei vocatio
und ordinatio der ministri, sowie bei Buße, Fasten, Ehe usw.).

Man erkennt unter Punkt 1, 3 und 4 dieser „theologia academica"
leicht die drei officia des „munus theologi" wieder, die Entfaltung des
Begriffs der Theologie als einer „doctrina, quae explicat, probat et defendit"[1]. Da diese dreifache Art der Behandlung eines Dogmas an die von
der mittelalterlichen Scholastik geübte Methode anschließt, nennt Calixt
die theologia academica auch „theologia scholastica"[2]. Darüber hinaus
ist unter Punkt 2 und 5 die „historia" in die akademische Theologie
mit hineingenommen. Interessant ist die unterschiedliche Funktion der
Historie im Blick einmal auf das Dogma selbst, dann auf die damit verbundenen Riten. Die das Fundament der Kirche bildenden Dogmen sind
nach der Anschauung Calixts unwandelbar und dem Bereich der Geschichte entzogen. Beim Dogma kann das Phänomen der Geschichte nur
am Rande auftauchen als Bestreitung und Häresie. Es gibt darum keine
„Dogmengeschichte", sondern nur die „historia controversiarum et certaminum". Sie wird aus apologetischer und polemischer Notwendigkeit
betrieben, um nach dem Vorbild Tertullians allen Irrtum und Ketzerei
als Neuheit, die Wahrheit dagegen als das Alte und Unwandelbare zu
erweisen. Anders die Riten und Zeremonien, die (mit CA VII) nicht zum
Fundament der Kirche gehören. Sie verhalten sich zu den Dogmen wie
die Akzidentien zur Substanz[3]. Ihr Sein liegt im Bereich der Geschichte.
Wandel von Riten und Zeremonien ist nicht eo ipso Abfall von der Wahrheit, sondern ist durchaus legitim und vom menschlich-geschichtlichen
Charakter der Riten geradezu gefordert[4]. Damit entfällt die polemische
und apologetische Notwendigkeit der Historie in diesem Bereich. Be-
zeichnend ist, im Unterschied zu der Stellung der historia certaminum
zwischen explicatio und confirmatio, ihre Plazierung an letzter Stelle
hinter der Widerlegung der Einwände. Hier scheint sich erstmals ein
Interesse an der Geschichte um ihrer selbst willen anzumelden. Der
erwachende Sinn für die Geschichte sieht, sich aus der dogmatischen

---

[1] Vgl. oben S. 109f.   [2] Apparatus, S. 164.
[3] Zur Bedeutung des metaphysischen Substanz-Akzidenz-Schemas für die Ge-
schichtsbetrachtung Calixts vgl. SCHÜSSLER aaO S. 29f.
[4] Apparatus, S. 284f.

Beanspruchung freimachend, im Bereich der von der Reformation als ein Humanum freigegebenen Riten und Zeremonien ein Feld zweckfreier historischer Forschung. Ein Jahrhundert bevor die Aufklärung den „Gedanken von der Geschichte der Glaubenslehre" (WALCH) faßte und damit den Anstoß zur Behandlung der Dogmengeschichte gab[1], ist so bereits in der Helmstedter Schule Calixts der ganze Bereich dessen, was in CA VII als nicht zur Einheit der Kirche notwendig erachtet wurde, in seiner Geschichtlichkeit freigelegt und zum Gegenstand historischer Forschung erklärt worden.

Aber ist die akademische Theologie in dieser ihrer letzten Aufgabe wirklich schon zweckfreie Historie? Gerade indem Calixt die Historia ecclesiastica als „theologia historica" in seinen Theologiebegriff aufnimmt[2], muß sie doch der allgemeinen Bestimmung der Theologie entsprechen, ein um des „praeesse in ecclesia" willen notwendiger praktischer habitus zu sein! Oder findet sich etwa in der Gegenüberstellung einer „theologia ecclesiastica" und einer „theologia academica" schon eine Präformation jener Aufspaltung der Theologie in eine „kirchliche" und eine „wissenschaftliche" Theologie, die gelegentlich als das Kennzeichen der neuprotestantischen Theologiegeschichte seit Schleiermacher angesehen worden ist?[3] Indes ging die moderne Entgegenstellung einer kirchlichen und einer unkirchlichen wissenschaftlichen Theologie aus von dem Gegensatz zwischen dem praktischen Theologiebegriff Schleiermachers und dessen Abzweckung auf die Kirchenleitung und dem theoretischen Theologiebegriff Hegels[4]. Für Calixt hat aber die Unterscheidung von kirchlicher und akademischer Theologie mit dem Gegensatz praktischer und theoretischer Wissenschaft gar nichts zu tun. Auch die akademische Theologie fällt unter den Begriff der Theologie als eines „habitus intellectus practicus". Dieser praktische Charakter tritt bei der akademischen Theologie zwar nicht ebenso deutlich in Erscheinung wie bei der kirchlichen Theologie, insofern sie sich nicht wie diese mittels der analytischen Methode auf bestimmte Zwecke hin systematisieren läßt. Nicht als „System", sondern als „Summa" sollte sie ihre äußere Gestalt finden[5]. Gleichwohl zeigt schon die an zentraler Stelle (Punkt 4) stehende Aufgabe der Verteidigung des Dogmas gegen seine Bestreiter, daß auch die akade-

---

[1] HARNACK, Lehrbuch der Dogmengeschichte I, 1909, S. 30.

[2] Vgl. oben S. 155, Anm. 3.

[3] CARL ALBRECHT BERNOULLI, Die wissenschaftliche und die kirchliche Methode in der Theologie, 1897.

[4] Ib. S. 6 ff.   [5] Vgl. oben S. 93.

mische Theologie im eminenten Sinne „kirchliche" Theologie sein will. Auch von der Erforschung der Geschichte der Riten und Zeremonien, mag immer ein zweckfreies historisches Interesse sich hier anzusiedeln beginnen, muß man doch zunächst annehmen, daß Calixt sie als Dienst an der Kirche verstanden wissen will[1].

Doch ist die Kirchlichkeit der „theologia academica" von der Kirchlichkeit der „theologia ecclesiastica" unterschieden. Die letztere hat ihre spezifische Kirchlichkeit in ihrer direkten Bezogenheit auf das ministerium verbi der einzelnen Gemeinde. Sie soll zukünftigen Dienern des Wortes einen habitus vermitteln, der sie zu Ausübung der Pflichten ihres Amtes befähigt. Dabei liegt es in der Natur der Sache, daß bei dem Pfarrer einer Einzelgemeinde das dritte officium der äußeren Kirchenleitung sowie die Notwendigkeit des Verteidigens der Glaubenswahrheiten in den Hintergrund treten[2]. Die „theologia academica" dagegen, die nicht bloß auf die Befähigung des Pfarrers zum Amt der Einzelgemeinde abzielt, sondern theologische Lehrer heranbilden will[3], muß die ihr eigene Praxis in einer weiter gefaßten Beziehung auf die Kirche haben. Auf welche über die einzelne Gemeinde hinausgehende Form der Kirche soll aber nun die akademische Theologie verpflichtet sein? Neben der Teilkirche (ecclesia particularis) kennt nun aber Calixt nur den Begriff der Kirche als Gesamtheit (ecclesia universalis)[4]. Diese Gesamtkirche ist für den Melanchthonianer Calixt ganz selbstverständlich „sichtbare" Kirche, die über den ganzen Erdkreis verstreute Versammlung derjenigen, die an der vera religio festhalten[5]. Der später so wichtig werdende Begriff der unsichtbaren Kirche[6] hat für Calixt keine Bedeutung. Ebensowenig aber auch der Begriff einer zwischen der Gesamtkirche und der Einzel-

---

[1] Von der Ritengeschichte dürfte das gleiche gelten, was Calixt vom geschichtlichen Wissen überhaupt sagt: es „ziert und vollendet schon für sich, ohne daß es eine besondere praktische Ausrichtung erhält, den Geist", wichtiger aber ist der praktische Nutzen, nämlich daß „die Kenntnis der Begebenheiten der Vergangenheit zur Anwendung im öffentlichen und bürgerlichen Leben gelangt, unsere Pläne und Maßnahmen bestimmt, und so der Klugheit, der Meisterin des natürlichen Lebens, dient". Orationes selectae 1660, S. 114, zit. nach SCHÜSSLER aaO S. 35.

[2] Epitome, Einl. S. VII.   [3] HENKE I, S. 434.   [4] Epitome, S. 264f.
[5] Ib. S. 265.

[6] Zur Entwicklung der Lehre von der unsichtbaren Kirche siehe HIRSCH, Geschichte der neuern evangelischen Theologie II, S. 128ff. Dagegen Calixt: „Invisibilem (sc. ecclesiam)... Deo relinquimus. Nos Ecclesiam accipere oportet, prout ea ex Verbi externa praedicatione et administratione Sacramentorum iudicium fieri potest." AaO S. 264.

gemeinde rangierenden „lutherischen Kirche" oder einer – modern gesprochen – „Landeskirche"[1].

Es ist zu erwägen, ob Calixt die Kirchlichkeit der akademischen Theologie nicht von vornherein in ihrem Verpflichtetsein gegenüber der „ecclesia universalis" gesehen und darin das Erbe Melanchthons weitergeführt
hat. Es bestimmt jedenfalls nicht das Selbstverständnis der akademischen Theologie, daß sie, wozu die Ausbildung in ihr faktisch in der Regel
geführt haben wird, nur zur Befähigung der Kirchenleitung einer Landes-

---

[1] Wenn SCHÜSSLER aaO S. 48 vom frühen Calixt (vor 1625) sagt, er kenne keinen
Zweifel, „daß die lutherische Kirche wahre Kirche Christi ist", und wenn er keine
Äußerung Calixts findet, „daß gegenwärtig außer der lutherischen noch eine andere
Kirche wahre Kirche sei" (aaO S. 49), so unterschiebt er Calixt das Operieren mit
einem Begriff, den dieser noch gar nicht gebraucht (vgl. zum Problem der Bildung
des Begriffs der lutherischen Kirche: ERNST WOLF, Peregrinatio, Studien zur reformatorischen Theologie und zum Kirchenproblem, 1954, S. 149ff.; dort S. 154 über
die nur gelegentliche Selbstbezeichnung „lutherische Kirche" im 16. Jahrhundert,
u. a. auch in Helmstedt). SCHÜSSLER, der im übrigen sehr wohl sieht, wie erst in der
Auseinandersetzung mit dem Helmstedter Synkretismus sich das Luthertum zur
Existenz als Konfessionskirche, als „lutherische Kirche", entscheidet, sieht das Ziel
der konfessionellen Polemik des frühen Calixt in der „Bekehrung der Gegner zur
lutherischen Kirche" (aaO S. 50). Bei dem von der Polemik unter dem Eindruck der
Grausamkeiten des Religionskrieges seit 1626 immer mehr zur konfessionellen Irenik
übergehenden Calixt muß er deshalb einen grundsätzlichen Wandel des Kirchenbegriffs behaupten (aaO S. 53ff.; Anhang S. 20, Anm. 1). Mir erscheint diese Konzeption fraglich. Die konfessionelle Polemik des frühen Calixt wie der frühen Orthodoxie überhaupt versteht sich noch nicht als Streit zwischen verschiedenen Kirchen,
sondern als Kampf um die reine Lehre und den reinen Glauben. (Daß der konfessionelle
Gegensatz nicht als Gegensatz von Kirchen, sondern von „Glauben" bezeichnet wurde,
erkennt man an dem bekannten Epigramm Friedrich von Logaus „Luthrisch, Päpstisch
und Calvinisch, diese *Glauben* alle drei / Sind vorhanden, doch ist Zweifel, wo das Christentum dann sei." Deutsche Gedichte des 16. und 17. Jahrhunderts, herausg.
WERNER MILCH, 1954, S. 108; vgl. im übrigen WOLF aaO S. 151ff.). Man wird bei
Calixt von einem Wandel in der Lehre vom Glaubensfundament sprechen können,
insofern die in der Epitome als „fundus nostrae salutis" (S. 166) bezeichnete Rechtfertigungslehre später nicht mehr zu den – im Apostolikum suffizient enthaltenen –
kirchlichen Fundamentalartikeln gezählt wird. Die Möglichkeit zu Calixts späterer
Unionstheologie war aber auf dem Boden des universalen Kirchenbegriffs von Anfang an gegeben. Calixt verwirklicht nach 1626 einseitig bestimmte Möglichkeiten
der Fassung des Kirchenbegriffs (die Betonung der Katholizität), brauchte mit der
Aufgabe der Anschauung von der lutherischen Lehre als der allein seligmachenden
aber nicht seinen Kirchenbegriff grundsätzlich zu wandeln. – Während des Druckes
schreibt mir Dr. Schüßler, daß er in seiner demnächst in Druck erscheinenden
Arbeit seine Formulierungen modifiziert hat. „Es kann sich nicht um einen ‚grundsätzlichen' Wandel handeln, sondern in der Tat um einen Wandel in der Bestimmung

kirche, das heißt für Calixt einer Partikularkirche im weiteren Sinn[1], dienen soll. Andererseits scheint die Bezogenheit einer Theologie auf die „ecclesia universalis" im Grenzenlosen zu verschwimmen. Es ist darum darauf zu achten, daß nach Calixts von der Liebe zur alten Kirche geprägten und durch die Bekanntschaft mit der anglikanischen Kirche belebten Anschauung die Ordnung der Gesamtkirche von der bischöflichen Verfassung her gedacht werden soll[2]. Calixts nicht nur im kirchenrechtlichen, sondern im dogmatisch-ekklesiologischen Sinn zu verstehender Episkopalismus gibt in der Tat den Rahmen ab, innerhalb dessen die kirchliche Funktion der von der akademischen Theologie gebildeten „doctores ecclesiae" erscheint. Während die „pastores" die Verkündigung, die Sakramentsverwaltung und die kirchliche Zucht auszuüben haben[3], ist es vordringliche Aufgabe der „episcoporum et doctorum", über die Reinheit der Lehre zu wachen und das Urteil über Häresien zu fällen[4]. Als Heilmittel gegen die Schäden der Kirche empfiehlt Calixt eine Synode oder ein Konzil, deren Mitglieder die „doctissimi" sein sollen[5]. Ein solcher „conventus hominum in sacris literis exercitatorum"[6] soll über die Grundsätze der Lehre, der Sitten und des Kirchenregiments befinden[7]. Die von der akademischen Theologie gebildeten Doktoren sind also auch in diesem weiteren Rahmen kirchlicher Verantwortung an den in den drei Pflichten des Amtes fixierten Bereich des ministerium verbi gebunden.

Der episkopale Rahmen, innerhalb dessen Calixt die praktische Tätigkeit der theologischen Gelehrten ansetzt, läßt zugleich die gesamtkirch-

---

des Glaubensfundaments." Wenn gesagt wird, „daß die Anschauung Calixts von der Einheit der Kirche (also nicht sein Kirchenbegriff) eine Wandlung von einem lutherisch-konfessionellen zu einem universalkirchlichen Standpunkt durchgemacht habe" (so Dr. Schüßler brieflich unter Verweis auf S. 40 und 59 f. seiner gedruckten Arbeit), so besteht ein Gegensatz zwischen SCHÜSSLERS und meiner Anschauung nicht mehr.

[1] Vgl. Epitome, S. 265.   [2] Ib. S. 273 ff.

[3] Ib. S. 274. Calixt nennt in der Epitome im ganzen vier ordentliche Ämter innerhalb des allgemeinen kirchlichen Ministeriums: „Ordinarii autem ministri in Ecclesia sunt Pastores et Doctores, Presbyteri ab aetate, et Episcopi ab officio dicti" (aaO S. 273). Auf die Unterschiede zwischen Pastoren und Presbytern ist in diesem Rahmen nicht einzugehen.

[4] Epitome, S. 298. Es gibt freilich daneben auch beschränktere Aufgabenbereiche für Doktoren: „Doctorum autem munus latissime patet, eorumque variae sunt differentiae." AaO S. 275.

[5] Ib. S. 293.   [6] Ib. S. 291.

[7] „Videmus igitur in Conciliis constitui posse cum de iis, quae ad doctrinam, tum de iis, quae ad regimen ecclesiasticum et mores spectant." AaO S. 292.

liche Bedeutung der akademischen Theologie erkennen. Wollte Calixt mit seiner akademischen Theologie zunächst vornehmlich dem Beweis der Wahrheit evangelischer Lehre im Streit mit den Gegnern, vor allem den Jesuiten, dienen[1] – deshalb tritt das „defendere" im Theologiebegriff zunächst so in den Vordergrund –, so wird unter den Eindrücken der Schrecken des Dreißigjährigen Krieges immer mehr der Gedanke der Wiedervereinigung der Konfessionen zum Ziel der theologischen Arbeit Calixts[2]. Die äußere Einheit der Kirche wiederherzustellen, das gehört für Calixt zu der dem kirchlichen Amt aufgegebenen Pflicht der Kirchenleitung. Zu dieser Pflicht zu befähigen, ist Aufgabe der Theologie. Erfüllen kann die Theologie diese Aufgabe nur, wenn sie sich nicht an eine der bestehenden Konfessionen von vornherein bindet. Calixt bindet die Theologie an die universale katholische Kirche, deren Fundament er in den Artikeln des Apostolikums hinreichend beschrieben findet. Seine Lehre von dem in allen Konfessionen gemeinsamen, weil durch das Bekenntnis des Apostolikums geeinten Glaubensfundament hat es Calixt ermöglicht, seine akademische Theologie jenseits der Schranken der Konfessionen zu betreiben[3] und ihr dennoch den Charakter eminent praktischer Kirchlichkeit zu verleihen. Das Scheitern des Calixtschen Versuchs der Kircheneinigung ist bekannt und hier nicht noch zu besprechen. Die lutherische Theologie hat sich in der Auseinandersetzung mit Calixt zur konfessionalistischen Theologie entwickelt und dann folgerichtig die Bekenntnisschriften in die theologische Prinzipienlehre aufgenommen[4]. Calixts Theologiebegriff mit seiner universalen Kirchlichkeit aber hatte durch die konfessionalistische Selbstabschließung des Luthertums keine Zukunft mehr. Als auch im inneren Raum der braunschweigischen Landeskirche die „externa gubernatio ecclesiae" aus der Hand des ministerium verbi in die Hand der landesherrlichen Obrigkeit gefallen war[5], war ihm der Boden weithin entzogen. So ist mit der Helmstedter Theologie auch der eigenartige Theologiebegriff Calixts zerfallen. Aus seinen Trümmern sind die Bausteine genommen, mit denen anderthalb Jahrhunderte später Joh. Sal. Semler und dann noch einmal ganz neu Schleiermacher die Fundamente ihres Theologiebegriffs gelegt haben.

---

[1] Vgl. die den jungen Calixt berühmt machende Disputation auf der Hämelschenburg, HENKE I, S. 163 ff.   [2] SCHÜSSLER, S. 50 ff.

[3] In dem Thorner Religionsgespräch von 1645 hat Calixt, nachdem Calov ihn aus den Reihen der Lutheraner hatte ausschließen können, sich den Reformierten als theologischer Berater zur Verfügung gestellt. SCHÜSSLER aaO S. 172 ff.

[4] Vgl. oben S. 79, Anm. 1.   [5] Siehe HENKE I, S. 331 u. II, 2. S. 49 ff.

Literaturverzeichnis

ALTHAUS, P., Die Prinzipien der deutschen reformierten Dogmatik im Zeitalter der aristotelischen Scholastik, Leipzig 1914.

–, Grundriß der Dogmatik, Berlin 1952.

ARISTOTELES, Metaphysica (ed. W. Jaeger), Oxford 1957.

–, Ethica Nicomachea (ed. I. Bywater), Oxford 1949.

ARND, J., Sechs Bücher vom wahren Christentum... aufs neue collationirt und herausgegeben, Nürnberg 1762.

BAIER, J. W., Compendium theologiae positivae, secundum editionem anni 1694, herausg. Ed. Preuß, Berlin 1864.

BARTH, K., Die kirchliche Dogmatik I, 1. 5. Aufl., Zollikon-Zürich 1947.

Die BEKENNTNISSCHRIFTEN der evangelisch-lutherischen Kirche, 2. Aufl., Göttingen 1952.

BERNOULLI, C. A., Die wissenschaftliche und die kirchliche Methode in der Theologie, Freiburg i. B. 1897.

BILZ, J., Artikel „Theologie" in: Lexikon für Theologie und Kirche, 10. Band 1938, Sp. 65–77.

BRUNNER, E., Die christliche Lehre von Gott, Dogmatik Band 1, Zürich 1946.

BURI, F., Dogmatik als Selbstverständnis des christlichen Glaubens, Erster Teil, Bern und Tübingen 1956.

CALIXT, G., Epitome theologiae, Braunschweig 1653.

–, Apparatus sive introductio in studium et disciplinam sanctae Theologiae, ed. F. U. Calixt, Helmstedt 1656.

–, Epitome theologiae moralis, Helmstedt 1634.

–, De visibili ecclesiastica monarchia, Helmstedt 1674.

–, Iudicium de controversiis theologicis, Frankfurt 1650.

CALOV, A., Apodixis articulorum fidei, Lüneburg 1684.

–, Isagoge ad SS. Theologiam, Wittenberg 1652.

–, Systema locorum theologicorum, Tom. I und II, Wittenberg 1655.

–, Paedia theologica de methodo studii theologici... Wittenberg 1652.

–, Theologia positiva, Frankfurt u. Wittenberg 1690.

CALVIN, J., Opera selecta (ed. P. Barth, W. Niesel), Vol. III u. IV, München 1928 u. 1931.

–, Unterricht in der christlichen Religion, Institutio christianae religionis, Nach der letzten Ausgabe übersetzt und bearbeitet von Otto Weber, Neukirchen 1955.

CHEMNITZ, M., Loci theologici (ed. Polyc. Leyser), Frankfurt und Wittenberg 1690.

CHENU, M. D., La théologie comme science au XIIIe siècle, 3. Aufl., Paris 1957.

COCCEIUS, J., Summa Theologiae ex scripturis repetita, Leiden 1662.

DANNHAUER, J. C., Hodosophia christiana seu theologia positiva, Straßburg 1649.

DIEM, H., Theologie als kirchliche Wissenschaft, München 1951.

DILTHEY, W., Weltanschauung und Analyse des Menschen seit Renaissance und Reformation, Gesammelte Schriften II, Stuttgart und Göttingen 1957.

EBELING, G., Evangelische Evangelienauslegung (Forschungen zur Geschichte und Lehre des Protestantismus, Zehnte Reihe, Band I), München 1942.

–, Die Geschichtlichkeit der Kirche und ihrer Verkündigung als theologisches Problem (Sammlung gemeinverständlicher Vorträge... 207/208), Tübingen 1954.

–, Wort und Glaube, Tübingen 1960.

ELERT, W., Morphologie des Luthertums I, Theologie und Weltanschauung des Luthertums hauptsächlich im 16. und. 17. Jahrhundert, München 1958.

–, Der christliche Glaube, 3. Aufl., Hamburg 1956.

ENGELLAND, H., Melanchthon, Glaube und Handeln, München 1931.

ERASMUS, D., von Rotterdam, Ratio seu methodus verae theologiae (ed. J. S. Semler), Halle 1782 (ursprünglich: Ratio seu methodus compendio perveniendi ad veram theologiam, 1518).

FRANCKE, A. H., Idea studiosi theologiae, Halle 1723.

GASS, W., Geschichte der protestantischen Dogmatik in ihrem Zusammenhange mit der Theologie überhaupt I und II, Berlin 1854 und 1857.

GERHARD, J., Aphorismi succincti et selecti in XXIII capitibus totius Theologiae nucleum continentes... ed. J. F. Gerhard, o. O. 1663.

–, Meditationes sacrae, herausg. Hermann Scholz, Gütersloh 1863.

–, Tractatus de legitima scripturae sacrae interpretatione, Jena 1610.

–, Methodus studii theologici publicis praelectionibus in Academia Jenensi Anno 1617 exposita, Jena 1654.

–, Loci theologici cum pro adstruenda veritate tum destruenda quorumvis contradicentium falsitate per theses nervose solide et copiose explicati, ed. Io. Fridericus Cotta, Tomus I und II, Tübingen 1762 und 1763.

–, Loci theologici... Opus praeclarissimum novem tomis comprehensum denuo... curavit... Ed. Preuss, Berlin 1863–1885.

–, Schola pietatis, das ist: Christliche und Heilsame Unterrichtung was für Ursachen einem jeden wahren Christen zur Gottseligkeit bewegen sollen..., Nürnberg 1663.

–, Confessio catholica, in qua doctrina catholica et evangelica... confirmatur, Frankfurt und Leipzig 1679.

GILSON, É., Johannes Duns Scotus, Einführung in die Grundgedanken seiner Lehre, Düsseldorf 1959.

GOGARTEN, F., Die Kirche in der Welt, Heidelberg 1948.

–, Die Wirklichkeit des Glaubens, Stuttgart 1957.

GRABMANN, M., Die Geschichte der scholastischen Methode I und II, Berlin 1957.

GRIMM, J. u. W., Deutsches Wörterbuch, 6. Band, Leipzig 1885.

HAFENREFFER, M., Loci theologici, Tübingen 1609.

HÄGGLUND, B., Die Heilige Schrift und ihre Deutung in der Theologie Johann Gerhards, Eine Untersuchung über das altlutherische Schriftverständnis, Lund 1951.

–, Theologie und Philosophie bei Luther und in der occamistischen Tradition, Lund 1955.

HARNACK, A., Lehrbuch der Dogmengeschichte I, 4. Aufl., Tübingen 1909.

11*

164

HAZARD, P., Die Krise des europäischen Geistes, Hamburg 1939.

HEER, F., Die dritte Kraft., Der europäische Humanismus zwischen den Fronten des konfessionellen Zeitalters, Frankfurt a. M. 1959.

HEIM, K., Das Gewißheitsproblem in der systematischen Theologie bis zu Schleiermacher, Leipzig 1911.

HENKE, E. L. TH., Georg Calixtus und seine Zeit I und II, Halle 1853–1860.

HIRSCH, E., Geschichte der neuern evangelischen Theologie im Zusammenhang mit den allgemeinen Bewegungen des europäischen Denkens I–V, Gütersloh 1949–1954.

HOFFMEISTER, J., Wörterbuch der philosophischen Begriffe, 2. Aufl., Hamburg 1955.

HOLLAZ, D., Examen theologicum acroamaticum (ed. R. Teller), Leipzig 1763.

HUTTERUS, L., Compendium locorum theologicorum, Wittenberg 1612.

KANT, I., Kritik der reinen Vernunft (herausg. Benno Erdmann), Berlin 1900.

KATTENBUSCH, F., Die Entstehung einer christlichen Theologie. Zur Geschichte der Ausdrücke θεολογία, θεολογεῖν, θεολόγος, ZThK 1930, S. 161–205.

KECKERMANN, B., Systema SS. Theologiae, Hannover 1610.

KREBS, E., Theologie und Wissenschaft nach der Lehre der Hochscholastik (Beiträge zur Geschichte der Philosophie des Mittelalters, 11. Band, H. 3–4), Münster i. W. 1912.

KRUSCHE, W., Das Wirken des Heiligen Geistes nach Calvin, Berlin 1957.

LEWALTER, E., Spanisch-jesuitische und deutsch-lutherische Metaphysik des 17. Jahrhunderts (Ibero-amerikanische Studien 4), Hamburg 1935.

LORENZ, R., Die Wissenschaftslehre Augustins, ZKG 67 (1956), S. 29–60; 213–251.

LUTHER, M., Werke, Kritische Gesamtausgabe, Weimar 1883ff. (zit.: WA).

–, Werke in Auswahl, herausg. Otto Clemen, Berlin 1950ff. (zit.: Cl).

MANDEL, H., (Herausgeber), Theologia deutsch, Quellenschriften zur Geschichte des Protestantismus, 7. Heft, Leipzig 1908.

MARTINI, C., Theologiae Compendium (ed. H. J. Scheurl), Wolfenbüttel 1650.

MELANCHTHON, PH., Opera quae supersunt, Corpus Reformatorum, ed. C. G. Bretschneider – H. E. Bindseil, Halle 1834ff. (zit.: CR).

–, Werke in Auswahl (Studienausgabe), herausg. Robert Stupperich, Gütersloh 1951ff. (zit.: SA).

MELLER, B., Studien zur Erkenntnislehre des Peter von Ailly (Freiburger theologische Studien H. 67), Freiburg 1954.

MILCH, W., (Herausgeber), Deutsche Gedichte des 16. und 17. Jahrhunderts (Renaissance und Barock), Heidelberg 1954.

MUSÄUS, J., Introductio in theologiam, Jena 1678.

NIESEL, W., Die Theologie Calvins, 2. Aufl., München 1957.

PAULSEN, F., Geschichte des gelehrten Unterrichts auf den deutschen Schulen und Universitäten vom Ausgang des Mittelalters bis zur Gegenwart, 1. Band, 3. Aufl., Leipzig 1919.

PETERSEN, P., Geschichte der aristotelischen Philosophie im protestantischen Deutschland, Leipzig 1921.

REALENCYKLOPÄDIE für protestantische Theologie und Kirche, 3. Aufl., Leipzig 1896ff. (zit.: RE³).

Die RELIGION IN GESCHICHTE UND GEGENWART, 3. Aufl., Band 1–3, Tübingen 1957ff. (zit.: RGG³).

RITSCHL, O., Dogmengeschichte des Protestantismus I, Leipzig 1908; II Leipzig 1912; III–IV Göttingen 1926–1927.

–, Das Wort dogmaticus in der Geschichte des Sprachgebrauchs bis zum Aufkommen des Ausdrucks theologia dogmatica (aus: Festgabe für Julius Kaftan... zu seinem 70. Geburtstag, Sonderdruck), Tübingen 1920.

SCHLEE, E., Der Streit des Daniel Hofmann über das Verhältnis der Philosophie zur Theologie, Marburg 1862.

SCHLEIERMACHER, F., Kurze Darstellung des theologischen Studiums zum Behuf einleitender Vorlesungen entworfen (2. Ausgabe von 1830), in: Sämtliche Werke, 1. Abt. Zur Theologie 1. Band, Berlin 1843.

–, Der christliche Glaube nach den Grundsätzen der evangelischen Kirche im Zusammenhange dargestellt, 6. Ausgabe, Berlin 1884.

SCHÜSSLER, H., Georg Calixt, Theologie und Kirchenpolitik, Kiel 1955 (Dissertation in Maschinenschrift).

SEEBERG, R., Lehrbuch der Dogmengeschichte, 4. Aufl., Darmstadt 1953.

SEMLER, J. S., Versuch einer freiern theologischen Lehrart, Halle 1777.

SØE, N. H., Christliche Ethik, München 1949.

SPENER, PH. J., Die allgemeine Gottesgelehrtheit aller gläubigen Christen und rechtschaffenen Theologen, Frankfurt a. M. 1680.

–, Letzte theologische Bedencken, Halle 1711.

THOMAS von Aquin, Summa theologiae, ed. P. Caramello, Turin und Rom (Marietti) 1952.

TROELTSCH, E., Vernunft und Offenbarung bei Johann Gerhard und Melanchthon, Göttingen 1891.

VORLÄNDER–KNITTERMEYER, Geschichte der Philosophie, 2. Band, 9. Aufl., Hamburg 1955.

WEBER, H. E., Der Einfluß der protestantischen Schulphilosophie auf die orthodoxlutherische Dogmatik, Leipzig 1908.

–, Die philosophische Scholastik des deutschen Protestantismus im Zeitalter der Orthodoxie (Abhandlungen zur Philosophie und ihrer Geschichte, H. 1), Leipzig 1907.

–, Reformation, Orthodoxie und Rationalismus I und II (Beiträge zur Förderung christlicher Theologie 2. Reihe, 35. 45 und 51. Band), Gütersloh. 1937–1951.

–, Das Bekenntnis und die Konfessionen in der EKiD, Evangelische Theologie 7 (1947/48), S. 38–50.

WEBER, O., Grundlagen der Dogmatik, 1. Band, Neukirchen 1955.

WOLF, E., Theologie am Scheideweg, in: Bekennende Kirche, Martin Niemöller zum 60. Geburtstag, München 1952, S. 18–40.

–, Peregrinatio, Studien zur reformatorischen Theologie und zum Kirchenproblem, München 1954.

WOLLEB, J., Compendium theologiae, Oxford 1657.

WUNDT, M., Die deutsche Schulmetaphysik des 17. Jahrhunderts (Heidelberger Abhandlungen zur Philosophie und ihrer Geschichte 29), Tübingen 1939.

ZWINGLI, H., Commentarius de vera ac falsa religione, Zürich 1525.

MARTINUS ADRIANUS BEEK

AUF DEN WEGEN UND SPUREN
DES ALTEN TESTAMĒNTS

Aus dem Niederländischen übersetzt von Cola Minis

1961. VIII, 308 Seiten. Brosch. DM 24.–, Lw. DM 28.–

Dieses Buch ist aus Rundfunkvorträgen entstanden, die der Verfasser, Professor für Altes Testament, Hebräisch und Aramäisch in Amsterdam, 1953 gehalten hat. Die deutsche Übersetzung beruht auf der 1957 erschienenen fünften niederländischen Auflage.

Kapitel für Kapitel werden Inhalt und Sinn der einzelnen biblischen Geschichten von der Schöpfungsgeschichte bis zum Hohen Lied wiedergegeben. Die bildhafte Sprache verleiht dem Ganzen seine besondere, volkstümliche Note, die jedem den Zugang zur alttestamentlichen Welt erleichtert. Vieles, was dem Leser fremd erscheinen mag, findet eine überzeugende Erklärung. So waren die Menschen einst, und so handelten sie, nicht anders als die Menschen unserer Zeit. Aus der Lektüre gewinnt der Leser die Erkenntnis, daß die europäische Kultur ohne Judentum und Christentum undenkbar, und daß die Bibel in ihrer Problematik von immer wieder überraschender Aktualität ist. „Wir dürfen nicht damit aufhören, den bleibenden Wert des Alten Testaments immer wieder aufs neue für uns zu entdecken. Wenn wir die Bibel nicht in traditionsgebundener Weise und ebensowenig mit antitraditioneller vorgefaßter Meinung zu verstehen versuchen, so eröffnet sich uns wieder ein weiter Blick. Es ist der Blick einer festen religiösen Gemeinschaft, die wahrlich aus der Bibel leben will und darum den kommenden Dingen wie Abraham entgegensieht, ohne zu wissen, wohin der Weg führen wird."

J. C. B. MOHR (PAUL SIEBECK) TÜBINGEN

WALTER BEYERLIN

HERKUNFT UND GESCHICHTE
DER ÄLTESTEN
SINAITRADITIONEN

1961. VIII, 203 Seiten. Brosch. DM 23.80, Lw. DM 27.80

Noch immer ist in der Pentateuchforschung umstritten, wann und wie die Verbindung der Sinaitradition mit der Auszug-Landnahmeüberlieferung zustande kam, wie lange die Sinaiüberlieferungen dem kultischen Bereich verhaftet blieben, wann sie sich von diesem ihrem ursprünglichen Sitz im Leben zu lösen begannen und welche Kräfte ihre weitere vorliterarische Gestaltung bestimmten. Angesichts dieser Fragen prüft der Verfasser von neuem, wo der Sitz im Leben der vom Jahwisten und Elohisten literarisch gestalteten Sinaitraditionen zu suchen ist, unter welchen Voraussetzungen und Einflüssen sie sich in ihrem vorliterarischen Überlieferungsstadium entfaltet haben, auf welche Wurzeln ihre einzelnen Elemente zurückgehen. Ausgewertet wird diese Untersuchung in einer zusammenfassenden Übersicht über den Werdegang der jahwistisch-elohistischen Sinaitraditionen und in abschließenden Antworten auf die Fragen nach ihrem Ursprung und Sitz im Leben, nach ihrem Zusammenhang mit der Exodusüberlieferung und ihrem Verhältnis zur Historie.

J.C.B. MOHR (PAUL SIEBECK) TÜBINGEN

[6]